MW01707239

EN DIRECT

LEE IACOCCA

EN DIRECT

Avec la collaboration
de SONY KLEINFELD

ERGO
PRESS

Traduit de l'américain par
Valérie Dayre et Roxane Azimi

Titre original : *Talking Straight*
Publié par Bantam Books, New York, 1988
© 1988 by Lee Iacocca
© Pour la traduction française, ERGO PRESS, avril 1989

La loi du 11 mars 1957 n'autorisant, aux termes des alinéas 2 et 3 de l'article 41 d'une part, que les « copies ou reproductions strictement réservées à l'usage privé du copiste et non destinées à une utilisation collective » et, d'autre part, que les analyses et courtes citations dans un but d'exemple et d'illustration.

« Toute représentation ou reproduction intégrale ou partielle, faite sans le consentement de l'auteur ou de l'éditeur, ou de leurs ayants droit ou ayants cause est illicite » (alinéa premier de l'article 40). Cette représentation ou reproduction, par quelque procédé que ce soit, constituerait donc une contrefaçon sanctionnée par les articles 425 et suivants du Code Pénal.

ISBN 2-86957-019-8

Aux six millions et demi de personnes
qui ont acheté mon premier livre...
et ont contribué à la lutte contre le diabète.

REMERCIEMENTS

Quatre ans se sont écoulés depuis que j'ai écrit mon premier livre. On aurait pu penser qu'un second essai serait du gâteau, mais ce ne fut pas le cas. Beaucoup de gens m'ont aidé pour le premier. J'ai eu besoin de plus d'aide encore pour le deuxième.

J'aimerais remercier certains de ceux qui ont mis la main à la pâte. Une fois de plus, je dois commencer par mes secrétaires, qui me sont absolument indispensables. J'en avais deux, maintenant j'en suis à trois et demie. Le courrier a en effet doublé de volume. Bonnie Gatewood, ma secrétaire numéro un, dirige le bureau et organise mon invraisemblable emploi du temps. C'est la meilleure secrétaire du monde, assistée avec compétence par Valerie Kiss, Linda Gasparovich et Sharon Gudenau.

D'autres membres du personnel de Chrysler, nombreux, m'ont aidé à mettre mes idées en ordre. J'exprime ici toute ma reconnaissance à Tom Denomme, Ben Bidwell, Bill O'Breien, Don Hilty et Wally Maher. Sans oublier Chris Pikulas et Lynn Feldhouse qui, avec moi, ont lu chaque lettre qui m'est parvenue après mon premier livre. Mike Morrison, qui rédige mes discours et me sert de confident, m'a forcé à rester cohérent et concis, comme il le fait toujours ; et Tony Cervone, qui m'a fourni des notes hebdomadaires sur le monde des affaires.

Wes et Isla Small m'ont aidé à survivre à deux mariages en un an et demi, ceux de mes filles. D'autres amis, comme Bill Winn, Hank Carlini, Bob Brown, Jay Dugan, Tom Clark, Carroll Shelby, Vic Damone, Bill Fugazy, Glenn White et le Dr Ivan Mader m'ont simplement aidé à survivre.

Pour ce deuxième ouvrage, les gens de Bantam ont été encore plus professionnels et sympathiques. Je pense à Alberto Vitale, Linda Grey, Stuart Applebaum, Nina Hoffman, Steve Rubin et Heather Florence.

Je remercie particulièrement Nessa Rapoport, mon éditeur, qui a corrigé ma syntaxe et m'a poussé à travailler pour me permettre de respecter les délais draconiens qu'elle m'avait fixés.

Enfin, j'exprime toute ma reconnaissance à mon collaborateur Sonny Kleinfield qui a déchiffré mes gribouillis et les a remis dans une forme simple et compréhensible pour tous.

Ecrire ne m'étant pas facile, j'ai dû m'enfermer pendant des centaines d'heures. Ma mère, Peggy, Kathi et Lia ont été extrêmement patientes. Qu'elles en soient remerciées.

QUELQUES MOTS

Ayant déjà écrit un livre, je savais ce qui m'attendait si je continuais. Rocky II était moins bon que Rocky I. Pareil pour les Dents de la Mer. En outre, un film n'est jamais à la hauteur du roman original, ou bien est-ce le contraire ?

Je dois admettre qu'il en va de même dans l'industrie automobile. La Mustang I était un classique, tout le monde ou presque l'aimait. La Mustang II fut un bide retentissant.

Aussi, quand mon éditeur m'a suggéré de me lancer dans un second ouvrage, je me suis écrié : « Eh, doucement, j'ai déjà publié mon autobiographie ! Malheureusement, je n'ai qu'une existence à offrir à un éditeur. Que diable vais-je pouvoir raconter ? »

Plutôt que de me décider trop vite, j'ai soumis l'idée à quelques-uns de mes meilleurs amis. Leur opinion a été unanime : « Ecrire un autre bouquin ? Tu es fou ? »

Mes filles elles-mêmes, quand je leur ai annoncé que j'envisageais un deuxième ouvrage, se sont mises à bâiller.

C'était clair, mes amis et ma famille n'étaient pas très chauds pour subir une nouvelle fois ma philosophie personnelle. Quant à moi, je n'étais pas disponible. Certes, après la campagne pour la Statue de la Liberté, je me suis brusquement retrouvé avec une paire d'heures à tuer, entre une et trois heures du matin. Mais j'en ai profité pour racheter American Motors, Lamborghini et une partie de Maserati. J'ai même acquis une compagnie d'aviation. J'ai fait une douzaine d'émissions publicitaires à la télévision et une apparition dans un déplorable épisode de *Miami Vice*. J'ai prononcé six allocutions lors de cérémonies de remise de diplômes universitaires, reçu cinq grades *honoris causa*, écrit quarante-deux articles et donné cent seize conférences.

Pour occuper mes week-ends, j'ai marié mes deux filles. J'ai consacré un peu de mes loisirs à me marier moi-même, entamer une procédure de divorce, me réconcilier, pour finalement divorcer. Histoire de me distraire, j'ai acheté une villa en Italie et je me suis lancé dans le commerce du vin et de l'huile d'olive. Et, hélas, j'ai trouvé le temps de prendre six kilos.

Mais ce que j'ai peut-être fait d'essentiel pendant ces quatre dernières années, fut de répondre à vos soixante et onze mille quatre cent douze lettres. Ce déluge de courrier, à la suite de mon premier livre — et en dix-huit langues différentes, du sanscrit au portugais — m'a vraiment bouleversé et sidéré. Ce fut l'événement le plus extraordinaire de toute ma vie.

Toutes ces lettres m'ont tellement touché que j'ai décidé d'y répondre en bloc, longuement. J'espère que vous êtes prêts à lire ma réponse. Vous n'avez plus qu'à tourner la page.

PRELUDE :
MIS A LA PORTE !

Depuis mon dernier livre, il m'est arrivé une chose amusante. On m'a flanqué à la porte. Une fois de plus.

Par chance, ce coup-ci, il ne s'agissait pas de mon véritable travail. Et Henry Ford n'avait rien à voir. C'était les politiciens de Washington qui renvoyaient le président de la Statue of Liberty-Ellis Island Centennial Commission, après quatre ans de dur labeur.

En apprenant la nouvelle, je me suis dit : *Ça suffit, les gens vont finir par croire que je suis un raté, incapable de garder un emploi.*

J'ai été prévenu, le croiriez-vous, par télégramme un vendredi soir de février 1986, alors que j'allais me coucher. Dans la langue de bois typique de Washington, on me remerciait de tous mes efforts, puis dans le meilleur style « nous sommes au regret de vous informer... », on évoquait « la potentialité ou l'émergence d'un conflit » entre mes fonctions de président de la Statue of Liberty-Ellis Island Foundation, chargée de collecter les fonds, et de la commission du centenaire qui préconisait la manière de dépenser cet argent.

Je n'ai rien compris à ce charabia et n'y comprends toujours rien. Pour parler par euphémismes, cette notion de « conflit » était de la foutaise. A l'évidence, certains grands personnages de Washington ignorent la différence entre « conflit » et responsabilité. La véritable victime de cette absurdité fut le principe que le Président Reagan présentait comme un glorieux idéal : le volontariat américain. Je m'étais porté volontaire, et on s'est débarrassé de moi. Je leur souhaite de n'avoir pas à nouveau besoin de volontaires dans un avenir proche.

Quand la nouvelle de mon limogeage fut rendue publique,

ma mère me téléphona. Elle désirait me poser quelques questions. Les mères sont parfois indiscrètes. « Que se passe-t-il ? me demanda-t-elle. C'est ça, la gratitude ? Est-ce ainsi que le gouvernement te traite ? Tu as réussi et ils te font un coup pareil. Que serait-il arrivé si tu avais échoué ! »

Frank Sinatra me téléphona, lui aussi. Il était si bouleversé qu'il appela directement le Président pour réclamer une explication. Il n'en obtint aucune. Mario Guomo, ivre d'indignation, expédia une lettre au Président, où il exigeait que je sois réintégré dans mes fonctions. La manière dont les Italiens se serrent les coudes dès que l'un des leurs a des ennuis est étonnante.

Enfin, le comble de l'ironie. Le lundi qui suivit la réception de ce câble, le Ministre des Finances, James Baker, planté devant les caméras de la télévision et la plus imposante collection de micros que j'aie jamais vue de ma vie, me remit un chèque de 24 millions de dollars, produit de la vente de pièces du Trésor commémorant la campagne de restauration.

Je cite le secrétaire Baker : « Cette campagne, menée avec tant de compétence par M. Iacocca, est l'exemple parfait du volontariat américain. »

A treize heures environ, le même jour, je me suis retrouvé quelques centaines de mètres plus loin, dans le bureau du Ministre de l'Intérieur, Donald Hodel. Sans caméras ni micros, le Ministre Hodel m'a donné une lettre qui mettait fin à mon mandat de président de la Statue of Liberty-Ellis Island Centennial Commission.

Je fus le seul à assister aux deux cérémonies, bouclées en deux heures et demie chacune par deux membres du gouvernement des Etats-Unis d'Amérique. Sinon, je n'y aurais pas cru. Mais je possède la copie de l'allocution du Ministre Baker et la lettre rédigée par le Ministre Hodel — donc, j'y crois. Je ne comprends pas, mais j'y crois.

Un éditorial du *Los Angeles Times* a résumé toute l'affaire en un mot : IDIOT.

« Ce qui est fait est fait », comme aurait dit Shakespeare.

Ma tension artérielle a atteint des sommets pendant quelques jours, maintenant ça va. Je suppose que quand on a été renvoyé une fois, on s'habitue.

L'essentiel, c'était que j'avais la ferme intention de suivre le projet jusqu'à son aboutissement, politiciens ou pas. Cette entreprise avait été dès le départ un acte d'amour, je n'allais pas la laisser s'achever sur une pareille fausse note. J'ai donc tenu jusqu'au bout et je ne le regrette pas. Parce que la finale a racheté tout le reste.

Il y a eu tant de moments merveilleux pendant ces quatre ans passés à réunir les fonds pour la Statue que j'aimerais en partager quelques-uns avec vous, car ils m'ont amené à méditer sur la situation actuelle du pays et ce qu'elle pourrait être demain.

Les symboles n'ont aucun sens s'ils ne s'appuient pas sur des valeurs. Nous n'avons pas dépensé des millions de dollars dans le seul but d'éviter que la Statue ne s'écroule dans le port et devienne un danger pour le trafic maritime. Nous n'avons pas aménagé Ellis Island pour que les gens aient un endroit agréable où passer leur dimanche après-midi. Nous l'avons fait car nous avions la volonté de réparer, de nous souvenir, de ranimer les valeurs fondamentales qui ont contribué à la grandeur de l'Amérique.

Quand les gens de Chrysler à Washington m'ont parlé pour la première fois du projet de restauration, ils m'ont déconseillé de m'en mêler. Chrysler m'accaparait, ils pensaient que cette tâche me réclamerait trop de temps, et peut-être qu'elle n'était pas assez prestigieuse. Pourquoi ? La commission dépendrait de l'Intérieur, non de la Présidence.

La belle affaire, n'est-ce pas ? Cela montre cependant que, même à ce moment-là, nos bureaucrates du gouvernement ne mesuraient pas l'importance de l'événement.

J'avais six ans, et onze la deuxième fois, quand mon père nous a emmenés visiter la Statue de la Liberté. Nous venions d'Allentown en Pennsylvanie, dans une vieille Ford cabossée. Il nous a fait grimper l'escalier jusqu'à la couronne. Là, il m'a déclaré que c'était formidable d'être libre — et formidable d'être américain. Je revois encore le port, mais franchement je ne comprenais pas un traître mot de ce que mon père me racontait.

Aujourd'hui seulement je commence à saisir pourquoi il a fait deux fois ce voyage en traînant toute la famille avec lui.

Mes filles vont souvent à New York pour assister à des spectacles sur Broadway, visiter des musées, dîner dans les bons restaurants et faire du shopping. Nous nous sommes promenés des milliers de fois dans la ville. Mais je n'ai jamais pensé à les emmener visiter la Statue de la Liberté. Que s'est-il donc passé en une génération ? Je n'en sais rien. Pourquoi n'ai-je jamais dit : c'est formidable d'être libre, d'être américain. Allons rendre une petite visite à la Statue pour nous rappeler un peu qui nous sommes.

En réalité, je n'y suis pas revenu avant 1982, lorsqu'on m'a prié de m'occuper de la restauration. Là, j'ai été obligé de me demander pourquoi je n'y avais pas remis les pieds depuis plus de cinquante ans et pourquoi je n'avais pas amené mes enfants à Liberty Island, comme mon père l'avait fait pour moi.

La réponse était simple et embarrassante : la Statue de la Liberté n'avait pas pour moi la signification qu'elle avait pour mon père.

Mes parents ont travaillé dur et se sont bâti une magnifique existence en Amérique. Aussi mon père retournait-il au symbole de cette réussite, pour remercier à sa façon. Au fil des ans, des millions d'êtres comme lui ont accompli le même pèlerinage, entraînant leurs enfants ou leurs petits-enfants, qui parfois ne comprenaient pas ce que la géante à la torche avait de si spécial, ni pourquoi on les forçait à grimper ces escaliers interminables.

Ces pensées occupaient mon esprit quand, le 18 mai 1982, dans la splendeur de l'East Room à la Maison Blanche, le Président Reagan donna le coup d'envoi à la restauration de la Statue of Liberty et d'Ellis Island qui ont vu arriver dix-sept millions d'immigrants. Nous estimions le coût de l'opération à deux cent trente millions de dollars et je ne savais pas le moins du monde par où commencer. Il n'y avait pas un sou dans la cagnotte.

J'ai démarré avec une chaise et un bureau ; une secrétaire à mi-temps ; Paul Bergmoser que j'arrachais pour la seconde fois à sa retraite ; et Steve Briganti qui avait dirigé l'United Way à New York. Nous avons eu des hauts et des bas, mais le groupe a vite pris sa vitesse de croisière pour devenir une organisation solide et efficace qui a fonctionné pendant quatre années et réuni trois cent cinq millions de dollars (autrement dit, 75 millions de plus que le but initialement fixé).

En élaborant notre stratégie, nous voulions que la majeure partie des fonds provienne des citoyens américains. Néanmoins, nous savions aussi qu'on n'obtient pas trois cent cinq millions en se contentant de tendre son chapeau. Il fallait faire un peu de marketing.

Cela ne peut se produire qu'en Amérique : dès le premier jour, nous avons dû nous défendre contre l'accusation de commercialiser à outrance le grand symbole de notre liberté. La Statue avait été négligée pendant quatre-vingt-seize ans, surtout d'ailleurs par la presse de New York. Et voilà que ces mêmes journalistes poussaient les hauts cris parce que nous osions demander l'aide de sponsors.

Ironie du sort, en novembre 1885, Frédéric-Auguste Bartholdi soi-même, le jeune sculpteur père de la Statue, cédait à des entreprises françaises le droit d'utiliser son œuvre comme logo publicitaire pour promouvoir leurs produits. Pauvre garçon ! On lui reprocha alors d'être trop mercantile.

Il n'y a pas d'issue. Faites appel aux sponsors, et vous « commercialisez » les choses. Ayez recours au gouvernement, et vous les politisez.

A la surprise générale, ce ne furent pas les entreprises qui payèrent la plus grosse partie de la note. Ce fut le peuple. Et il le fit avec joie.

Au tout début, je me demandais avec inquiétude si nous parviendrions à rassembler assez de contributions individuelles. En me penchant sur l'histoire de la Statue, je découvris que, quand la France nous l'avait offerte, notre gouvernement n'avait pas voulu débourser un sou pour la doter d'un socle. Quelques personnes avaient alors lancé une campagne de collecte, sans résultat — jusqu'à l'intervention de Joseph Pulitzer. Immigré de Hongrie, il possédait un journal, le *New York World*, et avait érigé la Statue en noble cause, surtout auprès des nantis. Il avait tant de mal à récolter de l'argent que, pour finir, il avait dû forcer la main aux gens en publiant dans son journal les noms de ceux qui refusaient de donner.

Je songeais à l'imiter en cas de besoin. Vous imaginez comment la presse m'aurait descendu en flammes, si j'avais utilisé un moyen de pression aussi grossier ?

Ce ne fut cependant pas nécessaire. Dès que l'on commença à chuchoter que Lady Liberty était dans la peine, de nombreux patriotes se précipitèrent à la rescousse.

Un beau matin, un homme débarqua dans mon bureau. « Monsieur Iacocca, me dit-il, je viens vous apporter un chèque. » C'était un chèque d'un million de dollars. Il me sembla que ce monsieur sortait droit du film *Le Millionnaire*, où le héros choisit au hasard un inconnu dans l'annuaire du téléphone, pour lui offrir une fortune. Il ajouta : « Cet argent est à vous — à une condition : il faut me promettre de ne jamais révéler mon identité. »

Cet homme était arrivé en Amérique avec sa mère, alors qu'il était encore un petit garçon. La famille s'était enrichie, il souhaitait rembourser au pays une partie de sa dette et, du même coup, honorer la mémoire de sa mère.

Le personnage m'avait beaucoup plu. En sillonnant le pays pour m'adresser aux foules, je promettais à quiconque avait un million de côté de préserver son anonymat.

Durant ces quatre années, j'ai rencontré des milliers de donateurs. Certains donnaient cinq dollars ou dix ou cent, mais leur motivation était identique : le pays avait tenu ses promesses, ils avaient une dette envers lui.

Un autre homme nous envoya deux dollars de Pologne pour « ce beau symbole » qu'il n'espérait pas voir un jour de ses yeux, mais auquel il pourrait du moins rêver. Il y eut aussi cet argent qui nous arriva d'un camp de réfugiés de Thaïlande. Soixante-dix-huit Vietnamiens s'étaient cotisés et avaient réuni cent quatorze dollars dix-neuf, leur « modeste contribution à la rénovation de la Statue de la Liberté, en l'honneur de son centième anniversaire ».

Ce geste me renversa. Voilà des gens qui avaient tout perdu — sauf l'espoir. Et la Lady symbolisait cette espérance. Ils nous suppliaient simplement de faire en sorte que « la torche continue de brûler ».

Et je n'oublierai jamais, au grand jamais, la saga de Mary Miller, une petite vieille dame du New Jersey. Comme elle souhaitait nous aider, elle nous expédia mille dollars. Naturellement, nous la remerciâmes par une gentille lettre. Elle dut apprécier, car elle nous envoya derechef un nouveau chèque — celui-là de cinquante mille dollars.

Là-dessus, je l'ai appelée pour lui réitérer mes remerciements. « Vous êtes des gens bien aimables », me dit-elle. Ravie, elle décréta qu'elle avait envoyer « une petite enveloppe ». Quand nous reçûmes cette enveloppe, elle contenait trois chèques — l'un de vingt-cinq mille dollars, l'autre de cinquante mille dollars et le troisième de soixante-quinze mille dollars.

Un tel flot d'argent nous parvenait de cette dame que j'en avais fait un sujet de plaisanterie. « Je n'ai même pas rencontré Mary Miller. Je me suis borné à lui dire merci et elle m'a donné deux cent un mille dollars. Alors, vous pensez, si je lui avais offert des fleurs ! »

Je lui étais si reconnaissant que je voulus l'emmener visiter Liberty Island. A deux reprises, comme je passais à New York, je lui ai téléphoné, mais elle était toujours débordée. A quatre-vingt-sept ans, elle semblait avoir un emploi du temps encore plus serré que le mien. La dernière fois qu'elle déclina mon invitation, elle me déclara qu'il n'était pas question pour elle de quitter sa maison ce jour-là. Elle avait entrepris son grand nettoyage de printemps !

Les écoliers représentaient l'un de nos plus solides soutiens.

Les pièces de monnaie affluaient, expédiées par des enfants qui confectionnaient des petits gâteaux, vendaient des T-shirts ou lavaient des voitures. Certains nous donnaient même l'argent de leur goûter. Un jour, en ouvrant mon courrier, j'ai trouvé la lettre d'un garçonnet de six ans qui me disait : « Cher Monsieur Iacocca, voici mon argent de poche de la semaine. » Deux billets d'un dollar soigneusement épinglés. Mon correspondant concluait : « Ne le gaspillez pas ! »

J'ai également reçu d'innombrables dessins de la Statue provenant d'artistes en herbe, ainsi que d'innombrables poèmes signés par de jeunes émules d'Emma Lazaruses.

Chacun mettait la main à la pâte. Un surfer parcourut trois mille kilomètres en planche à moteur pour récolter de l'argent. Croyez-le ou pas, nous avons même reçu deux mille dollars des Hell's Angels ! Sous leur blouson de cuir, le cœur de ces garçons battait aussi pour l'Amérique.

Les pionniers d'Amérique organisèrent une kermesse qui rapporta deux cent quarante mille dollars en une soirée. Cela représente des tonnes de petits gâteaux. Ils recommencèrent sur une plus grande échelle encore, et réunirent quatre cent vingt-cinq mille dollars supplémentaires.

Une octogénaire m'envoya une lettre accompagnée d'un chèque de dix mille dollars. Dans son post-scriptum, elle me demandait un exemplaire gratuit de mon bouquin. Il fallait attendre deux mois pour pouvoir se le procurer à la bibliothèque et elle n'achetait jamais un livre ; c'était de l'argent jeté par les fenêtres, selon elle.

Voilà une femme selon mon cœur. Elle donne dix mille dollars pour la Statue, mais refuse d'en dépenser dix-neuf quatre-vingt-quinze pour le seul plaisir de lire les tribulations d'un petit Italien dans l'industrie automobile.

Il y eut aussi Michael d'Indianapolis. Agé de huit ans, il fut un exemple pour nous tous. Malgré son handicap physique et les douze opérations qu'il avait subies, il donnait des conférences dans les écoles et devant les groupes d'action civique, et réunit à lui seul plus de six mille cinq cents dollars.

En me chargeant de ce projet, je pensais qu'une tâche presque impossible m'attendait. Mais avec des millions d'êtres comme ceux-là, je n'ai jamais eu de mission plus facile.

J'avoue qu'il y eut des moments bizarres durant cette longue campagne. Nous avions décidé que le Président remettrait une médaille de la liberté aux dix individus incarnant le mieux la réussite des immigrants. Dix Américains nés de l'autre côté de l'océan et qui marquaient le pays de leur empreinte.

Nous avons donc constitué un jury de personnalités éminentes qui se réunirent au *Club 21*. Le comité comprenait des célébrités comme Mario Guomo, Arthur Schlesinger Jr., Ted Kennedy, Barbara Walters et Teddy White. Ce vieux Teddy trouva cette réunion si assommante qu'il s'excusa et descendit au bar s'offrir un double bourbon. Il était environ dix heures trente du matin.

Quand il revint, une demi-heure plus tard, il s'assit à côté de moi et me demanda : « Alors, où en sommes-nous ? »

« Nous n'avons pas encore choisi d'Irlandais ni d'Italien. »

Peu à peu, j'ai réalisé que nous n'étions pas sortis de l'auberge. L'un disait : « Parmi ces dix élus, il doit obligatoirement y avoir un Noir. » Je disais : « Il faut au moins une femme. » L'autre ajoutait : « Il nous faut un Hispanique. » Et un handicapé. Puis un astronaute. J'ai craint un instant qu'il ne nous faille dénicher un Indien roux.

Finalement, nous avons baissé les bras et décidé de sélectionner douze personnes, puisque dix ne suffisaient pas.

Les choses ne se sont pas améliorées pour autant. Comme la discussion s'enlisait, Teddy White a décrété avec sa franchise coutumière que nous étions dans un cul-de-sac : « Nous passons de dix à douze, et jusqu'ici nous avons deux Chinois et quatre Juifs. Or nous sommes censés rendre compte de la grande aventure de l'immigration. Nous n'avons pas le moindre Irlandais ni le moindre Italien. Si Teddy Kennedy ne peut pas trouver un seul fichu Irlandais, ni Iacocca un Italien, alors nous sommes vraiment dans la mouscaille. »

Et, bon sang, il avait raison ! Ma fureur ne s'est pas encore calmée. Sur onze millions d'immigrés irlandais ou italiens, on aurait quand même pu en trouver *un*.

A mesure que le grand moment approchait, on n'entendait plus que ce mot : liberté, liberté. Les marchands commençaient à vendre des souvenirs et des gadgets de toutes sortes.

Un charcutier avait même installé, dans sa vitrine, une Statue en tranches de foie. Il y avait des rideaux de douche, des boucles d'oreilles à l'image de la Liberté. A Battery Park, on pouvait se faire photographier auprès de l'effigie en carton de Ronald Reagan ou de moi-même (à ce propos, je tiens à remercier quatre cent cinquante personnes qui m'ont choisi, puisque j'ai touché quatre cent cinquante dollars de royalties pour ce portrait). C'est cela, l'Amérique. Tout le monde entre dans la danse.

L'une de mes dernières tâches était de recruter quelques vedettes pour animer les cérémonies du weed-end. Tous ceux que nous avons contactés — y compris Frank Sinatra, Willie Nelson, Peggy Fleming, Liza Minnelli — ont accepté de participer. Tous, sauf Bruce Springsteen. Ce choix semblait pourtant s'imposer, puisque ce gamin de Jersey a fait fortune en chantant la dignité du travail. Nous lui avons téléphoné des dizaines de fois, son impresario nous répondait invariablement : « Nous vous rappellerons. »

J'attends encore des nouvelles de Bruce.

Cependant, malgré la défection de Bruce, nous avons sans doute eu la plus belle commémoration de l'Histoire.

Je me souviendrai toujours du week-end de la Liberté comme des cent heures lęs plus longues de mon existence — et les plus exaltantes.

Dès le départ, l'atmosphère générale fut à la fête. Et l'allégresse ne fit qu'aller crescendo. Comme les concessionnaires Chrysler-Plymouth avaient investi cinq millions de dollars, posant ainsi la dernière pierre de l'édifice, Chrysler les traita sur un grand pied. On les emmena à Paris pour revivre l'histoire de la Statue. Puis ils embarquèrent sur le *Queen Elizabeth 2* et traversèrent l'océan afin d'assister aux festivités. J'ai voyagé avec eux jusqu'aux Bermudes, où je les ai quittés pour aller récupérer un dernier chèque près de Hamilton.

Quand je suis revenu, le 1er juillet, les réceptions se succédaient. Je me suis débrouillé pour faire une apparition à une douzaine au moins de ces soirées. Ma préférée fut celle que nous avions organisée pour les centaines d'ouvriers et de collaborateurs qui s'étaient donné tant de mal pour rendre ce week-end possible.

Ces fêtes attisaient encore l'impatience de tous avant le grand moment, la nuit du 3 juillet. La Statue de la Liberté était demeurée dans l'ombre durant trois ans, tandis que nous réparions les outrages que le temps, les intempéries et aussi notre indifférence lui avaient fait subir. A présent, nous allions enfin dévoiler Miss Liberty et découvrir si la chirurgie plastique avait porté ses fruits.

Nous nous sommes rassemblés sur Governor's Island, avec les Présidents Reagan et Mitterrand, nos invités d'honneur. Manque de chance, ce 3 juillet battait tous les records de froid. Le maire Ed Koch usa de son influence pour obtenir quelques vieilles couvertures de l'armée pour que nous puissions nous protéger du vent. Je faisais du genou à Ed et Matilda Guomo sous notre couverture — nous n'en avions qu'une pour trois.

Mais ce fut surtout la cérémonie qui nous réchauffa. Je présentai le Président Reagan qui prononça quelques mots, se retourna et, les yeux rivés sur le port de New York, pressa le bouton qui actionnait un canon laser. Un faisceau lumineux révéla progressivement la Statue, depuis ses orteils verts jusqu'à sa face majestueuse. Des éclairs rouges balayèrent le socle. Puis le piédestal. Quelques secondes plus tard, un halo bleu nimba le monument. Enfin, une intense lumière blanche baigna la Statue tout entière.

Alors ce fut l'apothéose. Le Président Reagan tira une manette et la nouvelle torche de la Statue s'enflamma soudain au-dessus du port.

Des fusées rouges, blanches et bleues éclatèrent dans le ciel de New York, tandis que cent musiciens et cinq cents choristes entonnaient *America the Beautiful.*

C'était à couper le souffle. Tandis que le Président abaissait la manette, deux cent quarante-deux millions d'Américains ranimaient ensemble l'esprit et la foi qui ont fait ce grand pays. Pour ma part, j'ai éprouvé à cet instant la plus vive émotion de ma vie. Impossible de ne pas avoir la chair de poule en un moment pareil, à moins d'être mort. Et, pour être honnête, je pensais beaucoup à mon père.

Quand la soirée s'acheva, il fallut revenir à la réalité. Il y avait un trafic invraisemblable dans le port, et nous eûmes tous un mal fou à quitter l'île. Ainsi qu'on l'a abondamment raconté, Frank Sinatra a piqué une crise de rage. Je lui ai dit : « Eh, Frank, je ne peux pas m'en aller non plus. »

J'attendis des siècles avant d'avoir un bateau, et il était deux heures du matin quand je pus enfin me coucher. Quatre heures plus tard, je devais retourner sur l'île pour l'arrivée des Grands Voiliers.

Malgré mon épuisement, le spectacle eut tôt fait de me réveiller. C'était saisissant. Vingt-deux voiliers majestueux pénétrèrent dans le port, suivis par une armada de canoës, de yachts, de kayaks, de ferry-boats, de canonnières, de jonques chinoises et même d'un porte-avions — en tout quelque quarante mille embarcations.

Ce soir-là, dans le port de New York, on tira un extraordinaire feu d'artifice, le plus gigantesque de l'histoire américaine, qui dura trente minutes et coûta deux millions de dollars. Il nécessitait tellement de fusées que nous avions dû engager trois des plus importantes entreprises artificières du monde, aucune ne pouvant assurer seule la commande. Mais, assurément, le jeu valait la chandelle. J'en ai encore les oreilles qui bourdonnent.

Le dimanche 5, la fête battait toujours son plein. Je me rendis à Central Park, où plus de huit cent mille personnes assistaient à un concert gratuit donné par le New York Philarmonic. J'ai déjà vu cent mille personnes réunies dans un stade, mais jamais une foule de huit cent mille individus. Le Delaware ne compte pas autant d'habitants.

Après cela, on m'a poussé dans une petite caravane, où j'ai poireauté un moment. Il y avait là Ben Ward, le préfet de police, et le maire Ed Koch. En me voyant, Koch m'a déclaré : « Vous savez, c'est incroyable. Dans vingt-quatre heures, tout sera terminé, et nous n'avons pas un seul crime à déplorer. Les voyous se sont mis en congé. Ils sont tous patriotes, apparemment. »

C'était vraiment assez inouï. La ville s'était pourtant préparée au pire. Tout d'abord, les cérémonies se déroulaient juste après notre raid de représailles contre le colonel Kadhafi, et la menace du terrorisme pesait sur nos têtes. On avait donc fait venir des brigades anti-émeutes, des policiers à cheval, des hommes du FBI, des soldats. Il ne manquait que les tanks. Et cependant, le dimanche soir, ils bâillaient tous à s'en décrocher les mâchoires. Aucun cambriolage de banque, pas une agression, même pas le moindre enjoliveur de voiture volé.

Je me suis dit : « Ce centenaire est une telle explosion de joie que même les voyous y sont sensibles. Si nous avions une fête comme celle-ci chaque semaine à New York, nous pourrions résoudre le problème de la criminalité. »

Le bouquet final eut lieu le 6 juillet, au *Giants Stadium.* Cinquante mille personnes assistèrent au show qui dura trois heures. Je voulais profiter de l'occasion pour remercier les hommes qui avaient trimé sang et eau pour Miss Liberty — les cent cinquante artisans et ouvriers qui avaient tout mis en œuvre, depuis l'ordinateur jusqu'au bicarbonate de soude pour lui restituer sa beauté (le bicarbonate de soude leur avait servi à peaufiner le maquillage de la Lady). Je les fis donc tous monter sur la scène et je remis une décoration à celui qui les avait dirigés. C'était là que je comptais présenter Bruce Springsteen, mais il ne s'était toujours pas manifesté. Nous n'avons pas perdu au change, puisque ce fut Willie Nelson qui le remplaça.

Commença alors un fantastique spectacle qui réunissait quinze mille participants, dont Kenny Rogers, Elizabeth Taylor, mille danseurs de claquettes et une fanfare militaire de huit cent cinquante militaires. A mon avis, cela dépassait de très loin un match de football avec les Giants.

Denis Wolper, le responsable du show, avait accompli un travail stupéfiant. A posteriori, j'aurais néanmoins préféré qu'il nous épargne les deux cents sosies d'Elvis Presley. Comme d'habitude, la presse fut sans pitié. Les journalistes aboyaient encore que c'était trop commercial. Wolper s'était pourtant démené sans relâche pendant plus d'un an sans s'octroyer un centime.

A tous les points de vue, le week-end de la liberté fut une fête grandiose. Quand les musiciens eurent rangé leurs instruments, que les bateaux eurent regagné leur port, je sus que nous avions offert à la Lady et à nous-mêmes bien plus qu'un simple lifting.

Voilà pourquoi je suis si heureux d'avoir consacré quatre années à cette entreprise. Parallèlement, quand je songe à toute la paperasse que j'ai dû brasser, je suis soulagé d'en avoir terminé. Je ne recommencerai pas — du moins pas avant cent ans. Avant je disais : « Washington est une ville agréable à visiter, mais je ne voudrais pas y habiter. » Maintenant, je ne suis plus très sûr de vouloir y mettre les pieds.

Quand un gouvernement rechigne à rester attelé pendant deux ans à une tâche aussi merveilleuse que la restauration de la Statue et la célébration de la liberté, comment peut-il s'attaquer aux questions importantes, comme la coopération économique avec l'URSS, la politique industrielle ou agricole ?

A un certain moment de cette longue campagne, la chaîne ABC décida d'interroger certaines personnalités, dont moi-même, sur le concept de liberté.

On me brancha sur le satellite et j'écoutai d'abord Anatoly Shcharanski qui, depuis Jérusalem, parla de ses années de prison en Russie et de sa joie d'être enfin libre. Puis l'évêque Desmond Tutu, en direct de Johannesburg, expliqua comment il combattait pour une liberté qui restait encore à conquérir.

J'entendis le directeur d'ABC me chuchoter : « A vous dans

une minute, monsieur Iacocca. » Soudain une question me frappa : que faisais-je dans la même émission que ces deux hommes ? J'étais libre depuis toujours. Pour moi, c'était aussi naturel que de respirer. Je n'avais aucun critère de comparaison. Comme tant d'autres êtres humains, j'avais toujours considéré la liberté comme acquise.

Je ne me rappelle même plus ce que j'ai dit. J'avais seulement conscience de n'être pas à ma place. Shcharanski et Tutu pouvaient parler de liberté en connaissance de cause — pas moi !

Quatre ans de dur labeur pour tenter de restaurer le plus grand symbole de la liberté, et je ne sais toujours pas ce qu'est la liberté — du moins pas comme ces deux hommes le savent. Or, j'avais un atout : les milliers de définitions rédigées par les écoliers, en vingt-cinq mots maximum.

Pourtant, je me réjouis d'être libre et je n'ignore pas que cet état ne va pas sans certaines obligations. Si nous possédons aujourd'hui la liberté, c'est que d'autres ont lutté pour elle, l'ont préservée et nous l'ont transmise. Nous avons cette dette envers nos parents, s'ils sont encore en vie, et envers leur mémoire s'ils ont quitté ce monde.

Mais surtout nous avons un devoir vis-à-vis de nos enfants : celui de leur léguer ce bien essentiel. C'est ainsi que fonctionne une civilisation : la dette que vous avez envers ceux qui vous ont précédé, vous la remboursez à ceux qui vous suivent. Et la Lady m'a conduit à prendre la mesure de notre dette.

Parmi toutes les lettres qui me sont parvenues après la publication de mon premier livre, j'en ai reçu une d'un professeur japonais de la Faculté de Médecine de Dokkyo. Il m'écrivait :

« Depuis la Seconde Guerre mondiale, l'Amérique a été un modèle pour le Japon. Lors d'un voyage dans votre pays, voici vingt ans, j'ai énormément appris. Entre autres : ne pas trahir une promesse, respecter un contrat, encourager la moralité publique, etc. De retour au Japon, ma famille et moi-même avons vécu dans le respect de ces valeurs. Récemment, cependant, j'ai rencontré un vieil ami américain et découvert à ma grande déception qu'il ne croyait plus en ces valeurs. Il me semble que la société américaine a changé en vingt ans.

Ce n'est pas agréable à entendre, mais c'est vrai. La Statue de la Liberté a peut-être cent ans, néanmoins nous ne pouvons pas laisser nos valeurs se détériorer avec elle. Mes tribulations avec la Lady m'ont fait comprendre à quel point nos priorités se sont déplacées. Les choses ont empiré au lieu de s'améliorer durant les dernières années, et je crains que nous n'ayons pas encore touché le fond. Je me demande même s'il y a un fond.

Je regarde autour de moi, et je vois des responsables de Wall Street qu'on emmène menottes aux poignets. Je vois un déficit national si énorme que je ne compte plus les zéros. Je vois un gouvernement qui paye ses agriculteurs pour laisser la terre en friche, quand les pauvres déambulent dans les rues, la faim au ventre. Il y a quelque chose de pourri chez nous — et nous ne sommes pas au royaume de Danemark.

Le seul moyen de ramener ce pays dans la bonne voie, c'est de revenir au traditionnel bon sens. Et il faut commencer par la base : la façon dont nous élevons nos enfants, dont nous assumons nos malades et nos pauvres, ce en quoi chacun de nous a foi. Une chose est sûre, en cette époque difficile, nous avons besoin de nouvelles règles à Washington et de nouveaux arbitres pour les faire appliquer.

Mon père me disait que la meilleure manière d'enseigner, c'était de montrer l'exemple. Et il m'a assurément montré comment devenir un homme respectable et un bon citoyen. Pour reprendre une vieille blague : « A l'article de la mort, personne ne déclare : j'aurais dû consacrer plus de temps à mon travail. » Mon souci majeur a toujours été que mes enfants s'en sortent bien.

Le seul roc qui demeure inébranlable, la seule institution fiable, c'est la famille. J'ai été élevé dans cette conviction, et j'y crois. Car je crois qu'un monde civilisé ne peut le rester longtemps s'il ne repose pas sur une famille. Une ville, un Etat, une nation ne sont que la somme de ses éléments essentiels : des millions de familles. On ne peut avoir un pays, une ville, un Etat valables si l'on n'est pas maître de soi-même dans sa vie quotidienne.

C'est au foyer que tout commence.

LE CŒUR
ET
LE FOYER

1

MES ENFANTS

L'église Saint-Hugo à Bloomfield Hills, Michigan, est l'une des plus belles que j'aie jamais vues. C'est une vieille petite église de pierre, pareille à une cathédrale miniature plantée sur une colline dominant de grasses prairies qui me rappellent toujours la campagne anglaise.

Le matin du samedi 21 juin 1986, l'église n'avait jamais paru plus jolie. Le soleil brillait dans un ciel radieux, il y avait des fleurs partout (je sais qu'il y en avait des tonnes, j'ai payé la facture). L'un de mes meilleurs amis, Vic Damone, chantait et sa voix chaude emplissait la nef.

Bien sûr, je n'étais peut-être pas très objectif. C'est que Kathi, ma fille aînée, se mariait.

J'avoue qu'il nous a fallu, à tous les deux, quelque temps pour assimiler cette idée. Kathi en plaisantait avec moi : « Tu crois que j'irai vraiment jusqu'au bout ? Que je ne flancherai pas en route ? »

Je m'efforçais de la rassurer, mais en réalité j'étais encore plus nerveux qu'elle. Durant les jours précédant le grand moment, j'ai inventé un petit jeu pour détendre un peu l'atmosphère. J'avais commandé une douzaine de cartes à un artiste et, le mardi avant le mariage, j'ai déposé la première sur la chaise de Kathi, alors que nous passions à table. On pouvait y lire : ENCORE 100 HEURES !

Ce n'était qu'un début. Régulièrement, et lorsque Kathi

s'y attendait le moins, une enveloppe de couleur vive apparaissait, marquant une nouvelle étape du compte à rebours. Une enveloppe atterrit ainsi sous son oreiller. Une autre fut accrochée au rétroviseur de sa voiture. Sa sœur Lia lui en remit lors du déjeuner de noces, la veille de la cérémonie. Je lui tendis la dernière quand elle eut revêtu sa robe et descendu le grand escalier. L'enveloppe était jaune et j'y avais inscrit : HEURE H.

Le jour de son mariage, Kathi avait l'air d'une princesse, parée du collier et des boucles d'oreilles dont je lui avais fait la surprise. Ce fut pourtant un moment empreint de mélancolie : sa mère lui manquait cruellement. Elle avait au doigt, enchâssé au centre de sa bague de fiançailles, le diamant qui ornait la propre bague de Mary. Et elle portait la jarretière que portait Mary lors de notre mariage ; elle en avait simplement prévu une deuxième pour la lancer aux invités. Par chance, une amie intime de Mary, Isla Small, avait en grande partie assumé les devoirs incombant à la mère d'une jeune mariée. Nous lui avions même donné le titre de mère honoraire de la mariée.

En remontant l'allée centrale, j'étais habité par une joie profonde. Je me réjouissais du choix de Kathi : Ned Hentz, un publicitaire, son ancien camarade de cours au Middlebury College. On ne peut pas choisir les conjoints de ses enfants, on peut seulement espérer qu'ils ne se tromperont pas. Je crois que c'est le cas, en ce qui me concerne.

L'église était bondée, et la cérémonie fut très formelle. Kathi, qui tremblait de nervosité, me dit : « Tiens-moi la main. » Pour ma part, j'étais aussi quelque peu flageolant. Tandis que je regardais le tapis blanc déroulé jusqu'à l'autel, un flot de souvenirs me revenait en mémoire. Je m'étais avancé dans cette même allée lors du baptême de Lia. Il me semblait encore l'entendre protester, lorsque le prêtre lui avait mis le sel sur les lèvres. Je revoyais les filles en premières communiantes, avec leurs petites robes blanches et leurs gros nœuds rouges. Je percevais l'écho de l'Ave Maria le jour de la messe de Requiem pour Mary. Je songeais à tous les mariages auxquels nous avions été invités au fil des ans. Mary était sentimentale et versait toujours quelques larmes. Elle n'était plus là, pourtant je la sentais présente. Il me semblait presque qu'elle nous attendait, souriante, près de l'autel.

Les trompettes sonnaient à mes oreilles, et j'ai pensé : « C'est cela la vie : les joies, les peines, l'éternel changement. » On transmet le flambeau à la génération suivante et le cycle recommence.

Parvenu enfin devant l'autel, j'ai embrassé Kathi et l'ai gardée un instant serrée contre moi, refusant de la laisser partir. Puis la réalité s'est imposée, sous la forme d'une haute silhouette. Et Ned m'a enlevé ma fille.

J'ai gagné ma place en pleurant. Je me souviens vaguement que des gens m'ont chuchoté avec véhémence de ne pas piétiner la traîne immaculée de Kathi.

Les moments comme ceux-là sont rares au cours d'une existence, aussi faut-il les savourer pleinement. C'est ce que j'avais dit à Kathi avant la cérémonie, et je me le répétais à moi-même à présent.

Un an plus tard, j'ai aussi donné Lia à son petit ami de lycée, Jim Nagy. Cette fois, le compte à rebours se fit avec des roses. J'ai éprouvé les mêmes émotions qu'avec Kathi, peut-être avec davantage d'intensité encore, car je n'avais plus de fille à marier. J'en concevais une certaine tristesse qu'un regard au visage rayonnant de Lia suffit à dissiper. Elle aussi avait l'air d'une princesse et — croyez-le ou non — j'ai aussi piétiné sa traîne. Si la vie me réservait des moments plus doux que ceux-là, mon cœur ne l'endurerait pas.

J'ai toujours travaillé pour le bonheur de mes filles. Ces instants célébraient ma raison d'être : aimer mes parents, puis mes enfants, et les voir fonder leur propre foyer. J'espère que Kathi et Lia seront heureuses d'élever leurs enfants. En ce qui me concerne, elles ont fait ma joie.

De tous les rôles délicats que j'ai tenus au cours de mon existence, aucun ne fut plus difficile ni plus essentiel pour moi que mon rôle de père.

J'ai toujours eu une certitude : quand je mourrai, si je puis me flatter d'avoir fait le maximum pour ma famille — c'est-à-dire pour tous les miens, mon père, ma mère, ma sœur, mes filles et peut-être même mes petits-enfants — alors j'aurai eu une belle vie. Qu'y a-t-il d'important à part cela ? Vous vous levez le matin, la journée et la nuit s'écoulent pour vous comme pour tout le monde — dans le Michigan, nous avons huit heures de soleil en hiver, et seize heures en été. Vous faites trois repas quotidiens si vous êtes en bonne santé et n'avez pas de régime à suivre. Vous dormez sans doute sept ou huit heures et, grosso modo, vous passez le même temps au bureau. Alors quand c'est fini, que vous reste-t-il ? Peut-être avez-vous vraiment aimé l'existence. Mais comment ? Votre seule valeur, c'est ce que vous avez partagé avec votre entourage, surtout votre famille et vos amis.

J'aurais souhaité avoir une dizaine de frères et sœurs. L'atmosphère des tribus italiennes ou irlandaises m'a toujours plu. Je connaissais une famille si nombreuse que l'on avait attribué des numéros aux enfants. « Où est notre garçon numéro 1 aujourd'hui ? » ; « Mets-toi à tes devoirs, numéro 4. » ; « Ma petite numéro 5, ce soir tu aides ta mère à laver la vaisselle ». Mes voisins, eux, avaient quatre filles. Ils n'avaient pas ressenti la nécessité de les numéroter. Au lieu de cela, ils les avaient prénommées Mary, Sherry, Terry et Kerry, ce qui suscitait de multiples confusions. Quand on les grondait, elles ne savaient jamais au juste après qui les parents criaient.

Je n'ai eu que deux filles, mais en songeant à ceux de mes amis qui n'ont pas eu cette chance, je remercie le ciel de cette bénédiction.

Je voulais des enfants, cependant je craignais que Mary ne puisse pas en avoir à cause de son diabète. Nos deux filles sont nées par césarienne et elles ont dû se battre pour survivre. Jamais je n'oublierai les premiers jours de Kathi à l'hôpital.

Chaque matin, les infirmières descendaient les berceaux de la nursery. On attendait dans la chambre, en écoutant le chuintement des petits chariots qui s'approchaient. Le troisième jour, tous les chariots passèrent dans le couloir sans s'arrêter devant notre porte. Mary était affolée. L'infirmière lui annonça qu'elle ne verrait pas son bébé parce que Kathi était gravement malade. Mary se mit à sangloter, et j'avoue que je pleurais aussi.

Kathy avait contracté une staphylococcie, le fléau redouté par tous les pédiatres. On l'avait placée en couveuse et les médecins refusaient de se prononcer. Pour compliquer encore la situation, c'était le week-end du 4 juillet. Avez-vous déjà mis les pieds dans un hôpital un jour férié ? Avec un peu de chance, vous pouvez dénicher un interne ou une infirmière chargée de remplacer trois de ses collègues.

Quand j'ai réussi à voir Kathi, elle était dans sa couveuse, ses minuscules pieds hérissés de perfusions. Elle était cramoisie. Et moi, j'étais terrifié. Je suis revenu toutes les deux heures, et j'ai raconté à Mary que Kathi avait une mine superbe et que la fièvre baissait. Au bout d'une semaine, elle a fini par se rétablir et Mary a pu la nourrir. Il nous a quand même fallu attendre encore une semaine pour la ramener à la maison.

Quand Lia est née, elle était encore plus fragile que sa sœur. Elle ne pesait que deux kilos trois cent quarante grammes et dut rester en couveuse jusqu'à ce que son poids se stabilise à deux kilos cinq cents. Il lui fallut dix jours pour prendre ces quelques grammes (maintenant elle est au régime et s'efforce de perdre deux kilos — avec les mêmes difficultés. La vie est parfois cruelle).

Peut-être nos filles nous étaient-elles d'autant plus chères qu'elles avaient eu des débuts difficiles. Elles avaient réussi à venir au monde et à vaincre les périls de ces premières heures. Aussi, je les adorais. A l'époque où je voyageais beaucoup, je ne rentrais jamais à la maison sans un jouet, un animal ou « quelque chose de bien », comme elles disaient. Je me rendais souvent à Cologne, en Allemagne, et rapportais chaque fois une figurine de Humme. Vingt ans plus tard, elles ont toujours ces petits bibelots sur leurs étagères ; quand je les vois, cela me fait chaud au cœur.

J'aimais aussi leur acheter des vêtements. J'avais noté leurs mensurations sur un bout de papier que j'emportais toujours dans ma mallette. Si je repérais une robe ou des chaussures qui me semblaient convenir, je sautais sur l'occasion. Ed Branch, notre contrôleur de Ford, faisait souvent du shopping avec moi. Je me souviens qu'un jour, à Londres, nous avons profité de la pause déjeuner pour foncer chez *Harrods* qui soldait les chemisiers. Nous sommes arrivés avec une demi-heure de retard à notre rendez-vous — pourtant très important. Il s'agissait de décider si nous allions construire notre nouvelle usine de montage, qui nous coûtait 500 millions de dollars, à Valence en Espagne ou à Algesiras, près du rocher de Gibraltar, où le terrain était moins onéreux. L'après-midi fut long et fastidieux, mais j'étais gai comme un pinson parce que j'avais eu 40 % sur les chemisiers.

Mary et moi avions une conception très simple de l'éducation, basée sur le bon sens que nous avaient inculqué nos propres parents. Contrairement à eux, cependant, nous avions conscience que nos enfants grandissaient dans l'opulence. Nous devions leur apprendre que les valeurs de l'existence ne se résumaient pas à des préoccupations du genre : de quelle couleur sera la voiture que j'aurai pour mes seize ans ou pourquoi ne pas passer les fêtes de Noël à Hawaii ? J'ai souvent entendu des gens se lamenter : « Bon Dieu, ce gosse a eu tout ce qu'il voulait. Je lui ai acheté une Corvette pour Noël et je lui ai organisé une grande fête d'anniversaire au club. Je lui ai promis un hélicoptère. Alors, pourquoi est-ce devenu un junkie ? »

La vie peut être difficile pour les enfants nés avec une cuiller d'argent dans la bouche, car ils n'ont jamais la possibilité réelle de découvrir s'ils sont capables de travailler dur et de réussir par eux-mêmes. Mary et moi étions résolus à ne pas commettre cette erreur avec nos filles.

Je n'oublierai jamais notre installation dans notre demeure de Bloomfield Hills. C'était l'époque de Halloween. Nous nous attendions à ce que les gamins viennent frapper à notre porte, comme dans notre ancien quartier. Les confiseries étaient prêtes, la citrouille trônait sur la fenêtre, les lumières étaient allumées pour accueillir nos jeunes visiteurs. Mais personne ne se montra. Il fallait remonter une allée de cinq cents mètres pour atteindre notre maison, et les enfants de ce luxueux quartier ne s'aventuraient pas si loin à la nuit tombée. Finalement, au bout de deux heures, nous avons eu une visite. Une petite fille, dans une limousine interminable pilotée par un chauffeur. Je ne l'ai jamais vraiment digéré. Pas plus que les figurines de pain d'épices qui ont duré des mois !

Des années plus tard, Andrew Brown, un ami de Kathi, vint de Chicago pour le seizième anniversaire de ma fille. En arrivant, il découvrit le jardin potager de Mary et, planté au milieu, un immense épouvantail revêtu de l'un de mes vieux smokings. Andrew le contempla longuement, hocha la tête et s'exclama : « Ouah, quel quartier chic ! »

Dans un tel environnement, nous devions être particulièrement prudents. Combien de fois ai-je répété : « L'argent ne pousse pas sur les arbres. » Je les ai sans doute convaincues, parce qu'elles ne jettent vraiment pas l'argent par les fenêtres.

Il n'était pas question non plus d'être aux petits soins pour elles. Quand elles étaient enfants, nous avions une gouvernante qui s'appelait Mme Shady. Lia la surnommait « l'adjudant », tellement elle était sévère. Bien qu'elle fût à notre service, nous interdisions aux filles de laisser traîner leurs affaires, sous prétexte qu'il y avait quelqu'un pour les ramasser derrière elles. Mary veillait à ce qu'elles rangent leurs chambres, surtout les placards où régnait la plupart du temps une pagaille désastreuse. Lia a encore, sur la porte de sa chambre, une plaque de cuivre portant l'inscription PRIVATE MESS, que nous avions trouvée à San Diego dans un surplus de la marine.

De toute façon, les filles n'étaient pas absolument persuadées de notre aisance matérielle. Un jour, alors que Lia était à l'école maternelle et moi vice-président de Ford, on lui demanda ce que faisait son père. Elle répondit : « Je ne sais pas bien. Je crois qu'il lave des voitures. »

Mes parents m'avaient consacré beaucoup de temps, et je voulais donner à mes enfants autant d'amour et d'attention que j'en avais reçu. Une noble ambition, que chacun a le désir de poursuivre. Mais, au quotidien, ce n'est pas si facile.

Il y a toujours l'excuse du travail pour mettre des bâtons dans les roues de la famille. J'ai vu comment certains de mes collègues de Ford menaient leur existence — pour eux, le week-end c'était simplement deux jours supplémentaires au bureau. J'avais une autre conception de la vie familiale. Je passais toutes les fins de semaines et tous les congés avec mes enfants. Kathi a fait de la natation pendant sept ans, et je n'ai jamais raté une compétition. Puis il y a eu les matches de tennis. Là non plus, je n'en ai pas manqué un seul. Ensuite les récitals de piano. J'y étais aussi. Je redoutais, si j'en loupais un, que Kathi finisse première ou bonne dernière et que je ne sois pas là pour la féliciter — ou la consoler.

Les gens me demandaient : « Comment quelqu'un d'aussi débordé que vous trouve-t-il le temps de suivre toutes ces compétitions de natation, ces récitals de piano ? » Je notais l'événement dans mon agenda, comme s'il s'agissait d'un rendez-vous d'affaires. J'inscrivais : Match au *Country Club*, 15 h 30 / 16 h30. Et je filais au *Country Club*.

Pareil avec Lia. J'ai assisté à toutes ses représentations théâtrales, souvent dramatiques ; mais quand elle m'apercevait dans la salle et m'adressait un petit signe timide, j'étais heureux et fier.

Un jour, je suis allé chercher Lia au camp scout. Elle avait six ans, et s'est précipitée vers moi dans un uniforme kaki flambant neuf, avec son bandana orange autour du cou et son petit béret sur la tête. Elle venait juste d'être admise chez les Potawatami. Lia espérait bien entrer chez les Nava-joie, comme elle disait, hélas on l'avait recalée. Elle était pourtant ravie et moi aussi. Ce jour-là, j'ai raté un rendez-vous très important, mais, c'est drôle, je ne me souviens absolument pas de quoi il s'agissait.

Chez Chrysler, je discute beaucoup avec mes directeurs, je les chouchoute en quelque sorte. C'est ma manière d'être avec mes principaux collaborateurs. Pourquoi agirais-je autrement avec mes enfants ?

Je ne leur ai jamais décrété : « Voilà ce que je veux que

vous deveniez. » Je leur ai cependant donné quelques points de repère élémentaires : quand vous avez un problème parlez-en, ne le gardez pas sur le cœur. Ne mentez jamais, à personne. Ne vous endettez pas. N'oubliez pas de rendre à un ami ce que vous lui avez emprunté. Soyez honnêtes. Ne faites pas de promesses que vous ne pourrez pas tenir.

Mon père m'enseignait ces principes à coups d'histoires et de paraboles. Quand j'étais jeune, par exemple, j'enviais les gamins plus riches que moi. Mon père me disait : « Réjouis-toi de ce que tu as. La jalousie non seulement te fera verdir, mais finira par te tuer. » Et, pour mieux m'en convaincre, il me racontait une fable qui s'est gravée dans ma mémoire.

Il était une fois un roi qui avait deux fils. L'aîné était son préféré et le cadet enrageait de voir que son frère était plus gâté que lui.

Un jour, le roi dit à son plus jeune fils : « Je vais t'accorder une faveur extraordinaire. J'exaucerai n'importe lequel de tes souhaits. Tu désires ton poids en or ? Les plus beaux étalons arabes ? Un harem de jolies vierges ? Tu n'as qu'à choisir. »

Et le cadet répondit : « Ça alors, Père, c'est fantastique. Je vous demande une journée de réflexion. »

« Bien sûr. » Puis le roi ajouta : « Mais, puisqu'il est l'aîné, ton frère recevra le double de ce que je t'accorderai ».

A ces mots, le cadet fit la grimace. Puis, la nuit portant conseil, il alla se coucher. Le lendemaim, il déclara à son père : « J'ai pris ma décision. Je veux qu'on m'arrache un œil. »

Sitôt que je ressens un pincement de jalousie, je me remémore cette histoire. Je l'ai racontée à mes filles pour qu'elles n'en oublient pas la morale.

Les parents ne doivent pas être uniquement ceux qui ont la parole. Ils doivent aussi écouter. S'efforcer de comprendre ce que les enfants ont dans la tête. Certains tiennent un conseil de famille hebdomadaire, moi je n'ai jamais été aussi protocolaire. J'avais mon compte de réunions au bureau.

De même, quand on essaie de pousser ses enfants, il faut savoir jusqu'où on peut les pousser sans les faire basculer. Chaque père a de grandes ambitions pour ses rejetons, cependant il convient de rester réaliste. Les gens de ma génération ont subi trop de pressions, j'en suis conscient. Mon père voulait sans cesse que je décroche la timbale. Il voulait que je me batte et, avec une psychologie à l'emporte-pièce, aboutissait invariablement à la conclusion : « Ce n'est pas suffisant, vise la perfection, ne baisse jamais, jamais les bras ». Seigneur, on aurait dit Winston Churchill !

C'est là une part de mon éducation que je n'ai pas cherché à imposer à mes filles. Si elles n'obtenaient pas le prix d'excellence, je ne devenais pas hystérique pour autant. Ce qui ne signifie pas, bien sûr, que je me moquais de leurs résultats scolaires. Si l'une ou l'autre n'avait pas la moyenne, elle avait de mes nouvelles. Mais du moment qu'elles travaillaient bien, je n'intervenais pas. Un D me faisait voir rouge. Un C me semblait tolérable.

Pendant un certain temps, Lia fut fâchée avec les livres. Quand elle était en septième ou huitième, Mary avait imaginé un jeu. Elle prenait une feuille de papier, y dessinait le calendrier des journées de classe pour le mois et l'épinglait au mur de la cuisine. Chaque soir, après le dîner, elle obligeait Lia à déterminer la note qu'elle pensait honnêtement mériter pour sa journée, de 1 à 10. Un jour, Lia fut recalée à une composition ; elle s'accorda pourtant un 3. Elle s'attribuait aussi beaucoup de 7 ou de 8. Ce système la forçait à réfléchir à son travail. Elle ne pouvait pas se mentir, car si elle s'octroyait un mois durant des 7 et des 8, et revenait avec un carnet bourré de D ou de F, il y avait de l'orage à River City.

Parfois je recourais à des stimulants, je donnais un peu d'argent pour des A ou des B, avec un succès mitigé. J'ai essayé la même tactique pour les ongles de Kathy. Elle se les rongeait sans arrêt, ils étaient affreux. Je procédais donc à des inspections régulières. « Bon, ceux-là ne sont pas mal. Ceux-là sont vilains. Tu auras deux dollars par ongle, si tu réussis à les remettre en état. » L'argent n'était peut-être pas un argument suffisant, car le truc ne marcha jamais. A présent, en revanche, les ongles de Kathi valent largement un million de dollars.

Dans certains cas, montrer le bon exemple se révélait quelque peu délicat. Leur mère et moi leur répétions sur tous les tons de ne pas fumer. Mary, que Dieu ait son âme, fumait à longueur de temps et j'étais connu comme un amateur de cigares. Après la naissance des filles, Mary s'efforça d'arrêter. Elle en était à deux paquets et parvint à se limiter à six cigarettes par jour.

Aujourd'hui, Kathi ne fume pas. Lia essaie de réduire sa consommation — vous l'avez deviné — à six cigarettes quotidiennes.

Il me semblait un peu raide de leur prêcher les méfaits du tabac avec le cigare au bec. Mais j'ai tenté de leur enseigner la modération en tout. Evidemment, il n'est pas question de dire aux enfants qu'un petit mensonge ou une petite tricherie ne sont pas graves. Il faut leur apprendre, dès leur plus jeune âge, la notion du bien et du mal. Pour certaines choses, il n'existe pas de compromis possible. Mes filles savent du moins distinguer le bien du mal (et si elles ne le savent pas, il est de toute façon trop tard).

Comment inculquer durablement ces valeurs aux enfants ? Si je connaissais la réponse, je deviendrais psychiatre et j'aiderais mes semblables. Je me borne à espérer que les bonnes graines prennent racine et que les mauvaises — comme le tabac — pourrissent.

J'ai toujours été très pointilleux quant aux fréquentations de mes filles. Depuis l'école maternelle, il y avait généralement beaucoup de gamins chez nous, et il me paraissait important de savoir qui ils étaient. Je ne les soumettais pas à un interrogatoire ; cependant, si je les jugeais bizarres, je n'hésitais pas à le dire. Les camarades de mes filles dînaient souvent avec nous, ils parlaient de leurs parents, ainsi j'avais une idée de leur environnement.

S'il y avait un chapitre sur lequel j'étais trop tyrannique, c'était sur celui des sorties. J'avais établi une règle : où qu'elles soient, les filles devaient téléphoner. Et je ne transigeais pas sur l'heure du couvre-feu. A partir de seize ans, elles avaient la permission de 23 h 30 et celle de minuit après dix-huit ans.

Elles n'ont jamais eu l'autorisation de rentrer à deux ou trois heures du matin, sauf pour des occasions très spéciales. Et même dans ces cas-là, elles étaient obligées de me dire où et avec qui elles se trouvaient.

Vous connaissez la formule rituelle qui apparaît le soir sur les écrans de télévision : « Il est vingt-trois heures. Savez-vous où sont vos enfants ? » J'ai toujours su où étaient mes filles. Elles s'en plaignaient, d'ailleurs : « Quand nous serons mariées, tu nous fixeras encore une heure pour rentrer. » Et, entre nous, elles avaient bigrement raison.

La frontière est étroite entre justice et dictature, et je l'ai parfois franchie. Un soir, un garçon aux yeux brillants, qui commençait à peine à avoir du duvet sur les joues, téléphona pour demander la permission de sortir avec Lia. Il grêlait, on prévoyait soixante centimètres de neige. Et ce gamin m'annonçait qu'il avait emprunté la voiture de son père, vu qu'il avait son permis depuis deux semaines. Pour aggraver encore son cas, il débarqua avec un épais bottin téléphonique sous le bras. Il mesurait un mètre cinquante et devait grimper sur ce bouquin pour apercevoir la route par-dessus le volant. Comme ces menus détails me titillaient, je suggérai qu'il vaudrait mieux rester à la maison et regarder la télé. Point final. Tout le monde me tomba dessus en me reprochant de faire du scandale pour rien. Mais je ne soumis pas ma décision aux voix. Lia ne sortit pas ce soir-là.

Ne pas rentrer à l'heure valait aux filles des tas d'ennuis. Ma politique était simple : tant de minutes de retard, tant de jours de punition. Le record était détenu par leur cousine Robin, de quatre ans l'aînée de Kathi et qui passa plusieurs mois chez nous, quand mes filles étaient adolescentes. Chaque fois qu'elle sortait, il se produisait un malheur, comme par hasard. Elle devait être à la maison à une certaine heure, et le garçon qui la ramenait ne retrouvait pas son chemin. Ou bien un pneu crevait. Ou encore il pleuvait des météores. Finalement, je décrétai qu'elle me faisait prendre des vessies pour des lanternes. Après une série d'infractions mineures destinées à me tester, elle arriva un soir avec vingt-trois minutes de retard et récolta donc vingt-trois jours de mise aux arrêts. Entre parenthèses, ce fut efficace. Le Dr Spok n'approuverait peut-être pas mes méthodes, mais je suis de la vieille école.

Malgré toute ma sévérité, je m'effondrais pour de bon dès que les enfants étaient malades. Ma pauvre petite Kathi dut subir trois opérations du genou. Les deux premières fois, on lui enleva le cartilage. Ensuite, elle était au collège à ce moment-là, on voulut lui retirer la rotule. Nous avons parcouru le pays pour consulter d'autres spécialistes. Croyez-moi, nous en avons appris sur les genoux bien plus que nous ne souhaitions en savoir.

Enfin, l'opération a eu lieu. Les chirurgiens lui ont retiré la rotule, l'ont retaillée et remise en place. Kathi a souffert le martyre. On avait l'impression qu'elle ne se débarrasserait jamais de son plâtre. Aujourd'hui, elle fait à nouveau du jogging et du tennis. Elle a dû renoncer au ski de piste, mais s'est rabattue sur le ski de fond.

J'ai toujours témoigné de la tendresse à mes enfants. Beaucoup de gens sont incapables de dire « je t'aime » à quelqu'un. Leurs parents n'ont jamais prononcé ce mot, et ils ne le disent pas davantage à leur mari ou à leur femme. Peut-être est-ce l'éthique puritaine — il convient d'observer une certaine réserve, de ne pas porter son cœur en bandoulière. Je n'ai jamais compris pourquoi il faudrait se sentir coupable d'exprimer un sentiment aussi naturel que l'amour de sa famille.

On doit tout donner aux siens, car on ne sait jamais combien de temps durera ce bonheur. Ma femme est morte trop tôt. Elle avait à peine cinquante-sept ans quand le diabète l'a emportée, en mai 1983. Du moins elle avait pu s'occuper des filles pendant leurs jeunes années. Le diabète est imprévisible, il peut vous tuer du jour au lendemain. Quand les enfants avaient cinq et dix ans, je priais le ciel que ma femme tienne encore cinq ans. Puis jusqu'au quinzième et vingtième anniversaire des petites. Puis encore cinq ans. Mais là, je n'ai pas eu cette chance.

Je ne me plains pas. Il y avait des malheurs bien pires que les miens. Pourtant je vivais avec cette angoisse affreuse : s'il arrivait quelque chose à mon épouse, je devrais changer radicalement mon mode de vie. En résumé, si j'avais été forcé de confier l'éducation de mes filles à une gouvernante, je sais que j'aurais abandonné mon travail.

Lorsque Mary nous a quittés, je suis entré dans une nouvelle phase de mon existence. Je n'imaginais pas à quel point ce serait difficile. Il faut être passé par là pour comprendre. Les filles étaient assez grandes pour faire face à la réalité, même si nous ne l'admettions pas, cependant ce fut très dur pour elles.

Juste après le décès de Mary, je les ai emmenées aux Bermudes pour un mois, le temps de récupérer. Nous étions en état de choc, de vrais zombies. Il nous fallait assimiler le fait que nous n'étions plus que trois désormais au lieu de quatre. J'avais consacré beaucoup de temps à mon rôle de père, mais je réalisais soudain tout ce qu'assume une mère. Songez-y : emmener les enfants à l'école, les attendre à la sortie des classes, discuter avec les professeurs, faire les courses, laver les vêtements, repriser les chaussettes.

Les enfants n'étaient pas les seules qui dépendaient de Mary. Quand je partais en voyage d'affaires, elle préparait ma valise. Moi, je ne savais même pas où étaient les valises. Elle s'occupait de tout. Des factures pour la maison, des papiers. Elle connaissait les bons et les mauvais plombiers. Mary disparue, je devais repartir à zéro.

Le premier Noël après sa mort, nous sommes allés en Floride dans notre appartement de Boca Raton. Devant la porte, j'ai demandé : « Qui a les clés ? » Nous nous sommes regardés. Personne n'avait les clés de l'appartement. Mary les prenait toujours. Autrefois, nous nous bornions à attendre qu'elle les sorte de son sac. Nous n'avions même pas idée de l'endroit où elles se trouvaient — dans la cuisine ou dans la chambre, au fond d'un tiroir ? L'année suivante, l'incident se reproduisit. Pour finir, Lia fit fabriquer une douzaine de doubles, cependant nous avons encore des problèmes.

Je m'interrogeais : *Que faut-il faire à présent ? Comment me comporter ?* Je n'avais pas grand monde pour m'aider. Bien sûr, des amis merveilleux m'entouraient, désireux de se rendre utiles. Mais ils ne pouvaient pas servir de mère à mes enfants. Je me disais : *Maintenant, c'est à moi qu'elles confieront leurs tourments de jeunes filles. Comment vais-je m'en sortir ?*

Eh bien, je les ai souvent écoutées me raconter leurs peines de cœur, et j'ai fait de mon mieux. Il m'était impossible de mettre un tablier et de décréter : « Maintenant, c'est moi la maîtresse de maison. Parlez-moi comme vous parleriez à votre mère. » Ce n'est pas ainsi que les choses fonctionnent. Mary disparue, tout était absolument différent.

J'ai lu que, quand on perd un conjoint ou un être cher, on est sous le choc pendant six mois, puis en deuil pendant trente ou trente-six mois. En d'autres termes, il faut environ trois ans pour comprendre que le mort ne reviendra plus et que la vie continue néanmoins.

Statistiques ou pas, cette règle s'est révélée exacte en ce qui me concerne. Il a en effet fallu trois ans pour que je recouvre mon équilibre et que les enfants se remettent peu à peu de leur chagrin. Aujourd'hui elles n'hésitent pas à parler de leur mère et à évoquer leurs bons souvenirs.

A l'époque, je leur ai dit : « Vous devez vous trouver une occupation. » Quand nous avons créé la Fondation Iacocca pour la recherche sur le diabète, Kathi, qui s'était toujours intéressée à cette maladie, y a pris une part active. Elle s'en occupe encore.

Lia était encore en première année au collège de Hillsdale, lorsque Mary est tombée malade. Cette année-là fut très pénible. Puis elle a poursuivi ses études à l'université d'Oakland, non loin de chez nous, pour se rapprocher de sa mère. Elle a beaucoup mieux travaillé, et toute seule. J'avoue que je ne l'aidais guère. L'année de son diplôme, trois ans après la mort de Mary, elle collectionnait les A et les B. J'étais vraiment très fier d'elle.

Maintenant elle est diplômée et se spécialise dans la communication et les relations publiques.

Mes deux filles étant pourvues d'un mari et d'une activité professionnelle, je suppose que je vais entrer dans une période de transition. J'espérais presque qu'elles se marieraient jeunes, car une question me rongeait : *Et s'il m'arrivait quelque chose ?* Elles auraient été orphelines. Cette idée me torturait. J'imagine qu'il en est toujours ainsi, lorsqu'un conjoint disparaît. L'autre réalise soudain qu'il est, pour les enfants, l'ultime rempart entre eux et le malheur.

Mais il y a un revers à cette médaille. Les enfants ont l'impression de m'abandonner. Je veux qu'elles soient heureuses et fondent leur foyer, or elles s'angoissent à la perspective de me quitter.

Je souhaite qu'elles se fassent moins de souci pour moi que je ne m'en suis fait pour elles. Quand elles étaient plus jeunes, je ne pouvais pas me coucher tant qu'elles n'étaient pas rentrées. J'ai passé des milliers de nuits à ne dormir que d'un œil.

Je me disais que, quand elles auraient vingt et un ans, je ne me tourmenterais plus. Impossible. Ensuite je me suis persuadé qu'après leur mariage je ne me tourmenterais plus. Impossible. A présent, tant d'inquiétude commence à m'inquiéter.

En 1986, nous sommes tous allés en Floride pour Noël. Un soir, Kathi et Ned nous ont annoncé qu'ils dîneraient dehors et iraient peut-être au cinéma. J'ai attendu un moment, puis je me suis mis au lit — Kathi était avec Ned, son mari depuis six mois, je dormais donc sur mes deux oreilles, contrairement à ma vieille habitude. Mais quand je me suis réveillé, à deux heures moins le quart, ils n'étaient pas rentrés. Je me suis recouché et réveillé de nouveau vers trois heures. Cette fois, Lia était debout, elle aussi, et nous avons commencé à faire les cent pas. Il y a certes une vie nocturne à Boca Raton, mais à partir d'onze heures on ne rencontre plus grand monde dans les rues.

Nous nous sommes assis dans la cuisine en nous demandant où ils avaient bien pu passer. Lia a appelé le *Wild Flower*, une discothèque locale. Fermé. A quatre heures moins le quart, je suis sorti et j'ai continué à faire les cent pas dans l'allée. Les filles téléphonaient toujours, j'étais conditionné comme le chien de Pavlov à entendre la sonnerie du téléphone.

Kathi et Ned sont finalement revenus à quatre heures cinq. Ils avaient trouvé une boîte ouverte à Fort Landerdale et n'avaient pas appelé de crainte de nous réveiller. J'étais heureux de les voir. Eux, en revanche, n'étaient pas très contents de me voir sur le perron. Il faut vraiment que j'arrête de me comporter de cette manière.

Kathi m'a averti que j'allais bientôt être grand-père. J'en suis ravi, mais — vous vous en doutez — je commence déjà à me faire du souci.

Mes enfants ont toujours été l'élément essentiel de mon existence. Peut-être parce que les choses ont plutôt bien marché pour moi. Cependant, si j'avais conquis le monde et qu'elles aient mal tourné, je me serais considéré comme un raté.

Au crépuscule de mes jours, je regarde en arrière et j'essaie de comprendre. Je ne sais pas encore très bien ce que signifient succès et fortune. En revanche, je sais que la gloire et le pouvoir sont des foutaises. Mais soudain, là-bas, j'aperçois mes filles, et tout s'éclaire. Je les aime.

2
VIEILLIR

Voici quelques années, on m'a prié de donner une conférence devant la Société des Ingénieurs de l'Industrie Automobile, à Greenbrier en Virginie. Comme la plupart des participants, j'ai amené une invitée. Ces grandes réunions sont vraiment exténuantes — moi-même je me sens quelque peu fatigué — mais elle jetait feu et flamme. Pour quelqu'un qui frisait les quatre-vingt-un ans, ce n'était pas si mal.

Je parle bien sûr de ma mère.

Peu de dirigeants, je suppose, auraient l'idée d'emmener une octogénaire à un congrès professionnel, et ils s'exhiberaient plutôt tout nus qu'en compagnie de leur mère.

Ce n'est pas mon cas. Ma mère adore Greenbrier, pourquoi donc ne serait-elle pas venue avec moi ?

Peu de temps après, j'ai rencontré par hasard Bob Galvin, le directeur de Motorola, qui m'a demandé des nouvelles de ma mère. D'abord perplexe, je me suis rappelé que sa femme et lui avaient dîné avec elle pendant le congrès et qu'ils avaient été enchantés de leur soirée. Elle est tellement merveilleuse que je commence à me demander si les gens ne m'invitent pas uniquement pour que je la leur amène.

A mes yeux, rester proche de ses parents est la chose la plus normale du monde. Beaucoup ne partagent pas ce point de vue. Combien de fois entend-on dire : « La vie nous a séparés » ? Géographiquement, peut-être. Si vous vous installez au pôle sud, tandis que vos parents restent à East Rockaway, ils ne viendront pas souvent dîner chez vous. Cependant même les gens qui sont à dix minutes en voiture se trouvent une foule de bonnes raisons pour ne pas voir leurs parents pendant des mois, voire des années.

D'autres encore ne les fréquentent plus du tout. Le seul contact qu'ils gardent avec eux, c'est un coup de fil de temps en temps pour s'assurer que l'abonnement au magazine du troisième âge n'est pas terminé. C'est aussi ce qui se passe avec les oiseaux, j'imagine, une fois qu'ils ont quitté le nid.

Un père et une mère mettent des enfants au monde, s'en occupent de leur mieux, pour être ensuite négligés par leurs rejetons. Je ne comprends pas. Je plains ceux pour qui une visite aux parents équivaut à une séance chez le dentiste. J'en connais beaucoup, hélas !

Dans ma relation avec ma mère, une chose m'émerveille : les années passent, pourtant nous sommes aussi proches que jamais — si ce n'est plus. C'était pareil avec mon père, jusqu'à sa mort en 1973. Ma mère et moi partageons évidemment des soirées, des week-ends ; nous partons même en vacances ensemble.

De nombreuses personnes jugent cela inhabituel, pour ne pas dire carrément bizarre. Selon elles, quand on fonde son propre foyer, il n'est pas sain de fréquenter assidûment ses parents. On jurerait que la loi l'interdit. Mais si l'on est bien ensemble, pourquoi ne pas continuer à se voir ?

Voici des années, comme je me rendais en Californie pour mes affaires, j'ai emmené mon père et ma mère. Ils ne connaissaient pas la Californie, c'était l'occasion rêvée. Nous avons flâné le long de la côte jusqu'à Big Sur. C'était l'époque du mouvement hippie et ce fut fort instructif pour eux (un choc, plutôt !) de voir des gamins crottés et hirsutes ingurgiter du pâté pour chiens en guise de déjeuner. Nous avons rapporté des bijoux de métal et de turquoise faits à la main, et ma mère conserve toujours précieusement ces souvenirs.

Tandis que je préparais ce voyage, je n'ai pas songé un

seul instant à ne pas inviter mes parents. Leur compagnie m'était très agréable. Alors, même s'ils avaient vingt-cinq ans de plus que moi, quelle importance ? Gil Richards, un excellent ami, me disait souvent : « Ils sont beaucoup plus marrants que toi. »

Le gros problème dans ce pays, c'est qu'il existe une sorte de snobisme qui vous force à rester dans votre ghetto, avec les individus de votre âge, même au sein de votre famille. Résultat, beaucoup de gens n'osent pas partir en vacances avec leurs parents — ni aller passer un après-midi à la campagne avec eux.

Ma mère m'accompagnait, lors du week-end de la Liberté. Elle n'arrêtait pas de sauter d'un hors-bord à l'autre, d'un yacht à l'autre. Je m'essoufflais à la suivre. Je ne me rappelle pas l'avoir jamais vue si heureuse. Pourquoi l'aurais-je privée d'un aussi fabuleux moment sous prétexte qu'on risquait de chuchoter : « Eh, regardez ce type — il est avec sa maman » ?

Mes propres enfants ont dû remarquer que, bien qu'étant un personnage assez important dans le monde des affaires, je continuais à inviter mes parents. Maintenant, quand elles partent en voyage, elles me demandent invariablement de les accompagner. Je n'y vais pas toujours — parfois, elles n'ont de toute évidence aucun besoin de leur cher vieux papa (en lune de miel, par exemple) — mais, de temps à autre, je les prends au mot. Chaque fois, nous nous amusons énormément.

Si je vois souvent ma mère, c'est parce que j'aime sa compagnie. Mais je me sens aussi une certaine responsabilité envers elle. Elle s'est occupée de moi pendant tant d'années — or je me soupçonne d'avoir été un démon quand j'étais enfant. C'est mon père qui m'a appris ce qu'il faut savoir pour se lancer dans la vie professionnelle. Cependant en ce qui concerne mes valeurs morales — la droiture, la piété, la résistance aux tentations — c'est à ma mère que je les dois.

Il est donc naturel que je veuille m'occuper un peu d'elle à présent. A quatre-vingt-quatre ans, elle vit seule. Mon père était si dominateur qu'elle dépendait presque entièrement de lui. Elle n'a jamais appris à conduire à cause de lui. Elle incarnait l'archétype de l'épouse discrète, accaparée par sa famille. Ils ne faisaient jamais rien l'un sans l'autre et s'entendaient si bien que je redoutais qu'elle ne s'effondre après la mort de son mari. Mais elle a continué à habiter la même maison en Pennsylvanie et s'en tire à merveille depuis quinze ans. Elle m'a vraiment sidéré.

Si vous rencontriez ma mère aujourd'hui, vous seriez épatés. Elle est dans une forme fantastique. Si je peux lui ressembler, j'ai hâte d'atteindre son âge. J'espère qu'elle m'a transmis les bons gènes. Elle demeure très active et n'a rien perdu de ses facultés intellectuelles. Cela paraît incroyable, mais jusqu'à l'année dernière où elle a souffert d'une pneumonie, elle n'avait jamais mis les pieds dans un hôpital. Elle avait même accouché de ses deux enfants à la maison.

Son seul problème, c'est qu'elle est un peu dure d'une oreille. J'ai essayé de la convaincre d'acheter ces petits appareils qui se fixent sur les branches de lunettes. Elle s'entête à refuser. « Le président des Etats-Unis en a un. Pourquoi pas toi ? » lui dis-je. Je me suis toujours considéré comme un vendeur génial, mais je ne suis pas parvenu à vendre un appareil auditif à ma mère. Selon elle, ça fait vieux. Une coquetterie pareille à quatre-vingt-quatre ans !

Le plus extraordinaire de tout, c'est sa dentition. Elle possède encore toutes ses dents et — tenez-vous bien — n'a jamais eu la moindre carie. A l'hôpital, on la traitait comme un monstre parce qu'elle ne remettait pas son dentier aux infirmières. Elle ne pouvait pas, la pauvre, elle n'en avait pas...

Quoiqu'elle soit en parfaite santé, il vaudrait mieux, je crois, qu'elle soit moins seule. Elle n'a jamais été du genre à se tourner les pouces et se retrouve à mon avis trop isolée. Aussi me semble-t-il encore plus nécessaire de la voir aussi souvent que possible. Je l'invite en Floride chaque fois que je vais m'y reposer. Voici quelque temps, je l'ai emmenée avec deux de ses amis en Italie où nous avons passé quinze jours fantastiques.

Au fil des années, j'ai pris l'habitude de lui téléphoner cinq ou six fois par semaine. Il m'arrive d'oublier, rarement toutefois. Si je ne l'appelle pas pendant deux jours consécutifs, elle en conclut automatiquement que j'ai contracté une terrible maladie ou qu'on m'a kidnappé. Aussi, lorsque j'ai eu une journée impossible sans trouver une minute pour la joindre, je m'empresse de noter sur mon agenda à la page du lendemain : appeler maman.

Quand je lui rends visite, elle me traite comme un garçon de quatorze ans. Elle me prépare les plats que j'adorais autrefois et se donne autant de mal que lorsque j'étais en pleine croissance. Je suppose que cet instinct ne faiblit jamais. Dès que je lui annonce ma venue, elle court m'acheter des gâteries. Elle veut me faire plaisir et me voir sourire, même si j'ai aujourd'hui les rides de mes soixante-trois ans. Parfois, quand nous mangeons ensemble, j'ai l'impression que nous remontons le temps pour nous retrouver dans les années 30.

Outre un bon repas préparé par ses soins, je ne manque jamais de recevoir une forte dose de sagesse parentale. Pour le moment, elle est préoccupée par le fait que j'assume trop de tâches, et elle vit dans la terreur que, dans un instant de faiblesse, je puisse baisser ma garde et décider de poser ma candidature à la présidence. Un samedi, alors que nous avions rendu public le rachat d'American Motors, elle m'a glissé dans son meilleur style écoute-un-peu-ta-mère : « Pourquoi acheter les migraines d'un autre ? Pourquoi en ressens-tu le besoin ? Les choses ne vont pas assez bien comme ça ? »

« Maman, tu te souviens de ce que disait papa : si tu ne bouges pas, tu recules. »

« Oui, oui... Mais tu as répété ça toute ta vie. Tu devrais ralentir un peu. N'oublie pas ce que disait aussi ton père : il faut prendre le temps de respirer le parfum des roses. »

Chaque fois que je la vois, j'ai immanquablement droit à une petite leçon. Elle ne radote pas, cependant. Elle me sort son discours et nous changeons de sujet. Au moment de nous quitter, elle m'embrasse tendrement et m'assène une nouvelle dose de conseils pour faire bonne mesure. C'est un rituel — et je m'y prépare à chacune de mes visites.

A mesure que les années passent, je suis de plus en plus convaincu qu'il faut essayer de s'occuper de ses parents avant qu'ils ne soient trop vieux. Si on cesse de les fréquenter, comment se justifier à ses propres yeux ? Peu importe ce que l'on est — bon ou mauvais, riche ou pauvre — quand on vieillit et que l'on se remémore son existence, si l'on a négligé ses parents (ou ses enfants), on se condamne à être rongé de remords.

Ce que l'on a réalisé pour soi-même ou pour l'humanité ne compte guère. Si l'on n'a pas donné d'amour à sa propre famille, qu'a-t-on vraiment accompli ? Il est noble d'œuvrer pour autrui mais, ne l'oublions pas, c'est d'abord aux siens qu'il faut songer.

Je ne respecte pas seulement mes parents, mais toutes les personnes âgées. La façon dont elles ont été mises à l'écart aux Etats-Unis pour la simple raison qu'elles ont des rides me chagrine. Dans le monde du travail, dès que vous atteignez soixante-cinq ans, on vous montre automatiquement la porte. Le plus souvent, on ne se contente pas de vous la montrer, on vous pousse dehors. Pour les femmes, c'est encore pire. Beaucoup considèrent qu'une femme de quarante ans est déjà sur la pente déclinante. Elle a deux solutions : se faire faire un lifting ou courir se cacher.

On connaît tous quelques définitions ironiques de la vieillesse. Vous vous épuisez en jouant aux échecs. Vous ne tolérez pas les gens intolérants. Vous êtes fatigués avant de commencer la journée. Vous oubliez votre dentier dans votre steak. Vous réagissez avec trois trains de retard. Ce ne sont pas vos yeux qui brillent, c'est le reflet du soleil sur vos lunettes à double foyer.

Eh bien, ces plaisanteries deviennent réalité.

Autrefois, on vieillissait avec grâce. Maintenant, dès que quelqu'un entre dans l'âge, même s'il est encore débordant de vie et de santé, tout le monde dit : « C'était un type formidable, mais aujourd'hui il a soixante-dix ans. » D'un ton condescendant, on vous assène des sornettes du genre : « Il a une énergie folle pour un sexagénaire. » Qu'est-ce que cela signifie ? Je connais beaucoup d'individus qui sont léthargiques à vingt ans. De plus, depuis que j'ai soixante ans, ces commentaires commencent à me chatouiller.

A cause de Hollywood et de la télévision, ce pays croit en l'éternelle jeunesse, en l'éternel bonheur. On associe intimement la notion de bonheur à la jeunesse et à la beauté. Pas étonnant que la plupart des jeunes pensent : à soixante ans, on aborde la vieillesse ; à soixante-dix, on est décrépit ; à quatre-vingts, ce n'est même plus la peine d'en parler.

Comme si la vieillesse était diabolique et sinistre. Pour nous, les vieux sont une minorité suspecte — même si cette minorité doit devenir bientôt la majorité. Pourquoi ? Vieillir n'a rien à voir avec la race ou la religion. C'est seulement le temps qui passe — et il passe pour tout le monde. C'est un fait, *tempus fugit*.

Quand les gens vieillissent, il faut les écarter : cette notion imprègne de nombreuses institutions. Dans les entreprises — chez Chrysler, nous avons aussi commis ce genre de faute — il n'est pas rare d'entendre : « C'est un type bien, il fait un boulot de premier ordre, mais il a cinquante-trois ans. Il ne lui reste que cinq ou six bonnes années devant lui. »

Pourquoi ne pas considérer qu'il a encore vingt ans devant lui — ou trente ?

Outre le fait que j'ai maintenant dépassé la soixantaine, ce sujet me met en colère car j'ai toujours été frappé par l'immense respect qui entoure les personnes âgées au Japon. La sagesse orientale l'affirme, plus on vit longtemps, plus on est avisé. La plupart des dirigeants du pays sont octogénaires. Ils sont assez sages pour, au moins, protéger la jeunesse japonaise de l'autodestruction. Rien n'est nouveau pour eux : ils ont vu les modes arriver et disparaître. En Amérique, nous ne confierions pas à un octogénaire la tâche de noter le score dans une partie d'osselets.

Est-il possible de modifier notre attitude ? Nous pouvons du moins remettre les pendules à l'heure. Grâce à Claude Pepper, membre du Congrès, il est illégal d'obliger quelqu'un à prendre automatiquement sa retraite à soixante-cinq ans, et le texte commence à être appliqué. Hélas, cette nouvelle loi n'a pas encore changé nos mentalités. Malgré tout, c'est un début.

Je considère ce problème sous l'angle — entre autres — professionnel. Récemment, j'ai décidé de regarder deux hommes qui avaient dépassé l'âge de la retraite. Ils ne font pas leurs soixante-cinq ans, ni dans leur allure ni dans leur comportement. Ils ont de surcroît la sagesse de l'âge, et ils veulent rester à leur poste.

L'un des adages en vigueur dans ce pays prétend que si l'on permet à tout le monde de continuer à travailler jusqu'à soixante-cinq ou soixante-quinze ans, les jeunes seront bloqués dans leur ascension sociale. Eh bien, si c'est le cas, il suffit de débloquer certains emplois. Mais décréter qu'un individu devient soudain inutile parce qu'il a atteint un certain âge est absurde.

Et quand on quitte son entreprise, cela ne devrait pas signifier que sa vie professionnelle est terminée. Frank Pace, qui a abandonné la direction de General Dynamics voici environ quinze ans, a fait une chose extraordinaire. Il a observé les gens qu'on avait mis à la retraite d'office et constaté qu'ils consacraient la majeure partie de leurs journées à jouer au golf ou au gin. Le reste du temps, ils dormaient. Ils se roulaient les pouces, alors que le monde extérieur avait désespérément besoin d'aide, besoin de l'ingéniosité et du savoir-faire américains. Or ces gens, qui possédaient toutes ces qualités, ne s'en servaient que pour gagner au gin rummy.

Il a donc fondé une organisation, l'Association Américaine des Cadres Retraités, qui prête ses membres à différents pays pour les aider à mener des projets importants. Ils n'acceptent aucun salaire, ils sont simplement défrayés. Frank a voué son existence à cette organisation. Il a accompli de grandes choses et donne un bel exemple à tous les cadres retraités.

Un autre problème nous menace avec les personnes âgées, et on ne le met pas souvent sur le tapis : qui les prend en charge quand ils tombent malades ? Il n'est pas digne d'une société de laisser ses vieux finir leurs jours dans la misère et la maladie, pour dire ensuite : « C'est vraiment regrettable — les plus forts survivent, c'est la sélection naturelle. » Voilà pourtant exactement ce que nous faisons.

En 1990, on escompte que les frais de santé représenteront six cent quarante milliards de dollars, soit une augmentation de vingt-huit pour cent par rapport à 1987. Néanmoins, malgré tout cet argent dépensé, trente-six millions d'Américains ne bénéficient d'aucune protection sociale.

Ce pays ne paraît pas se soucier du fait que les gens vivent beaucoup plus longtemps et que si, à quatre-vingts ans, on peut être actif et productif, on peut aussi être impotent. Or ce n'est pas bon marché.

Nous aimons à nous considérer comme un peuple solidaire. Mais quand je regarde les chiffres, je commence à douter.

Selon le Chef du Service Fédéral de la Santé Publique, durant les cinquante prochaines années, le nombre d'individus de soixante-cinq ans et plus doublera pour atteindre au moins 64 millions. Parallèlement, les individus de vingt à soixante-quatre ans, la population active, n'augmentera que de trente pour cent, soit cent quatre-vingt-cinq millions.

J'ai lu récemment d'autres statistiques alarmantes que chaque dirigeant devrait épingler sur son bureau : en 1974, une grande entreprise comptait douze employés actifs pour un retraité. Maintenant elle en compte trois.

Qui plus est, dans cinquante ans, près de la moitié des dépenses de santé sera consacrée aux personnes âgées.

Il est scandaleux que nous ne puissions garantir à tous les habitants de ce pays qu'ils seront pris en charge lorsqu'ils seront vieux. Et il est vrai que je ne pensais guère à tout cela dans ma jeunesse.

Mais je ne parle pas pour moi. Heureusement, j'ai de quoi subvenir à mes besoins. Ce n'est pas le cas de tout le monde. Beaucoup de mes contemporains se demandent avec angoisse s'ils seront capables d'assumer leurs parents vieillissants, de porter ce fardeau.

Que faire s'ils tombent malades ? Les mettre au rebut ? Les éliminer ? Dans certaines tribus primitives, on emmenait les vieux sur une hauteur et on les poussait dans le vide. Ceux-là étaient littéralement entassés de l'autre côté de la colline. Nous agissons presque de la même manière, mais avec plus de sournoiserie et de cruauté.

Si nous voulons nous attaquer efficacement à cette question, il faudra que les entreprises s'en mêlent de plus près. IBM a pris récemment une initiative intéressante en créant un service de consultation chargé d'aider les employés et les retraités à prévoir les vieux jours de leurs proches.

Je ne connais pas toute l'étendue du problème concernant les personnes âgées. Ne l'ayant jamais étudié en profondeur, je ne peux que l'appréhender sur un plan personnel. Je sais que je ne pourrais jamais regarder ma mère en face et lui dire : « Maman, je m'inquiète pour toi, tu es seule, j'ai peur que tu tombes dans les escaliers. Il est peut-être temps de te mettre dans un établissement spécialisé. »

Pourquoi bouleverserais-je sa vie ? Elle me le répète sans cesse : « J'ai toujours vécu ici. C'est ma maison, je veux y rester. »

J'espère ne jamais avoir à prendre pareille décision. J'ai des amis proches que cette situation désespère. Il n'y a souvent pas d'autre solution, et je m'acharne à les réconforter, à les convaincre qu'ils ont eu raison d'agir ainsi.

La solitude de l'âge ne concerne pas uniquement nos parents. Moi-même, j'ai commencé à y penser lorsque Mary m'a quitté voici cinq ans. Les six premiers mois, je n'analysais pas ce qui m'était arrivé. Puis j'ai compris que l'existence avait radicalement changé.

Du coup, j'ai traversé une terrible période à la fin de 1983 et en 1984. Par chance, professionnellement, les choses allaient beaucoup mieux. Et je me faisais tant de souci pour mes filles que je n'avais guère le loisir de songer à moi.

Mais un soir, en rentrant, j'ai réalisé que les enfants menaient leur propre vie et qu'elles n'étaient plus à la maison. Je me suis senti seul et affreusement las. J'avais quelqu'un qui s'occupait de la lessive et du ménage, mais je dînais en tête à tête avec moi-même presque tous les soirs. Dîner seul me déplaisait au plus haut point ; vivre seul me terrifiait ; mourir seul me terrifiait encore plus.

Venant d'une famille très unie, je considérais la solitude comme un état anormal. Je ne voudrais pas offenser les célibataires, ou ceux qui ont choisi de ne pas se marier, ou encore ceux pour qui le mariage n'est pas forcément synonyme d'épanouissement personnel. Néanmoins, je crois que les humains sont faits pour vivre ensemble.

Certes, la solitude est reposante, cependant on se sent bien misérable. Certaines vieilles personnes disent : « J'ai deux chiens et deux chats, je les aime, ça me suffit. » Tant mieux. Qu'elles bavardent donc avec leurs animaux. Moi j'aime parler aux gens.

A mon âge et dans ma position, je n'avais pas envie de me remettre en quête de l'âme sœur. Je ne me voyais pas fréquenter les bars pour solitaires ou m'inscrire dans un club de rencontres.

Pourtant l'instinct vous pousse à chercher quelqu'un à qui se confier. La vie est une succession de hauts et de bas, et si l'on ne peut pas partager ses joies ou ses peines, c'est le néant.

C'est ainsi que j'ai commencé à envisager un second mariage. La difficulté néanmoins, avec les remariages, c'est que l'on devient un peu égoïste. Vu mon âge, je savais que je n'aurais plus d'enfants. Dans ces cas-là, on se marie surtout pour avoir une compagne. On espère bien sûr être motivé par l'amour, mais il ne s'agit pas de cette sorte d'amour qui vous incite à fonder une famille et à perpétuer une lignée — d'où l'égoïsme.

Tandis que je sillonnais le pays pour collecter les fonds destinés à la Statue de la Liberté, j'ai rencontré Peggy Johnson et nous avons commencé à nous fréquenter. Nous nous entendions à merveille, nous aimions rire ensemble. Elle était jeune, ravissante, elle adorait cuisiner et était une championne des mots croisés. Une chose en entraînant une autre, nous avons décidé de nous marier. Je dois cependant avouer que je n'avais pas la certitude d'être tout à fait prêt. Je n'étais pas sûr d'être vraiment sorti du deuil de ma première épouse.

Une voix — l'expression du caractère pragmatique de ma nature — me soufflait : *Cette solitude ne me vaut rien. J'ai besoin d'une compagne qui m'apporte de la joie.*

Mais une autre voix objectait : *Je ne sais pas. J'ai encore beaucoup de temps à passer avec ma mère et mes filles, mon travail m'accapare, je suis perpétuellement en voyage. Pourquoi ne pas attendre avant de recommencer ?*

En résumé, j'étais écartelé.

Sans doute aurais-je dû me donner davantage de temps. J'ai pensé qu'il fallait se lancer, aussi Peggy et moi nous sommes-nous fiancés en 1985. Et, évidemment, l'une de mes voix intérieures avait raison : c'était un peu trop tôt. Résultat, nos fiançailles ont été assez pénibles. Très vite, les querelles ont débuté, sur le thème : étais-je véritablement (et de tout cœur) déterminé à me marier ? Quand on prend la décision d'épouser quelqu'un que l'on connaît depuis près de deux ans, il n'est pas nécessaire de rester fiancé quatorze ou quinze mois, n'est-ce pas ? Eh bien, ce fut pourtant le cas pour nous. A défaut d'autre chose, j'ai peut-être établi le record des plus longues fiançailles pour un sexagénaire.

Mais il y avait quelques écueils à aplanir. D'abord, la question des enfants. J'avais la conviction que ce ne serait pas bien d'en avoir à mon âge, et j'ai expliqué, dès le départ, à Peggy que, si elle m'épousait, il lui faudrait renoncer à devenir mère. J'ai même souligné que c'était peut-être un trop lourd sacrifice. Après tout, j'avais déjà une famille. Pas elle. Elle y a mûrement réfléchi pour conclure finalement que cela lui paraissait possible.

Ensuite, inutile de nier cette réalité, Peggy était d'une autre génération. A l'époque, elle avait à peine trente-six ans. Mes filles, parmi tant d'autres, se demandaient pourquoi je souhaitais me marier avec une aussi jeune femme.

Certaines personnes m'ont écrit : « Ne vous inquiétez pas pour cette différence d'âge. J'ai quatre-vingt-deux ans, mon épouse en a trente. Quand on aime et que l'on respecte vraiment quelqu'un, cela n'a aucune importance. N'hésitez pas. » La majorité des gens, surtout les femmes quadragénaires ou quinquagénaires, me conseillaient de choisir une dame de mon âge.

Je crois que personne ne saurait dire si l'on peut ou non combler le fossé des générations. Il y a le pour et le contre. Moi, je pensais que le problème de l'âge n'en était pas un. Peggy était si solide, si ouverte et énergique, qu'auprès d'elle je me sentais jeune. Et je fais partie des pauvres créatures qui tendent à refléter l'humeur de ceux qui les entourent. J'aime à penser que j'ai trente-cinq ans d'âge mental. Je travaille comme un homme de trente-cinq ans (hélas, j'engraisse comme un homme de soixante-cinq ans). Je détestais donc l'idée qu'il faut avoir des âges compatibles pour réussir une union.

Il y eut une question, cependant, qui se mua en réel problème. Quand on est riche, qu'on a des enfants et qu'on épouse une femme plus jeune d'une génération, l'usage d'aujourd'hui est de conclure un contrat prénuptial. Ce que j'ai fait. A posteriori, je me rends compte que c'est important. Mes avocats, du moins, en étaient persuadés. Mais ce n'est pas très romantique. Cela ne vaut pas une gerbe de roses ou un diamant de cinq carats — je vous l'assure. Dès que ce sujet vient sur le tapis, il modifie sensiblement la nature d'une relation.

Ainsi, Peggy et moi arrivions au mariage avec un net excédent de bagages. Demander à une très jeune femme de renoncer à avoir des enfants et signer en sus un contrat prénuptial — c'est beaucoup. Quand on se penche sur les faillites conjugales, les experts affirment que les enfants et l'argent, dans cet ordre, sont la racine du problème. Or c'était précisément de ces deux points-là que nous débattions.

Certains prétendent aussi qu'il faut être amoureux fou pour se marier, comme on l'est à l'époque de son premier flirt. Si on ne marche pas sur un petit nuage, mieux vaut s'abstenir. Je n'en sais rien. Il y a si longtemps, je ne suis plus très sûr de comprendre ce que l'on entend par marcher sur un nuage.

Je voulais quelqu'un qui m'inspire du respect, dont la compagnie me soit agréable. Je me sentais bien avec Peggy. Je voulais quelqu'un qui ait du cœur, qui soit sympathique. Peggy possédait ces qualités. Je pouvais me passer du petit nuage.

La vérité, c'est qu'on n'a jamais de certitude. C'est la vie. Rien ne garantit que deux êtres puissent n'en faire qu'un et connaître un éternel bonheur.

Néanmoins, malgré tous les mauvais présages, Peggy et moi avions apparemment surmonté nos différences, et nous nous sommes donc mariés en mai 1986. Après une cérémonie intime dans une chapelle de la cathédrale Saint-Patrick, nous sommes partis en lune de miel à Palm Springs.

Tout cela se passait trois ans après la mort de Mary. Les premiers mois de notre mariage furent pourtant très orageux. Nous avions beau y mettre notre meilleure volonté, nous ne parvenions pas à nous accorder. Et je suis responsable au moins pour moitié.

Ma faute était peut-être de n'avoir pas insisté pour patienter encore. En tout cas, de là venait une large part de nos difficultés. Sitôt marié, je me suis interrogé. Pourquoi tant de hâte ? Je suis indépendant de nature. Pourquoi n'avais-je pas attendu d'être absolument sûr de moi ? Je détenais déjà le record des plus longues fiançailles, pourquoi ne pas avoir agi en sorte que personne ne puisse le battre ?

Il devenait évident que Peggy non plus n'était pas tout à fait prête. La preuve flagrante, c'est qu'elle refusait de s'installer à Detroit. Elle voulait rester mordicus à New York. On se demandera comment diable nous avions pu nous marier sans être convenus que nous vivrions dans la ville où je travaillais. Je pensais que nous en étions convenus. Je le tenais comme établi. Au point que j'avais acheté une nouvelle maison à Detroit.

Bref, quelles que fussent ses raisons — et je crois qu'elle ne sait pas encore vraiment ce qui la motivait — elle refusait de me suivre. J'admets que Detroit est parfois pénible en hiver, mais pas si pénible que cela.

Son refus nous mettait bien évidemment dans une situation plutôt ridicule. Je me retrouvais à nouveau seul à Detroit, alors que j'étais marié. Cela me rendait hystérique. Et j'avais des notes de téléphone démentes.

Ce déménagement représentait notre problème fondamental. Néanmoins, Peggy avait le sentiment que je vivais trop dans le passé. Elle en arrivait à me soupçonner, chaque fois qu'elle me voyait songeur, de remâcher mes souvenirs. D'ailleurs, ce n'était pas faux. Je ne pouvais quand même pas me faire amputer de la cervelle.

Tout ce qui avait un rapport avec le passé devint un sujet si sensible qu'il me fallait presque prétendre que cela n'avait jamais existé. Or il est impossible d'écarter les bons souvenirs. Trop éprouvant pour le cœur et pour les nerfs.

Sans aucun doute, il était également difficile pour Peggy de vivre avec une personnalité en vue. Quand elle était avec moi, elle se sentait privée d'identité. Je la respecte pour cela. Comment réagiriez-vous si tout le monde vous ignorait pour se répandre en courbettes devant votre compagnon ? N'importe qui aurait l'impression d'être la cinquième roue du carrosse — voire la sixième. Tout ce tralala est assommant. Je ne l'appréciais pas non plus, mais que faire ?

Naturellement, mes filles n'acceptaient pas Peggy dans son rôle de mère. D'autant qu'elle avait à peine dix ou quinze ans de plus qu'elles. Cela créait un léger problème. Quand des enfants ont été élevés par leur vraie mère, il leur est très difficile, pour ne pas dire impossible, d'accepter une autre femme.

Les tensions ne cessaient de croître, et je commençais à penser que je n'étais peut-être pas destiné à me remarier.

La frustration s'installait. Je me suis accordé trois mois pour analyser la situation sous tous ses aspects. Puis j'ai couché quelques réflexions sur le papier en déclarant à Peggy qu'il s'agissait là de conditions élémentaires, surtout concernant notre lieu de résidence. Mais elle n'était pas disposée à accepter la moindre condition.

En décembre, j'ai décidé de prendre le taureau par les cornes. Nous avons encore discuté, et finalement je ne savais plus que faire. Nous ne pouvions quand même pas choisir un endroit entre Detroit et New York et décréter : « Bon, nous allons établir un compromis et habiter Cleveland. » Je lui ai dit : « Tu me suis, sinon... » Elle n'a pas bougé, j'ai donc demandé le divorce.

Cela m'était très pénible. Moi qui me targue d'être toujours maître de moi-même, il me fallait admettre que j'avais manqué de lucidité et commis une terrible erreur. Si j'étais si sûr de moi, si clair, comment pouvais-je souhaiter divorcer après huit mois de mariage ? C'est que les affaires de cœur se plient mal à l'analyse logique. Avec le recul, je regrette de n'avoir pas attendu six mois ou une année de plus, et d'avoir été trop débordé pour régler à temps ces problèmes quotidiens, si réels et si aigus.

A l'époque cependant, je me suis dit : « Peut-être dois-je apprendre à me contenter des cartes que la vie me donne : la solitude. »

La nouvelle fut un choc terrible pour ma mère. Elle est de la vieille école, pour qui le divorce est impensable. D'emblée, elle décréta que je n'avais pas accordé assez de temps à notre union. « Essaie d'arranger les choses, et ensuite continue à essayer. »

« Voilà un conseil judicieux, maman. Mais si nous n'habitons pas la même ville, comment faire ? »

J'ai entamé la procédure en décembre 1986. J'imagine que ce fut une sorte de test pour mes sentiments, car j'ai alors commencé à souffrir. A souffrir vraiment. Ces documents ébranlèrent également Peggy. « C'est dur, m'avoua-t-elle. Il faut en discuter. » Elle accepta aussi de voir un conseiller conjugal pour tenter de résoudre nos difficultés.

Nous consultâmes au printemps. Entre nous, c'était une

décision sacrément importante pour moi. Par nature, j'ai l'habitude de régler seul mes problèmes. Mais je voulais être sûr de ne rien négliger. Il me semblait qu'un conseiller pouvait nous aider. Nous avons donc résolu de tout mettre en œuvre pour nous réconcilier.

Les prises de bec sont fréquentes au début d'un mariage, cependant le couple en sort renforcé. L'essentiel, c'est d'avoir la volonté de vaincre les obstacles et d'aimer son conjoint, d'éprouver respect et admiration pour lui.

Mes filles s'inclinèrent devant cette nouvelle situation. « Quand tu es heureux, nous sommes contentes. Si Peggy t'apporte la joie et le goût de vivre, cela nous suffit. »

J'aurais voulu que cet épisode de mon existence ait une fin heureuse. Ce ne fut pas le cas. Le 19 novembre 1987, à 13 h 43, notre union était dissoute par le tribunal d'Oakland. L'affaire était classée, c'était terminé.

J'ai échoué, malgré tous les conseils prodigués par les professionnels et les amis bien intentionnés, malgré mes longues conversations avec Peggy. Je crois que, pendant six mois, nous nous sommes sincèrement efforcés de résoudre nos différends. Nous n'avons pas réussi. Les documents officiels tiraient la conclusion, froide et laconique, de notre histoire. Le mariage « est irrémédiablement brisé pour incompatibilité d'humeur ». Il n'était plus temps de rêver à ce qui aurait pu être. Mais j'aimais encore cette femme.

Maintenant, une chose est claire à mes yeux : quand on se remarie, il n'y a pas de chemin tout tracé. Il faut se cramponner, car on frôle l'accident à chaque instant. Moi, j'ai quitté la route — et je n'avais même pas de ceinture de sécurité.

3

LA GLOIRE ET LA FOI

Ces deux dernières années, je n'ai vraiment pas manqué d'opportunités. J'ai été récemment contacté par le restaurant *Everett's Pizza,* à Pocatello dans l'Idaho. Les propriétaires me suggéraient de cesser mes activités et de venir à Pocatello pour les aider à monter leur affaire. Je serais bien récompensé, m'assuraient-ils. Je deviendrais citoyen d'honneur de Pocatello et je pourrais avoir une énorme pizza avec un supplément de piment, aux frais de la maison.

Ensuite j'ai reçu une invitation des Hog Callers of America [1]. Pouvais-je leur rendre une petite visite ? Je me suis gratté la tête : du plus loin que je me souvienne, je n'ai jamais sifflé un porc de ma vie.

Depuis que je m'étais laissé piéger et que ma figure apparaissait sur les écrans de télé dans les spots publicitaires pour Chrysler, j'avais passé beaucoup de temps à décliner poliment toutes sortes d'invitations. Je pensais être au bout de mes peines — jusqu'à la publication de mon livre. Brusquement, le monde entier me connaissait, et sans ma carte American Express.

Les gens semblent penser que je suis un faiseur de miracles. Croyez-moi, ils se trompent lourdement. Si j'étais un fai-

1. Sorte de jeu de foire pratiqué dans les campagnes. Le jeu consiste à siffler des porcs pour les appeler.

seur de miracles, il n'y aurait pas un seul rapport mitigé sur nos ventes d'automobiles.

Certains m'écrivent pour me demander comment tirer leurs enfants de la drogue. Je n'ai pas eu d'enfant drogué. D'autres veulent connaître la meilleure façon d'élever leur chat. J'ai deux chiens.

Parfois, les questions sont vraiments très vastes. Alors que je me trouvais à Miami, voici quelque temps, des journalistes m'ont interrogé : selon moi, que devrions-nous faire pour le Nicaragua ? Je regardais ma montre, parce que j'étais attendu sur le plateau de *Miami Vice.* On voit où sont mes priorités.

Une semaine plus tard, à Atlanta, d'autres journalistes m'ont demandé comment je manœuvrerais avec Kadhafi. Bon sang, ai-je pensé, je ne sais même pas comment manœuvrer avec le syndicat des ouvriers de l'industrie automobile.

En fait, la légende qu'on a construite autour de moi est si loin de la réalité qu'elle en devient ridicule. J'aimerais vraiment rencontrer l'individu que je suis censé être. Je l'engagerais comme assistant.

Il faudrait que je sois passablement idiot pour prendre tous ces boniments au sérieux. Si je lisais et attachais de l'importance à tout ce que la presse publie sur moi, je serais tellement terrorisé que je ne sortirais plus de mon lit. Quand on est célèbre, on a intérêt à garder les pieds sur terre, faute de quoi on est vite emporté par la tempête.

Quand j'étais en deuxième année à l'Université, je voulais être élu comme l'élève qui avait le plus de chance de réussir. Maintenant, ma popularité commence à me dépasser un peu. Je parle sérieusement. Le succès de mon livre me surprend encore. Si on l'avait enterré au bout de trois mois et que je me sois retrouvé avec un exemplaire relié cuir à offrir à mes filles, j'aurais été plutôt satisfait. Mon éditeur disait qu'avec cent mille exemplaires, nous figurerions dans la liste des best-sellers du *New York Times.* Mais deux millions six cent mille livres vendus, c'était un peu trop. Je ne parviens toujours pas à analyser ce phénomène. En réalité, j'en suis abasourdi.

Quand le courrier a commencé à arriver, la géographie est devenue une préoccupation pour moi. Le nombre de lettres que je recevais me sidérait. Qu'on m'écrive du Michigan me paraissait normal. Je comprenais aussi qu'on écrive de Pennsylvanie au garçon-de-chez-nous-qui-a-réussi. En revanche, quand le courrier se mit à pleuvoir d'Afrique, d'Inde, du Groenland, d'Australie, de Pologne et de Chine, j'en fus complètement désarçonné. Un jeune homme de Changzhou voulait savoir ce que signifie « un marchand de première classe ». A en croire un ouvrier retraité de Luela, en Suède, mon livre marchait très fort près du cercle polaire. Apparemment, ils avaient tout le loisir de lire pendant les longues nuits de vingt-quatre heures. Je pensais que mon bouquin avait des chances de plaire aux amateurs de sport automobile, j'imaginais mal qu'il puisse séduire les amateurs de courses de rennes.

Le livre eut même un certain retentissement en Chine populaire. Je le sais, parce que le fils de Deng Xiaoping m'envoya deux exemplaires en me priant de les dédicacer pour lui et son père. Beaucoup de Chinois considéraient que j'avais l'âme orientale, d'où ma célébrité là-bas. Ils s'identifiaient aisément à un personnage qui parlait de ses modestes débuts, de l'amour familial, de l'adversité, et surtout de patience et d'acharnement.

J'appris que Ferdinand Marcos l'avait également lu. Il en avait tiré beaucoup d'enseignements, assurait-il. La leçon n'était sans doute pas suffisante, puisqu'il a été destitué. Peut-être aurait-il dû le lire plus tôt.

Mon premier ouvrage m'a surtout permis d'avoir des milliers de correspondants amicaux à travers le monde. On connaît le slogan publicitaire du pain Wonder, à la télévision : « Une petite tranche d'Amérique .» Cette phrase définit fort bien le courrier qu'on m'adresse. Chaque jour, outre l'avalanche de documents, memos et missives diverses concernant Chrysler qui se déverse sur mon bureau, je reçois des centaines de lettres de gens qui ont simplement quelque chose à dire et souhaitent me le dire à moi.

Il n'y a pas deux lettres semblables, bien que beaucoup commencent de la même manière : « Cher Lee, vous ne me connaissez pas, mais moi, après vous avoir lu et vous avoir vu à la télévision, j'ai l'impression de vous connaître », ou « Cher Lee, je présume que cette lettre sera la plus étrange que vous ayez jamais reçue, mais il fallait que je l'écrive » ou encore, « Cher Lee, il y a un certain temps que je songe à vous écrire, mais mon [mari/femme/fils/fille/nièce/neveu/cousin/parrain/avocat] m'en dissuadait sous prétexte que vous ne me répondriez pas », ou enfin « Cher Lee, on m'a toujours dit que quand on voulait quelque chose, il fallait aller droit au but, aussi je prends la plume... »

Après de pareilles introductions, tout passe — vraiment tout !

J'apprécie surtout les lettres que m'envoient les très jeunes gens ou les très vieilles personnes. Ni les uns ni les autres ne mâchent leurs mots. Ils ne perdent pas de temps en fioritures et exposent les choses telles qu'elles sont.

Les enfants m'interrogent sur mes matières favorites à l'école, sur ce qui m'a le plus influencé dans la vie et sur ce que j'aime manger au petit déjeuner. Les personnes âgées me disent ce que j'aurais dû étudier à l'école, les influences dont j'aurais dû me préserver et ce que je devrais manger au petit déjeuner.

Les gens déploient des trésors d'imagination pour se trouver des points communs avec moi. Des milliers d'entre eux, que j'aurais perdus de vue au fil des années, se flattent d'avoir joué un rôle dans mon existence — des copains d'école, des professeurs, d'anciens voisins, des petites amies. Certains m'écrivent pour me rappeler que nous avons dîné ensemble en 1941 à Allentown dans le restaurant machin — et ils me donnent le menu : rôti, patates douces, salade, Jell-O. Le nombre de ceux qui ont grandi avec moi, qui sortaient avec ma sœur Delma ou qui adoraient les hot dogs de Yocco, ou encore qui conduisent uniquement des Chrysler (ceux-là, Dieu les bénisse) est stupéfiant. A en juger par les tonnes de lettres que je reçois d'individus convaincus d'avoir été mes camarades de cours, il est certain que la classe 42 au collège d'Allentown a été la plus chargée de toute l'histoire des Etats-Unis !

Quel que soit le prétexte invoqué par mes correspondants, je lis chaque lettre qu'ils m'adressent — et j'y réponds dans toute la mesure du possible. Je suis si souvent amusé et touché par ces missives que j'attends toujours le courrier avec impatience.

Il y a eu cette Canadienne qui me disait avoir baptisé sa petite fille Erika Lee. La photo du bébé était jointe à sa lettre. Heureusement pour l'enfant (et pour moi !) je n'ai noté aucune ressemblance.

Je fus vraiment content d'apprendre qu'un étudiant de l'Université de Denver payait ses études avec le seul argent que lui rapportaient ses actions Chrysler.

Les membres de l'*establishment* m'écrivent aussi, pour une raison ou une autre. La lettre la plus bizarre m'est venue du directeur de la prison de Saint-Quentin qui me déclarait : « Vous proposez un style de gestion et de conduite des affaires qui peut être mis en pratique chez nous. Merci pour ces bons tuyaux ». Quand mes collaborateurs vont savoir que je gère Chrysler comme une prison...

Une autre source de satisfaction, c'est que ce courrier me procure une masse de conseils avisés et gratuits. Par exemple, j'ai récemment reçu une lettre d'un coiffeur de quatre-vingt-quatre ans qui, en deux pages, m'indiquait comment me coiffer. Il avait étudié des photographies de moi qui montraient ma tête sous tous les angles possibles (sauf de l'intérieur) et scrupuleusement analysé la forme de mon crâne ainsi que l'épaisseur de ma chevelure (du moins ce qu'il en reste). Sa conclusion : indiscutablement, je devais désormais me faire la raie à droite.

Comme je suis assez prudent, j'ai décidé de consulter un deuxième spécialiste.

Dans la mesure où le montant de mon salaire s'étale chaque année à la une des journaux, je reçois aussi beaucoup de lettres où l'on m'offre « une occasion sensationnelle », « la chance de ma vie ».

Jusqu'ici, on m'a donné la possibilité de financer des orchestres de musique *country*, de musique religieuse, de jazz, des orchestres de collégiens — formations qui, m'assurait-on, enterreraient définitivement les Rolling Stones.

Voici peu de temps, on m'a proposé une affaire mirifique : il s'agissait d'investir trois cent cinquante mille dollars dans un élevage d'escargots. En cinq ans à peine, on produirait plus de trente-cinq millions de gastéropodes. J'aime beaucoup les escargots, mais je ne sais pas du tout s'il y a vraiment un marché pour trente-cinq millions de colimaçons.

Comme je suis dans un secteur économique qui ne pourrait vivre sans innovations, beaucoup de gens me présentent des inventions pour lesquelles ils auraient besoin d'un peu d'argent. Un type de l'Oklahoma considérait que j'étais l'homme qu'il lui fallait pour sponsoriser son « abri anti-ouragan suspendu ». Une jeune fille du Maryland me vantait les mérites de son « Nettoyeur de pattes ». Croquis à l'appui, elle me décrivait en détail une boîte remplie d'éponge avec quatre trous sur le dessus et un rouleau de serviettes en papier fixé sur le côté. Quand un animal aux pattes sales entrait dans la maison, il suffisait de lui faire mettre lesdites pattes dans les trous pour les laver, puis sur la serviette en papier pour les essuyer. Après une étude sérieuse du marché des pattes sales, y compris dans ma propre demeure, j'ai préféré m'abstenir.

Mes plus fervents adeptes sont assurément les sectes religieuses. Un monsieur de l'Ohio m'a ainsi réclamé cinq milliards de dollars pour l'aider à bâtir le royaume de Dieu. Je me suis demandé s'il avait rencontré un autre monsieur, du Texas celui-là, qui réclamait une décapotable LeBaron, ce véhicule devant devenir « le bolide de Dieu au Texas ». Il m'écrivit un peu plus tard pour me signifier qu'il ne serait sans doute pas convenable pour Dieu de piloter une décapotable rouge vif. Pouvait-il obtenir à la place une Chrysler New Yorker noire, modèle 1988 ?

Certains jours bénis, pour changer un peu, on m'écrit pour

m'offrir quelques dollars. Récemment, j'ai reçu une lettre d'une certaine Carola Gastern, une Allemande. Elle entrait dans l'âge, me disait-elle, et avait amassé une fortune considérable. Mon livre l'avait tellement impressionnée qu'elle souhaitait me laisser tous ses biens pour que « vous puissiez vous consacrer davantage à votre travail littéraire ».

L'idée me séduisait, cependant je lui ai répondu que je n'en étais pas encore réduit à faire la manche. En réalité, j'étais plutôt à mon aise. Elle serait mieux inspirée, à mon avis, de léguer sa fortune à une organisation qui aiderait à entretenir de bonnes relations entre nos deux pays.

Après une petite enquête, j'ai découvert que Carola Gastern n'existait pas. Il s'agissait en réalité d'un certain Winfried Bornemann, allemand lui aussi, professeur de collège et auteur d'ouvrages satiriques. Il écrivait, sous différents pseudonymes, des lettres absurdes à des personnalités en vue ou des chefs de gouvernement et publiait ensuite leurs réponses dans ses livres. Ce n'était donc qu'une farce de plus, et j'étais le dernier dindon à m'être laissé piéger.

Tout le courrier qui m'arrive n'est pas aussi simple à traiter. La vie n'est pas facile et certaines personnes sont sans doute au bout du rouleau quand elles se décident à m'écrire.

Les lettres que m'adressent des familles confrontées à de véritables tragédies me bouleversent toujours.

Récemment, une femme m'a écrit : « Mon beau-père, âgé de quatre-vingt-deux ans a perdu la vue et souffre du cœur. Chaque jour nous lui lisons un chapitre de votre livre. C'est l'une des rares choses qui lui fasse plaisir .»

Je me souviens aussi d'une lettre provenant d'un établissement pénitentiaire de Lexington, Kentucky. Mon correspondant avait atterri là à cause de la cocaïne. « Si vous avez pu venir à bout de la plus grande corporation du pays, je suis sûr que je réussirai à m'en sortir .»

Et il y a des lettres qui brisent le cœur.

Comme celle de cet homme de Southfield, Michigan. « Je

n'ai pas lu votre ouvrage comme la plupart des gens l'auraient fait. J'en ai lu chaque mot à voix haute, pour ma fille. Née avec de multiples et gravissimes déficiences cardiaques qui ne lui laissent pas un instant de répit, elle ne quittera plus l'hôpital... Katie ne vivra pas très longtemps et son existence ne sera qu'une incessante torture, mais du moins elle aura eu quelques moments de détente grâce à vous .»

Comment ne pas être ému par de telles phrases et ne pas en retirer un sentiment d'humilité ?

En conclusion de ce premier livre, je demandais qu'on m'adresse des dons pour restaurer la Statue de la Liberté. L'argent a afflué. Mais j'ai aussi reçu quantité de dons inattendus.

On m'a tricoté des écharpes, des bonnets, des sweaters, des vestes. Un monsieur m'a envoyé un châle de dame qu'il avait confectionné au crochet en me suggérant de l'offrir à Peggy en gage de réconciliation.

J'ai eu une chaise d'enfant, un costume de Statue de la Liberté avec la couronne (je ne l'ai pas encore mis), un imperméable, un bas de Noël fait main en forme de complet veston, des sous-vêtements Jockey (ceux-là, je les ai mis), un sapin et une paire d'après-ski.

J'ai eu des tapis à points noués, des verres décorés et des profusions de tableaux. Je dispose aussi d'une centaine de dessins et de gravures me représentant, et dont la plupart m'avantagent nettement. Chaque jour, je suis noyé sous les boutons de manchettes, les cravates, les chapeaux de toutes sortes — suroîts, melons, casques. J'ai reçu assez de cigares du monde entier pour couvrir les besoins d'une ligue de fumeurs.

Il y a aussi l'emblème de la société. Si quelqu'un trouve encore une nouvelle manière de réaliser l'étoile à cinq branches de Chrysler — j'ai déjà des étoiles en bretzel et en chocolat — je crois que je vais devenir fou !

On adore m'offrir de la nourriture. Un psychiatre new-yorkais m'a même envoyé deux douzaines de chocolats gravés à mon effigie. Avez-vous jamais essayé de planter les dents dans votre propre figure ? Du Grand-Guignol. Un psychiatre ne devrait pas avoir de pareilles idées.

Sitôt que vous connaissez le succès, une multitude d'organisations et de sociétés distinguées semblent soudain désireuses de vous témoigner leur respect en vous couvrant d'honneurs et de récompenses.

Eh bien, je suis heureux de dire que j'ai reçu mon lot de distinctions flatteuses. Les membres de la Société américaine de Caricature ont voté pour désigner l'individu dont les traits se prêtaient le mieux à la caricature. Les vainqueurs furent les sourcils de Diana Ross, les lèvres de Beverly Sill, le menton de Jane Fonda, la chevelure de Linda Evans et le nez de Lee Iacocca. Quand je pense que j'ai ce beau regard italien, brun et sexy, et qu'ils ont sélectionné mon nez bourbonnien...

Mon nom est également apparu dans un sondage publié par le magazine *People*. On demandait aux lecteurs quelle personnalité ils choisiraient s'ils avaient la possibilité de lui emprunter son cerveau pendant vingt-quatre heures. Albert Einstein arrivait en tête de liste, suivi de Kennedy, Ronald Reagan, moi-même, Dieu, Thomas Edison, la mère du sondé et Mozart. Cette journée de repos ne me ferait pas de mal, mais, croyez-moi, mon cerveau n'est pas à ce point intéressant. Certainement moins que celui de Dieu !

Adolfo, quand il lança sa nouvelle eau de toilette, pria ses invités de nommer l'homme d'affaires qui, selon eux, méritait le plus d'être pourvu en parfum jusqu'à la fin de ses jours. Je fus l'heureux récipiendaire. Je ne sais pas si cela signifie que ces gens m'aimaient bien ou s'ils détestaient mon odeur.

Allen Paulson, le responsable de Gulfstream, a même donné mon nom à un cheval de course. Si tout marche comme prévu, il participera au Kentucky Derby dans environ un an. J'ai déclaré à son propriétaire que j'étais très honoré, à condition que ce cheval ne se révèle pas être un tocard. D'après lui, il n'y a aucun danger, puisqu'il a payé sept cent cinquante mille dollars pour la saillie. Peut-on imaginer toucher un pareil salaire pour un travail de ce genre ? Ce cheval a Seattle Slew pour père, et pour mère une fille de Native Dancer. Des parents pas trop minables. L'année prochaine, mes amis auront la possibilité d'assister au Derby et de m'applaudir à tout rompre — ou de prier pour que je me casse une jambe.

Il y a aussi des gens merveilleux, propriétaires d'établissements de cure thermale ou d'amaigrissement, qui souhaiteraient m'accueillir chez eux pour une semaine ou deux. De toute évidence, mes bonnes petites joues commencent à se faire remarquer. D'autres, nombreux, se targuent d'être des spécialistes de la grande cuisine italienne et m'invitent à venir dîner chez eux. J'ai failli prendre au mot une femme du Dakota qui me conviait à goûter la soupe aux boulettes de sa belle-mère.

Je reçois quelques invitations terriblement tentantes. Une semaine au Kibbutz Palmah Tzova en Israël. Dans une enquête sur « les rêves des gens célèbres » publiée par le *Reader's Digest*, je disais que j'aimerais diriger un jour un orchestre de jazz et jouer du saxophone tenor. Bien entendu, une lettre est arrivée, signée par le *Hot Tomatoes Dance Orchestra* de Denver, qui m'offrait la direction de l'orchestre.

Un de ces jours, je vais choisir au hasard six ou sept de ces invitations, sauter dans un bus et partir en balade. Ce serait une belle manière de rencontrer des gens formidables.

Après la mort de mon épouse, les femmes m'ont écrit en masse. Beaucoup d'entre elles me déclaraient : « J'ai passé la nuit avec vous, et vous étiez fantastique .» Je me réjouis que l'un de nous au moins ait pris du bon temps.

Quand la nouvelle de mon divorce fut rendue publique, les lettres affluèrent de nouveau. Une femme m'a écrit récemment pour me dire : « J'aime la bonne musique, la bonne littérature, la bonne cuisine, j'ai quarante-huit ans, je suis séduisante et divorcée. Qu'en pensez-vous ? » Une autre commençait ainsi : « J'ai quelque chose à vous annoncer qui vous rendra le sourire. Figurez-vous que j'ai une mère et une tante. Toutes les deux ont très envie de prendre soin de vous. Bien que nous ne soyons pas italiennes (nous sommes grecques), elles sont très bonnes cuisinières et adoreraient apprendre la cuisine italienne pour vous préparer les plats que vous aimez .»

Une jeune femme avait la conviction que le 3 décembre 1986, je me trouvais sur une route de Floride au volant d'une décapotable Chrysler rouge. « Si c'était bien vous, je suis la fille dans la Cutlass grise que vous avez suivie pendant près d'une heure, jusqu'à ce que je prenne la sortie de Delray Beach .» Hélas, ce devait être mon double.

La lettre la plus créative que j'ai reçue est sans doute celle-ci :

« I can't Dodge the fact that my skin is no longer as smooth as Corinthian leather and my chassis is not Imperial, but I come from super stock and with a great warranty. Don't panic, I'm not a New Yorker, and children — well, I'm LeBaron. Unfortunately, I'm a Charger when I should pay cash. Maybe when the moon and the Sundance on the Horizon we could go to the Lido for some turbot and a magnum of Lancers. Seriously, if you're interested in a slightly used 40-year-old (twice now I've never made it to the 5/50, much less the 7/70), I'm available. I'm not a Barracuda, just out for dinner and conversation. So, Mopar to ya, be Valiant and remember the Challenger. Call me right now. I'll be in a Fury if you don't. »*

Beaucoup de mes admiratrices m'envoyaient leur photo — pour me tenter, je suppose — en général de simples clichés instantanés. Une Coréenne qui cherchait vraiment à me donner des idées, m'a fait parvenir un portrait d'elle-même avec les seins nus. Elle m'a fait rougir. Même ma secrétaire a piqué un fard.

Ce qui est agréable aussi, quand on est important, c'est que les gens riches et célèbres vous téléphonent. L'année passée, Paul Newman m'a appelé. J'étais sincèrement flatté que mon acteur préféré souhaite me parler. Il s'avéra que lui et Tom Cruise avaient besoin de sept millions de dollars pour partici-

* Intraduisible en français, cette lettre est basée sur des jeux de mots utilisant des marques de voitures.

per à des compétitions automobiles. Cela me parut un peu raide, mais je proposai de négocier, s'ils acceptaient de tourner quelques spots publicitaires pour nous.

Paul me répondit que c'était hors de question. Pour lui, une vedette qui s'abaissait à faire de la publicité était sur le déclin.

« Paul, que pensez-vous de moi et de Bill Cosby, alors ? »

Nous ne sommes pas tombés d'accord, cependant il reste mon acteur préféré.

Mon problème à présent, c'est que beaucoup trop de gens me sollicitent. Toutes ces requêtes sont évidemment pour le bien de l'humanité, et c'est sans doute vrai pour beaucoup d'entre elles. Mais il est difficile d'être partout en même temps — y compris pour un homme censé ne pas connaître de limites.

Depuis que je me suis occupé de la restauration de la Statue de la Liberté, j'ai été invité à « reprendre le flambeau » pour des entreprises similaires à travers tout le pays. Il doit y avoir des centaines de statues, de musées, de ponts, de jardins publics et de parkings à restaurer.

Certaines personnes ne savent même pas très bien pourquoi elles ont besoin de moi. Quelqu'un m'a écrit : « Tout ça est abstrait, mais j'ai lu votre livre et j'en pense du bien. Je ne peux pas expliquer pourquoi, mais j'en pense du bien. Aussi j'aimerais m'entendre avec vous. »

De temps à autre, je reçois une invitation amusante. Et je commets l'erreur de l'accepter. Avant même de m'en rendre compte, je me retrouve dans la mélasse.

Il y a environ deux ans, Michael Talbott, le comédien qui incarne Stanley Switek, le détective passablement avachi de *Miami Vice*, m'a écrit pour me demander un autographe. Je le lui ai envoyé et, en retour, il m'a invité à venir faire un tour sur le plateau. Je n'avais jamais vu la série, mais je savais que quatre-vingts pour cent des femmes de ce pays étaient raides amoureuses de Don Johnson.

Coïncidence, nous avions une réunion concernant Chrysler

prévue pour le début de 1986, à Miami. En arrivant là-bas, comme j'avais un peu de temps à tuer, je suis allé flâner sur le front de mer, où se déroulait le tournage.

L'instant d'après, je me retrouvais en train de déjeuner avec l'équipe. Ensuite, ils m'ont proposé de faire une petite figuration. Je n'avais pas encore réalisé ce qui m'arrivait qu'ils me fourraient un script dans les mains. Puis j'ai eu droit à ma propre loge de « vedette » et à une garde-robe destinée à accentuer mon allure de gros balourd.

L'intrigue était d'une simplicité biblique. Il s'agissait d'une grosse affaire de drogue et je devais incarner l'administrateur de parc Lido. Le scénario le décrivait comme « un individu aux cheveux gris, doté de sang-froid, compétent .» J'étais censé renseigner Don Johnson et les autres sur l'arrivée des bateaux qui transportaient la drogue.

Je n'ai pas oublié ma dernière réplique : « Si vous avez besoin d'un coup de main, les gars, je sais me servir d'un fusil .»

Je me suis bien sorti de la première prise. Mais, à la seconde, j'ai commencé à m'embrouiller. Tant et si bien que, pour finir, je ne savais plus du tout ce que je faisais. J'étais supposé avoir mémorisé mes dix lignes de texte, mais ces gens-là oubliaient que je saturais. J'étais venu leur rendre une brève visite, et on en était à six heures de tournage.

En quittant le plateau, j'ai cru ma mésaventure terminée. Mais le lendemain, les attachés de presse entraient en action. Je faisais la une de *USA Today*, en chemise hawaiienne, l'air faussement dégagé.

Je n'ai pas tardé à recevoir du courrier, et mes correspondants ne mâchaient pas leurs mots : « Si j'étais vous, je me bornerais à faire des spots publicitaires .» Ou encore : « Si votre planning est tellement chargé, comment expliquez-vous que vous ayez du temps pour des bêtises pareilles et pas pour assister à la soirée des Eclaireuses ? »

Quand on est sous le feu des projecteurs, on apprend vite la nécessité d'être prudent. Il vaut mieux ne pas agir rien que pour le plaisir de s'amuser. *Miami Vice* souhaitait un peu de publicité et on en a conclu que c'était aussi mon cas. Du coup, les langues sont allées bon train : « Ah, cela prouve qu'il est incroyablement imbu de lui-même ! » Ou bien encore, je cherchais à décrocher un rôle au cinéma — et quel meilleur tremplin que le cinéma pour la présidence ?

La vérité, c'est que je considérais cette figuration comme une farce. Une agréable diversion. De temps à autre, on a une journée à tuer et l'envie de faire quelque chose de différent, juste pour ne pas s'encroûter. J'étais innocent.

Maintenant, il semble même que je doive prendre garde à ce que je porte. Je tournais un spot pour Chrysler en extérieur, dans le froid. N'ayant pas de manteau, j'ai emprunté l'imperméable d'un collaborateur. Comme de bien entendu, le vent l'a ouvert, révélant une doublure Burberry. Le directeur d'*Aquascutum* m'a appelé sur-le-champ. Selon lui, j'étais complètement démodé. Et il m'a expédié deux de *ses* imperméables.

Quand on passe à la télévision, les gens remarquent vraiment tout, et vous ne pouvez pas commettre la moindre erreur. Malheureusement, nous avons fait, voici quelque temps, une bourde monumentale dans un spot pour Jeep. On y voit d'abord le drapeau américain en arrière-plan, puis la caméra cadre sur la Jeep, tandis qu'on m'aperçoit en train de me promener gaiement dans un golf cart Yamaha. Dès que ce film est passé sur les ondes, j'ai été inondé de courrier. Quelle fleur pour le Japon !

Ces spots publicitaires posent un réel problème : chaque fois que je sors, il y a toujours quelqu'un qui me voit pour la première fois en chair et en os et qui s'étonne : « Ça alors, vous êtes beaucoup plus grand qu'à la télévision .» Il paraît que l'image a tendance à vous rétrécir et vous aplatir un peu. Mais je n'en crois rien. Je suis convaincu que Ron DeLuca, le producteur de tous mes films commerciaux, le fait exprès. Il mesure à peine un mètre soixante, et je sais qu'il cherche à venger tous les petits du monde.

Le mythe du *comeback* du siècle ou de l'enfant prodige a également engendré toutes sortes d'histoires similaires dans lesquelles je tiens le rôle de modèle. Certaines sont un peu tirées par les cheveux. Je ne saurais dire combien d'articles j'ai lus qui racontaient la vie du Iacocca de la sardine ou du Iacocca de la gomme plastique. Le comble fut atteint dans un article publié par *Automotive News* sur le Peau-Rouge Phillip Martin, présenté comme le « Lee Iacocca de la réserve indienne de Choctaw ». Mais il y eut encore mieux : un papier à la une du *Wall Street journal*, à la gloire de Gorbatchev, le Iacocca de l'Union Soviétique. J'ignore s'il s'agissait d'un compliment ou d'une insulte.

Autre sujet d'étonnement pour moi : beaucoup de gens qui apprécient pourtant ce que je représente essaient de me changer. Ces derniers mois, j'ai reçu plusieurs lettres où l'on me disait : « Vous avez une grande influence auprès des lycéens. Veillez à en faire bon usage. Prenez garde aux paroles que vous prononcez, chaque mot est important .»

Je ne suis pas encore au ministère des Affaires Etrangères, où il me faudrait surveiller mes adjectifs. En réalité, je commence à me sentir un peu complexé. Mes collaborateurs eux-mêmes veulent me rabattre mon caquet. Quand les rédacteurs de mes discours me remettent le plan d'un *speech*, je suis obligé de leur faire remarquer que ce n'est pas assez fort pour moi. A quoi ils rétorquent : « Vous devez ronger votre frein, vous comporter davantage en homme d'Etat. Vous êtes arrivé. Agissez un peu plus comme Churchill — et un peu moins comme Harry Truman .»

Arrivé où ? Si je modifie ma manière de parler, personne ne me comprendra. Certains de ces discours deviennent tellement délayés, neutres, nébuleux et aseptisés que je ne reconnais plus mes propres idées.

Certes, j'admets qu'un grain de raffinement ne fait pas de mal, d'ailleurs j'ai amélioré mes manières. Je ne jurerai plus autant à l'avenir, car après mon premier livre tout le monde m'a reproché mes gros mots. Un exemple typique, celui de cette femme de l'Arkansas : « Je ne vois qu'une faille dans l'éducation que vous a donnée votre mère : quand elle vous débarbouillait la figure au savon, elle oubliait de laver votre sale petite bouche .» J'essaierai de rester bien propre, promis.

Je suis aussi résolu à me libérer de ma rancune. Soixante prêtres, quarante-sept religieuses et treize acolytes me l'ont écrit : « Vous ne devriez pas être aussi rancunier ; il faut apprendre à pardonner .» Je suis donc devenu humble. Je vaincrai et j'aimerai toujours mon prochain.

Outre ceux qui s'acharnent à modifier ma façon de parler, d'autres s'attaquent avec autant d'insistance à ma façon de fumer. Tous mes amis le savent, j'apprécie un bon cigare de temps en temps. Or fumer sera bientôt *verboten* aux US, du moins en public. Allumer un cigare après le repas peut presque déclencher une émeute.

Il y a quelque temps, je me trouvais au restaurant *Le Perigord* à New York, et j'ai allumé un cigare après le dîner. Une femme s'est tournée vers moi et m'a demandé de l'éteindre. J'ai d'abord été surpris, puis quand je me suis rendu compte qu'elle pointait sur moi une cigarette allumée, j'ai été frappé de stupeur. Du coup, j'ai failli lui écraser mon mégot sur le nez.

Une autre fois, à Nantucket, je suis entré dans une boulangerie avec Kathi et Ned. Je tenais à la main un cigare que je venais juste d'allumer. Je n'ai pas tiré une seule bouffée, pourtant un gamin coiffé d'une toque blanche a jailli de l'arrière-boutique en s'exclamant : « Bon, qui est en train de fumer ? Arrêtez ou sortez ». J'ai piteusement levé la main et je suis sorti. Le flair de ce gosse m'a émerveillé. En revanche, j'ai été profondément humilié par le regard méprisant que m'ont lancé ces gens de Nouvelle-Angleterre à la mine revêche, comme si j'étais un pervers ou un malade.

Je crois qu'il me faudra aller fumer dans les cabinets, ainsi que je le faisais quand j'étais gamin. Tous ces regards réprobateurs commencent à me porter sur les nerfs.

L'inconvénient majeur de la célébrité, c'est que je n'ai plus de vie privée — et que cela me manque.

On s'intéresse tellement à moi que je me sens devenir aussi fragile qu'une violette. Quand je sors, j'ai même recours à des déguisements bizarres. La dernière fois que j'étais à Boca Raton, comme il pleuvait, les filles et ma mère ont eu envie, pour s'amuser, d'aller dans une boîte où les serveuses officient torse nu. Je portais une casquette de base-ball, des lunettes noires et un blouson avachi — mais cet accoutrement n'a pas marché. Un type s'est approché, m'a asséné une claque dans le dos et m'a déclaré qu'il adorait sa nouvelle décapotable LeBaron.

Malgré ces petits désagréments, il serait malhonnête de passer sous silence que tout ce tapage a un résultat positif : les gens me reconnaissent et m'aiment bien. Et j'aime ça. A moins d'avoir un cœur de pierre, comment ne pas être ému par tous ces jeunes qui viennent vers moi pour me dire : « Vous avez changé ma vie. Je travaille plus dur à l'école ». Ou encore : « Grâce à vous, je me sens mieux dans ma peau ».

Cependant la gloire ne me monte pas à la tête. En tout cas, je l'espère. Certains grandissent, d'autres rapetissent en devenant riches et importants. Il ne faut pas oublier, comme on dit, que la gloire est éphémère et je ne l'oublie pas — mes parents ont toujours été là pour me rafraîchir la mémoire.

« Tu auras beau te croire très important, me répétaient-ils, tu n'es que fétu de paille dans la course du temps. Quand tu auras atteint un certain degré d'aisance matérielle, que pourras-tu faire de plus ? Pas question de manger plus de trois fois par jour, tu te tuerais. Impossible de porter deux costumes l'un par-dessus l'autre. Tu auras peut-être trois voitures dans ton garage — mais six ! Ne te refuse rien, d'accord, jusqu'à un certain point cependant. »

Pour rester soi-même, il faut se souvenir que nous avons peu de temps à passer sur cette terre — et que ni l'argent ni la célébrité ne permettent d'acheter fût-ce une seule journée supplémentaire. Quoique l'un de mes riches amis new-yorkais se plaise à dire : « Comment cela, je n'emporterai pas ma fortune avec moi ! J'ai déjà des traveller's cheques qui m'attendent là-haut ».

L'existence est si compliquée ! Chacun de nous — surtout les enfants — a du mal à savoir ce qu'il désire vraiment et à qui il doit rendre compte de ses actes. Bien sûr, nous devrions tous et toujours nous sentir responsables devant Dieu — et vivre ainsi chaque jour de notre vie, ne pas attendre d'être sur notre lit de mort pour implorer le pardon.

Beaucoup de gens ne croient pas en Dieu simplement parce qu'ils ne le voient pas. Moi, je ne suis pas un Saint-Thomas. J'ai la foi. Quand nous étions enfants, nos professeurs de cathéchisme nous expliquaient : « Vous ne voyez pas non plus l'électricité, pourtant elle est là. Vous n'avez qu'à mettre les doigts dans une prise pour vous en rendre compte ». Je n'ai jamais vu une couche d'ozone, ni de l'oxyde de carbone, ni le virus du SIDA, pourtant ils existent.

Il m'est toujours difficile de définir ma propre foi. Je ne suis en aucune manière un théologien, et lorsque je me pose des questions de cet ordre, les réponses qui me viennent sont assez élémentaires. Est-ce que je crois en la vie éternelle ? Oui. Pourquoi suis-je sur cette terre ? Je l'ignore, mais je pense que Dieu l'a voulu ainsi. Pourquoi suis-je né aux USA ? Un coup de chance.

Enfant, j'étais un catholique pratiquant ordinaire, et c'est encore le cas aujourd'hui. Je me rends à l'église le dimanche, mais je manque la messe de temps à autre, quand je suis en voyage. J'ai toujours été sensible aux rites et certains me paraissent particulièrement valables, surtout celui de la confession. Je ne me confesse pas parce que l'Eglise l'ordonne, mais parce que parler de mes péchés et de mes erreurs me fait du bien.

Je ne pratique pas l'abstinence ou le sacrifice parce que l'Eglise l'ordonne, mais parce que j'aime me mettre à l'épreuve. Je veux m'assurer que je suis encore capable de m'imposer des privations, que je ne suis dépendant d'aucune drogue.

Depuis de nombreuses années, je renonce au cigare pendant le Carême. Malgré toute ma détermination, j'avoue que j'ai parfois failli céder. Quand Chrysler se battait pour sa survie et que nous restions en réunion jusqu'à des heures impossibles, avec des millions de dollars sur la balance, j'étais nerveux et mourais d'envie d'allumer un cigare. Mais il n'en était pas question. J'avais fait le vœu d'abstinence pendant quarante-cinq jours (d'après mes filles, si j'étais vraiment sérieux, je fumerais comme un pompier pendant le Carême et je m'abstiendrais pendant les trois cent vingt jours restants).

Mon ami Bill Curran s'impose une discipline comparable, or il n'est même pas catholique. Il adore le Dewar's Scotch et le boit en telle quantité qu'il est allé jusqu'à la distillerie de Perth, en Ecosse, juste pour voir comment on y fabriquait son elixir magique. Mais, malgré son amour immodéré pour ce breuvage, tous les trois mois, il se met à l'eau pendant deux semaines. Jamais il ne déroge à cette règle. C'est le seul moyen pour lui de se tester ; s'il rompt son vœu, il se considérera comme un alcoolique et laissera tout tomber.

Un autre rite très important pour moi : la prière. Je prie chaque soir, à de rares exceptions près. C'est une habitude héritée de l'enfance et que j'ai conservée au fil des ans.

Pourquoi un adulte prierait-il ? N'ai-je rien de mieux à faire ? Pour moi, il est apaisant de prier, d'implorer l'aide de quelqu'un de plus haut q'un patron ou un proche.

Je souscris aux paroles d'Abraham Lincoln : « Je me suis souvent mis à genoux, car je n'avais pas d'autre recours ».

Que puis-je demander dans mes prières ? La santé pour mes filles, ma famille, mes amis, pour moi-même. Qu'ils n'aient pas d'accident, qu'ils ne soient pas au mauvais endroit au mauvais moment. Et je remercie le Seigneur pour tous les bienfaits qu'il m'a accordés.

Je n'ai jamais demandé que Chrysler fasse 20 % de bénéfices en fin d'année. Quand la compagnie était exsangue, j'ai prié que nous puissions tenir jusqu'au lendemain. Mais je ne prierais pas pour de l'argent ou des broutilles de ce genre.

En vieillissant je pense de plus en plus à ce qui se passera après. Je sais qu'il y a forcément autre chose après la vie, parce qu'il m'est impossible d'admettre qu'il n'y ait rien. Je n'imagine pas ne plus jamais revoir ceux que j'aime, ni qu'il ne subsiste rien de ma conscience. Nous ne sommes pas que des corps destinés à périr, je ne peux pas le croire.

Quand je réfléchis à tout cela, je me remémore les moments passés avec mon père. J'aurais donc vécu mes merveilleuses années avec lui pour que le rideau retombe d'un coup et définitivement sur lui ? C'est inconcevable. Non, je veux croire que nous nous retrouverons. Je veux aussi revoir Mary, ne fût-ce que pour lui dire ce que j'ai oublié de lui dire quand elle était là, et aussi mes vieux amis disparus. Je suis convaincu qu'ils sont là-haut, quelque part.

Je n'ai pas une idée très claire de l'au-delà. Je ne sais pas si nous devenons tous des anges. Ou des fantômes. Cela dépasse notre entendement. Mais j'espère que ce sera mieux qu'ici, car la vie sur cette planète n'est pas précisément un tapis de roses. C'est sans doute cela qui nous est promis. Si l'on arrive, ici bas, à prendre cette vie comme elle vient et à donner le meilleur de soi-même, on sera récompensé.

Je connais des gens qui ont sincèrement foi en la réincarnation. D'autres considèrent que Shirley MacLaine est cinglée. Sur la côte ouest certains individus parlent à des boules de cristal et entendent des voix. D'autres encore se réunissent pour invoquer les esprits. Nous sommes peut-être si naïfs et si faibles que nous nous accrochons à n'importe quel espoir.

Plus on avance dans l'âge, et plus on croit en l'au-delà, c'est un phénomène assez extraordinaire. Jusqu'à leur lit de mort, beaucoup de grands scientifiques pensent que leur âme et leur être sont inclus dans leur corps physique — les fameux quatre-vingt-dix-huit pour cent de chimie (avant l'inflation) — lequel corps est appelé à disparaître, point à la ligne. Mais quand leur heure sonne, ils veulent soudain croire en une puissance supérieure, car ils ne savent pas ce qui les attend et qu'ils sont effrayés — mortellement effrayés, pour ainsi dire. C'est un peu tard, malheureusement.

Cela me rappelle une anecdote concernant W.C. Fields. On découvrit ce vieil agnostique en train de lire une Bible, alors qu'il était à l'agonie.

« Pourquoi lisez-vous cela ? » lui demanda quelqu'un.

« Je cherche une échappatoire ».

En fait, nous disposons de certaines lois qui nous disent en quoi croire et comment nous conduire. Nous avons les Dix Commandements. On remarquera qu'il ne s'agit pas des Dix Suggestions. Il n'est pas question de choix ni d'envie. Par exemple, j'ai un ami qui se prétend bon catholique — mais seulement quand il est malade ou qu'il prend l'avion.

Si vous ne connaissez pas les Dix Commandements, lisez-les. C'est une leçon d'humilité, car il y est beaucoup question de la faiblesse des hommes.

Ils m'ont été utiles. Mais, de toute manière, je crois que je n'aurais jamais pu me laisser entraîner trop loin. Chaque fois que ma tête commence à enfler, mes enfants se chargent de la ramener à sa juste taille. Il y a quelque temps, ma fille Lia est venue dîner à la maison avec l'une de ses amies. Elle m'a dit : « Tu sais, papa, tout le monde affirme que tu es un héros ».

Sur quoi son amie a renchéri : « Oui, pas seulement un héros, un héros italien. Et ça, c'est un superbe sandwich. On mange ? ».

LE TOUT POUR LE TOUT

4

LES BONNES AFFAIRES
LE MANAGEMENT

Dès qu'il est question de management, tout le monde sans exception — y compris ma concierge — semble avoir une optique quasi mystique du sujet. A ce jour, on a publié presque autant de livres sur le management que sur les régimes alimentaires — et avec sensiblement le même succès. Il y a même sans doute, quelque part dans le monde, un ouvrage sur le management du pamplemousse en préparation.

Que valent tous ces bouquins de régimes ? Aucun d'eux ne peut vous sauver si vous oubliez une règle de base : manger moins. C'est encore le seul moyen de perdre du poids. Au bout du compte, si vous ne respectez pas quelques principes élémentaires, à quoi bon lire toute cette littérature ?

C'est pareil pour le management. Les conseils que je donnais dans mon dernier livre ont déclenché de telles réactions que j'ai relu ma prose pour savoir pourquoi je recevais autant de témoignages de reconnaissance. Je m'étais borné à exposer quelques concepts généraux — mon système du bilan trimestriel, ma foi inébranlable dans la communication — pourtant les gens m'écrivaient du monde entier pour m'expliquer que leur quincaillerie ou leur commerce ambulant de crèmes glacées avait pris un essor fantastique. Je me suis dit : je ferais mieux de comprendre en quoi consiste exactement ma théorie du management. Voici donc ma contribution à ce débat sans fin.

Prenez dix types en costume rayé, imaginez-les à l'école maternelle en train de jouer aux cubes, et vous aurez un aperçu de ce qu'est la vie dans une société. En réunion, les hommes adultes feront vraiment n'importe quoi pour éviter d'être pris en défaut. Si quelqu'un ne connaît pas à fond un sujet, il improvisera, exactement comme un gosse. Au lieu de dire : « Il faut que j'étudie ça, patron ; dans l'immédiat, je n'ai pas la réponse », il essaiera de noyer le poisson. S'il confesse son ignorance, il craint que le patron ne le juge moins futé que ses petits camarades et le prive de sieste. Résultat, il se sentira gêné et se mettra à pérorer comme un idiot.

Seul le patron peut établir un climat où les gens soient assez à leur aise pour oser prononcer les mots magiques : « Je ne sais pas. » Suivis de : « Mais je trouverai. » Les affaires, après tout, ce n'est qu'un faisceau de relations humaines. Un dialogue : « Voilà ce que je fais. Et vous, que faites-vous ? Y a-t-il un moyen pour moi de vous aider — et réciproquement ? »

Chaque fois que j'aborde ce sujet, il me semble avoir cinq ans, moi aussi. On me rétorque toujours : « Mais il y a forcément un secret. Une recette. » Non, il n'y en a vraiment pas. Démarrer avec de bons éléments, poser les règles, communiquer avec les employés, les motiver, et les récompenser quand ils réussissent. Si ces principes sont effectivement appliqués, ça ne peut que marcher.

Longtemps après ma mort, les hommes d'affaires débattront encore de deux grandes questions. D'abord, le rôle de l'état-major (les organisateurs) contre les hommes de terrain (ou agissants). Ensuite, la direction consensuelle contre l'arbitraire du chef.

Commençons par le commencement. L'état-major, pour simplifier, est là pour soutenir le patron. Je ne parle pas de ceux qui lui apportent son café, mais de ceux qui lui fournissent les informations qui l'aideront à prendre ses décisions. Chaque manager doit s'interroger : combien me faut-il de personnel pour s'occuper de mon organisation ? Dans certains cas, une excellente secrétaire suffira. Chez Ford, à cause de la mentalité familiale ou de la mentalité de la *Harvard Business School*, on coupait les cheveux en quatre. Avant d'ébaucher un geste, il fallait étudier toutes les alternatives possibles, analyser le moindre facteur pour être sûr de ne pas commettre d'erreur. C'était là la faute suprême. Ford regorge tellement d'états-majors divers qu'il y a même une cellule supérieure — d'analyse et de stratégie — qui chapeaute toutes les autres !

Je me moque de savoir si Ford ou d'autres, fonctionnant sur le même modèle, réussissent : un tel environnement ne donne pas bonne réputation à une grosse société. Au bout d'un moment, ces compagnies ont du mal à attirer des éléments jeunes et entreprenants, parce qu'il n'y a pas de place pour l'audace et l'instinct dans une structure aussi pesante.

Chez Chrysler, j'ai le problème inverse. Mon équipe est ridiculement réduite. Mes hommes de terrain sont si agressifs qu'ils peuvent faire des boulettes de plusieurs millions de dollars avant que j'aie une chance d'envisager une autre éventualité. Franchement, j'ai si peu de collaborateurs que cela m'effraie parfois. Voilà pourquoi j'ai récemment engagé quelques personnes supplémentaires, surtout Tom Denomme qui assume les fonctions de vice-président chargé de la stratégie.

En réalité, il devrait porter le titre d'avocat du diable. Il me soumet une idée à la minute, certaines un peu tordues, pour que je reste constamment sur le qui-vive. Je deviens quelquefois hystérique, mais cela me convient parce que je n'ai pas — et je n'en veux pas — une équipe commerciale, une équipe de marketing, d'engineering, de fabrication pour mener ceux qui font tout le travail.

Je crois que si je devais me fourvoyer, ce serait toujours pour avoir choisi le parti des effectifs réduits, car la prise de décision est plus rapide. Bien sûr, si l'on manque de personnel, on risque de décider de façon trop impulsive, sans autre information que le bulletin météo. Mais on n'a pas besoin de toute une bureaucratie pour s'assurer que chacun (surtout le patron) est bien couvert en cas de pépin.

Lorsque c'est le moment de prendre des décisions, il vaut

mieux ne pas trop perdre de temps. Bien sûr, elles ne seront pas toutes parfaites. Certaines seront même nulles. Il s'agit d'en tirer la leçon, sans toutefois renoncer à essayer. Les introvertis, les timorés ont sans doute ce caractère parce qu'ils se sont brûlé les doigts quand ils étaient jeunes. Ils ont peut-être eu le mauvais réflexe dans une partie de billes ou d'échecs, et du coup ils refusent de courir le moindre risque. Ce n'est pas une manière de vivre — et ce n'est certainement pas une manière de gagner de l'argent.

Quant au consensus, on fait beaucoup de bruit autour de cette notion pour pas grand-chose. Ses partisans sont de grands admirateurs du style japonais. Le consensus, voilà ce qui fait la célébrité du Japon. Moi, je connais assez bien les Japonais : ils parlent encore de Douglas MacArthur avec respect et ils continuent à s'incliner devant l'Empereur. Dans mes relations avec eux, il est beaucoup question de consensus, cependant il y a toujours un homme en coulisses qui prend les décisions capitales.

Que M. Toyoda ou M. Morita de Sony déclare en réunion : « Il faut que tout le monde soit d'accord, depuis le concierge jusqu'aux cadres supérieurs », n'a guère de sens à mes yeux. Les Japonais croient en la nécessité d'impliquer leurs travailleurs et d'avoir le *feed-back* de leurs employés. Et ils sont sans doute plus à l'écoute que nous. Mais quand il s'agit d'allonger l'augmentation, il y a fort à parier que l'argent reste sur le bureau du chef, tandis que nous perdons notre temps à essayer d'imiter ce qui, selon moi, n'existe pas vraiment.

Les structures économiques sont des microcosmes. Au XVe siècle, les sociétés n'existaient pas. Mais il y avait des familles. Des cités, des provinces, des armées. L'Eglise. Toutes ces structures possédaient pour ainsi dire un ordre hiérarchique.

Pourquoi ? Parce que c'est le seul moyen d'échapper à l'anarchie. Sinon, un beau matin, vous aurez quelqu'un qui vous dira : « Hier, j'en ai eu assez de peindre des décapotables rouges, alors aujourd'hui je suis passé aux bleues. » Dans ces conditions, rien ne serait jamais fait correctement.

Au fond, en quoi ce type de management est-il admirable ? Par sa nature même, il est lent. Il exclut l'audace, la véritable responsabilité — la flexibilité. Le seul atout que je lui trouve, c'est qu'il implique une certaine uniformité dans la direction et les objectifs. Mais trop d'uniformité peut également être problématique. De toute manière, je ne crois pas que ce soit applicable dans notre pays. Pour les entrepreneurs, grands ou petits, l'intérêt des affaires réside dans notre système de libre entreprise, pas dans une structure fondée sur l'accord du plus grand nombre.

Beaucoup d'experts en management voudraient importer d'Extrême-Orient l'idée que le patron doit se mettre au même niveau que ses employés. Cette philosophie est peut-être démocratique, mais je ne pense pas qu'elle soit très positive. Si le patron se confie trop à ceux qui l'entourent, il ne sera plus respecté.

Pourtant, il ne doit pas non plus être inaccessible. Certains responsables de grosses sociétés jugent indigne d'eux le simple fait de parler à leur personnel. Un individu qui a deux cent mille personnes sous ses ordres et qui gagne un million de dollars par an a tendance à croire que sa position et son pouvoir le rendent infaillible. Il oublie d'écouter et se laisse prendre au piège de tous les béni-oui-oui qui l'entourent.

En ce qui me concerne, j'espère me situer quelque part entre ces deux extrêmes. Par exemple, j'assiste chaque année à la convention de la National Automobile Dealers Association. En trente ans, je n'en ai pas manqué une seule. Pourquoi ? Parce que ma présence montre aux revendeurs que je les considère comme un élément vital de la compagnie. C'est le meilleur investissement possible, aussi je m'en acquitte religieusement. Je serre des mains, j'essaie de dire à ces gens combien j'apprécie leurs efforts.

D'ailleurs, ceci est valable pour l'ensemble des collaborateurs. De temps en temps, il faut montrer qu'on s'intéresse à eux. Je donne un minimum de quatre conférences de presse par an ; je m'intéresse même aux journalistes (ce n'est quand même pas rien !). J'ai quatre réunions annuelles très formelles avec nos cinq cents cadres. Je rends visite deux fois par an à nos principaux banquiers. Affronter des situations de crise est beaucoup plus facile si l'on a déjà des relations avec les gens capables de vous aider à les résoudre.

Chez Chrysler, nous avons instauré un système qui fonctionne assez bien. Tous les lundis, l'équipe de direction se réunit pour étudier les affaires courantes. Avant de se mettre à discuter, elle reçoit l'employé qui a été élu lauréat de la semaine et le félicite pour ses bons résultats. Cela se sait, et les autres commencent à se dire : « J'aimerais bien être invité aussi. » Ils constatent ainsi qu'ils sont vraiment reconnus par leurs supérieurs.

La délégation du pouvoir contre l'autorité monolithique : voilà un autre sujet brûlant. La *Harvard Business School* préconise de déléguer, aussi les gens appliquent-ils la règle avec soumission. Mais trop d'entre eux ne se soucient plus ensuite de ceux à qui ils ont délégué la responsabilité. C'est ce qui a attiré des ennuis à Reagan dans la crise iranienne. A l'autre extrémité, bien sûr, on trouve le leader qui veut tout décider seul. Donald Trump, le magnat de l'immobilier, signe absolument tous les chèques émis par ses services, sans exception. Il tient mordicus à savoir où va le moindre sou. A l'évidence, cette politique lui réussit. Dans une grande structure cependant, cela freinerait certainement le mouvement.

Il faut trouver un compromis entre ces deux manières. Se regarder dans une glace et analyser ses forces et ses faiblesses. S'occuper personnellement des points sur lesquels on se sent fort et déléguer le reste. Ensuite s'efforcer d'apprendre quelque chose de la personne à qui l'on a délégué.

En ce qui me concerne, je délègue beaucoup, mais j'ai encore du mal à ne pas mettre mon nez dans le marketing et le design. J'adore ça, alors je veux participer. Et je rends le personnel de ces départements complètement fou. Il faudrait quand même que je m'en guérisse.

Donc, vous déléguez. Même si les individus à qui vous avez confié des responsabilités sont des as, vous devez leur montrer que vous n'oubliez pas ce que vous leur avez accordé et que vous les suivez de près, pour le bien de tous.

Charlie Beacham, chez Ford, était un maître dans ce domaine. En principe, il choisissait des éléments de premier ordre. Si je m'avisais de discuter certains de ses choix, il me rétorquait : « Je vous ai bien choisi, vous. De quoi vous plaignez-vous ? » Une fois qu'il avait délégué, il rendait ses collaborateurs cinglés. Il n'avait pas besoin de tout savoir, cependant quand il faisait irruption dans votre bureau, qu'il se perchait sur votre table en disant « Comment ça va ? Il y a trois mois que je ne vous ai pas vu, mais vos chiffres ne sont pas fameux », vous étiez tout de suite sur le qui-vive.

J'appelais cela le « management à l'usure ». Beaucoup diraient : « Bon sang, je n'aimerais pas avoir quelqu'un comme lui au-dessus de moi. » Mais Charlie possédait une telle séduction qu'il pouvait se le permettre. Quand il repartait, même s'il vous avait asséné un bon coup sur la tête, vous étiez malgré tout content qu'il soit venu vous parler.

Il m'a enseigné cette technique et je l'ai toujours mise en œuvre. Mes collaborateurs vous diraient que je suis, moi aussi, un sacré enquiquineur. Si j'ai un défaut, c'est sans doute d'être trop exigeant. Il ne faut pas en arriver au point où les gens n'ont même plus le temps d'aller aux toilettes.

La souplesse est également très importante. Je ne voudrais pas citer ce cliché éculé : « Le management est un art, non une science », mais c'est néanmoins la vérité. Certains responsables soutiennent que, dans la mesure où ils ont un système, les gens, quels qu'ils soient, doivent s'y conformer. « Nous n'avons qu'à mettre le 1573-8 à cette place », disent-ils, comme s'ils assignaient une cellule à un prisonnier. Je ne vois pas bien comment on peut diriger de cette façon. Il est nécessaire de s'adapter aux diverses personnalités, sinon on court à l'échec.

Quand les gens arrivent dans une société, ils ont déjà un caractère bien formé. J'ai plusieurs fois essayé de changer des individus qui avaient plus de vingt et un ans, et je pense n'avoir jamais réussi. Au fil des ans, j'ai eu affaire à des personnages qui avaient de mauvaises habitudes de travail. Je me croyais capable de leur insuffler un peu d'énergie. Quoique je sois un bon vendeur, souvent très persuasif, ils n'ont pas bougé d'un poil. Pourquoi ? Parce que leurs parents et leurs professeurs étaient passés avant moi.

Charlie Beacham avait bigrement raison de me répéter : « N'essayez pas de changer quelqu'un. Utilisez mieux votre énergie. Vous réussirez peut-être à modifier un individu sur cent, mais il vous faudra si longtemps que vous y userez vos nerfs. »

On doit prendre les gens tels qu'ils sont, avec tous leurs travers. Et ensuite les discipliner un peu, pour que le système fonctionne. Leur dire : « Bon, je me moque de savoir ce que vous êtes et comment vous avez été élevé — voilà comment nous allons mener ce club de base-ball. Et voilà vos coéquipiers. Si vous ne les aimez pas, ça se verra. A ce moment-là, vous n'aurez pas à quitter l'équipe — c'est moi qui vous virerai. »

Une fois les règles posées, il ne reste qu'à faire confiance à ses collaborateurs, même si, pendant un moment, on ignore comment ils se débrouilleront sur le champ de bataille. On ne sait jamais si le lieutenant vous fera franchir les lignes ennemies ou s'il détalera comme un lapin affolé.

Le pire danger pour une société, selon moi, c'est quand on parie sur quelqu'un qui n'a pas les épaules assez larges pour le fardeau qu'on lui confie. Ne sachant pas comment avouer qu'il est incapable d'assumer, il trébuche et finit par faire tomber tous ceux qui l'entourent.

D'un autre côté, il faut avoir le cran de miser sur le talent qui n'a pas encore fait ses preuves, sous peine de se condamner à la stagnation. Pour rester en contact avec ces brillants éléments, j'applique la technique des réunions « sauvages ». Il s'agit de passer outre la hiérarchie pour bavarder avec quelqu'un à qui, normalement, vous ne vous adresseriez pas.

Je me suis mis à cette technique voici de nombreuses années, car le système était devenu si lourd que j'avais pour seuls interlocuteurs mes deux ou trois principaux collaborateurs. Certes, durant les interminables réunions du conseil, je rencontrais une foule de gens. Mais ces réunions sont tellement structurées que ce qu'ils pouvaient dire était manifestement déjà filtré ou standardisé. Je ne cherchais pas à miner le système, je ne voulais plus être isolé au sommet de la pyramide.

Régulièrement, je convoque donc un responsable de département, un ingénieur ou un directeur d'usine et je le rencontre en tête à tête. Ces individus sont considérés comme des éléments d'avenir qui, à moins d'une catastrophe, dirigeront la compagnie dans cinq ou dix ans. En entrant, ils sont généralement un peu réticents, ils croisent les doigts pour ne pas me renverser leur café dessus ou faire tomber un vase. Je les rassure en leur expliquant qu'il ne s'agit pas d'un entretien d'évaluation, mais d'une conversation strictement confidentielle. Sinon, ils chercheraient tous à se couvrir. Mes questions sont toujours simples. Comment vous débrouillez-vous avec le reste du système ? Est-ce que cela fonctionne ? Savez-vous ce qui marche et ce qui marche moins bien ? Une fois que j'ai amorcé la discussion, ils s'ouvrent très vite.

Si l'on s'y prend correctement, l'idée fait son chemin. J'appliquais cette méthode depuis plusieurs années, quand j'ai remarqué que certains de mes collaborateurs faisaient de même. A présent, les membres de notre conseil exécutif en ont également pris l'habitude.

Il m'arrive d'oublier qui m'a dit quoi, cependant ces entretiens me permettent de savoir si tout va bien et si la machine tourne à plein régime. Ils me donnent aussi la possibilité de connaître beaucoup de nos meilleurs éléments que, sinon, je n'aurais même pas l'occasion de rencontrer.

Pour illustrer mes propos, laissez-moi vous raconter l'une de mes expériences. Je souhaitais instaurer un système de management où chaque marque automobile aurait un responsable chargé de lui donner une identité auprès du public. Ce responsable aurait le contrôle de la marque Plymouth, par exemple, et de sa politique marketing trois ans avant que le produit n'arrive sur le marché.

Au départ, nous y sommes allés sur la pointe des pieds. Nous avons engagé un directeur de produit et un directeur de marketing, et nous leur avons dit : « Il vous faut devenir des frères siamois. Soyez ensemble, jour et nuit. »

Cela se révéla une idée désastreuse. Comment l'ai-je découvert ? Grâce à mes réunions « sauvages ». On me disait que cela ne marchait pas, j'entendais cela sans arrêt. Il aurait dû y avoir un seul responsable au lieu de deux. En outre, les hommes que nous avions mis en place n'avaient pas suffisamment accès aux ressources de la compagnie pour exercer une véritable responsabilité. Ils étaient relégués au rang des supporters. Voilà comment j'ai compris que nous devions changer de tactique et donner à nos directeurs de marque un authentique pouvoir.

D'une manière ou d'une autre, il est essentiel de laisser ses collaborateurs s'exprimer. Et aussi de les laisser commettre des erreurs. Qu'ils puissent avouer : « Patron, je me suis planté. » C'est cela, grandir.

Cela me rappelle l'histoire de ce type qui dit à un joueur de football : « Votre équipe a remporté le Super Bowl — cela vous fait quoi ? »

« C'est formidable, répond le joueur. La réalisation d'un rêve. »

« Mais vous n'avez pas joué. Vous avez passé tout le match sur le banc de touche. »

« C'est vrai, mais j'étais en tenue, je faisais partie de l'équipe. »

Ce n'est pas ma manière de voir les choses. Pour moi, rien ne vaut l'action. J'aime faire participer mes collaborateurs au jeu.

L'année dernière, j'ai décidé de réorganiser Chrysler pour cette raison. J'avais abouti à la conclusion que je n'utilisais pas tous mes collaborateurs au maximum de leur potentiel. Je me suis dit : « J'en ai tellement sur les épaules. Pourquoi n'utiliserais-je pas davantage ces hommes ? Pourquoi m'en tiendrais-je à l'organigramme ? »

J'ai résolu de confier plus de responsabilités à certains membres de ma deuxième ligne. Parallèlement, je tenais à les déployer de manière à ce qu'ils soient plus proches du marché. Il ne s'agissait pas qu'ils discutent entre eux, mais qu'ils parlent à nos acheteurs.

J'ai donc divisé la société en départements plus maniables, et demandé à ces directeurs d'y aller à fond. A eux, maintenant, de montrer ce qu'ils savaient faire. Ou ça passait, ou ça cassait.

Quand on entreprend une opération de ce genre, il faut être prudent, sinon on risque de froisser quelques ego hypertrophiés. Pour mener à bien cette réorganisation, j'étais obligé de toucher à certaines zones d'influence. Or, il y a longtemps de cela, j'ai appris une chose : une fois qu'on a donné à quelqu'un une place dans la hiérarchie, même si ce n'est qu'un os à ronger, si on la lui retire, il se vexe.

Je ne blâme pas une telle réaction, car il m'est arrivé de réagir ainsi au cours de ma carrière. Lorsque Henry Ford m'a nommé à la tête de la Ford Division, il m'a confié tous les secteurs sauf les usines de montage. Je n'y connaissais rien, mais je savais que mon prédécesseur en avait la charge. On m'offrait la chance de ma vie, pourtant j'étais offensé que Henry n'ait pas eu assez de confiance pour me donner aussi ces usines de montage dont je n'avais que faire.

Dans ma propre société, il m'est arrivé de vouloir alléger un peu le fardeau d'un homme qui en avait décidément trop sur les épaules. Aussitôt, il considérait cela comme une atteinte à son pouvoir et perdait complètement de vue les objectifs de la compagnie.

Quand quelqu'un est furieux, je ne tarde pas à l'apprendre, parce qu'il utilise fatalement la ficelle classique : on va voir le chef du personnel et on lui demande à quelles indemnités on aurait droit si on se démettait de ses fonctions. Naturellement, le patron en est informé. J'avoue que c'est une manœuvre à laquelle j'ai moi-même eu recours une fois. L'ennui, lorsqu'on est le patron, c'est qu'on ne sait jamais si l'autre essaie de vous faire passer un vrai message ou s'il s'agit seulement d'une ruse.

Ces dernières années, on m'a souvent dit : « Vous avez réussi. Vous êtes puissant. Vous avez restructuré une grosse société. Vous gagnez autant d'argent qu'une star du rock. Vous n'avez rien à faire. Vous vous asseyez dans votre fauteuil, vous posez les pieds sur votre bureau et vous fumez votre cigare. » Eh bien, si j'adoptais cette manière de voir, je m'attirerais beaucoup de désagréments. Parce qu'un patron ne peut jamais s'accorder un instant de répit. Sinon, c'est toute la machine qui déraille.

Je connais des hommes qui sont à la tête d'institutions importantes et qui ont pour principe : « Je dois protéger ce qu'on m'a confié. » En réalité, on a le devoir de faire fructifier ce qu'on a reçu. Montrez-moi un chef satisfait de son lot, et je vous montrerai un homme qui ne tardera pas à gâcher ce qu'il a dans les mains.

Un exemple : en mars 1987, le conseil s'est réuni afin de voter pour ou contre le rachat d'American Motors. L'opération fut refusée à la majorité. « Renonçons, ça va trop bien pour nous. » En fait, ils parlaient comme ma mère !

En entendant cela, je me suis vraiment énervé. J'ai répondu dans un petit discours : « Messieurs, vous devenez trop vieux pour les affaires. Vous vous ramollissez. »

J'ai écouté ce que chacun avait à dire, puis j'ai passé outre et j'ai décrété que nous irions de l'avant. J'avais foi en ma capacité et en leur capacité à réussir avec AMC. Il faut toujours viser l'échelon supérieur, aussi banal que cela puisse paraître. Après une lutte de cinq années, Chrysler était stabilisé. Nous commencions à engraisser. A certains égards, nous avions mieux manœuvré quand nous étions pauvres, à l'agonie. C'est la nature humaine. En tant que président, je sentais qu'il nous était nécessaire de retrouver l'excitation des débuts. Si l'on cesse de s'imposer des défis, on dépérit.

Il n'est pas question de tout bouleverser par plaisir, mais simplement de ranimer un peu les troupes en se donnant des challenges intelligents.

J'avais la conviction qu'AMC convenait parfaitement à notre compagnie. Il y avait trois atouts majeurs : la réputation internationale de Jeep ; une organisation commerciale sur laquelle nous pouvions nous reposer ; et une superbe usine flambant neuve au Canada qui attendait de tourner.

Aujourd'hui, nous avons un nouvel objectif à atteindre : quinze pour cent du marché de la voiture et vingt-cinq pour cent de celui du camion. Il y a cinq ans, ce n'était pas envisageable, maintenant nous avons bon espoir d'aboutir dans un avenir proche. Ensuite, nous passerons à l'étape suivante.

J'entends d'ici les sceptiques : « Ne me dites pas, Iacocca, que vous souhaitez devenir un jour aussi important que General Motors. » Au contraire, nous croyons sincèrement au slogan de notre compagnie. Nous ne voulons pas être les plus grands — simplement les meilleurs.

En ce qui concerne les femmes, notre société comme tant d'autres n'a vraiment pas été à la hauteur. Nous n'avons commencé à engager des femmes ingénieurs que récemment. Et maintenant, cela devient difficile pour une raison contraire : des institutions comme MIT ou Leligh ont beau former davantage de femmes, elles ne sont pas assez nombreuses pour satisfaire la demande. De temps à autre, nous tombons sur des femmes formidables, cependant quand nous essayons de les embaucher, mes recruteurs décrètent qu'elles ne viendront pas à Detroit. Je leur réponds que c'est un alibi, qu'ils ne se donnent pas assez de mal. Beaucoup d'hommes refusent de venir à Detroit, mais si le travail et le salaire les intéressent, ils viennent. Et les femmes feront de même.

Le milieu automobile est encore incroyablement macho. Beaucoup trop de mes congénères pensent que les dames ne connaissent rien aux voitures. Pourquoi ? Janet Guthrie a piloté l'Indianapolis 500 et elle s'en est très bien tirée. Sur les circuits, Shirley Muldowney laissait ses rivaux loin derrière.

L'amusant, c'est que même si nous considérions, à Detroit, que l'automobile est un monde d'hommes, nous avions une foule de femmes qui travaillaient sur nos chaînes de montage. Alors, si c'est un monde d'hommes, pourquoi les usines sont-elles pleines de femmes ? Il semble que ce soit dans les sphères où se prennent les décisions que les hommes ont chasse gardée.

Si j'évoque ce problème, c'est qu'un manager est censé choisir les meilleurs éléments possible, sans imposer de limites à sa capacité de choisir. Or, c'est justement ce qu'on fait en excluant les femmes. On en parle beaucoup, on en débat, mais pour ce qui concerne la présence des femmes dans les échelons supérieurs de la hiérarchie, l'industrie a la lanterne rouge.

Un autre point important du management, c'est de savoir devant qui on est responsable. Dans une société nationalisée, on est responsable devant ceux qui possèdent cette société — les actionnaires. Chaque année, ils élisent un conseil d'administration qui les représente. En tant que président, je suis responsable devant ce conseil.

Un Président a un devoir essentiel vis-à-vis du conseil : se trouver un bon successeur et le former. En effet, il ne faut jamais oublier qu'on peut mourir à n'importe quel moment. J'ai mes poulains, et je crois que chacun d'eux serait en mesure de me remplacer dès demain et de faire aussi bien que moi. J'ai donc ma succession assurée, et Chrysler sa continuité.

Cela signifie aussi qu'un président doit savoir quand le moment est venu de se retirer. Un leader autoritaire et en bonne santé ne veut jamais partir. Sur ce sujet, il avance avec des œillères et, quand on lui parle de retraite, il pique une crise. Il prétend qu'il a sa société dans le sang, qu'il ne peut pas s'en aller. Harold Greneen a bâti ITT à la force du poignet ; son conseil a quasiment dû l'emporter sur une civière. Harry Gray dirige toujours United Technologies et ne s'en ira sans doute pas, sauf sous la menace d'un revolver.

Si vous commencez à dire que vous êtes en bonne santé et que la société ne peut pas fonctionner sans vous, c'est que vous vous incrustez. Car, de fait, vous vieillissez. Vous êtes peut-être aussi capable qu'auparavant, mais il arrive toujours un moment où il faut se rempoter.

Je ne pense pas qu'il soit possible de déterminer l'instant précis où un leader doit automatiquement se retirer, cependant il y a des signes avant-coureurs à ne pas négliger. L'impatience en est un, de taille. De même que les explosions intempestives. L'impression permanente de déjà-vu en est un troisième. Parfois, un jeune type se rue dans mon bureau, tout excité par une nouvelle découverte. Il ne se rend pas compte qu'on m'en a déjà parlé des dizaines de fois. Je reste assis dans mon fauteuil et je me dis : « Pourquoi passerais-je une heure à écouter ces absurdités ? Je pourrais lui expliquer comment tout ça finira. Rien ne change. » Cette sorte d'irritabilité est un signal d'alarme.

Un président vieillissant ressemble à un athlète vieillissant. Un bon boxeur sait quand il doit quitter le ring. Le champion de base-ball sait qu'il est moins rapide. Pourtant, certains joueurs acceptent que leur salaire soit amputé d'un million de dollars pour avoir la possibilité de continuer. Ils n'ont rien d'autre à faire, le base-ball est toute leur vie. Le cœur fonctionne peut-être bien, mais les jambes ne suivent plus. Dans les affaires, c'est pareil. On garde toute sa tête, mais on perd son énergie. On est fatigué.

Je suis sûr que certaines personnes me croient incapable de quitter Chrysler. En vérité, je pourrais partir demain. J'ai beaucoup d'autres centres d'intérêt. Quand je suis en vacances en Italie, je ne pense jamais à Chrysler. En rachetant AMC, j'ai simplement rechargé mes batteries pour quelques années de plus, je vais donc embêter mes collaborateurs encore un moment.

Et quand je partirai, que j'éteindrai la lumière dans mon bureau, je laisserai pour tout héritage, épinglés au mur, mes modestes commandements en matière de management. Lorsque mon successeur sera dans l'embarras, il aura peut-être envie de les consulter. Ils représentent l'essence de quarante-deux années passées dans les affaires. Et ils sont très simples.

1 — Embaucher les meilleurs éléments. Rien ne sert mieux la réputation d'un président qu'une équipe talentueuse. Quand on me demande comment j'ai redressé Chrysler, j'objecte toujours que je ne l'ai pas fait tout seul — que c'est l'œuvre de nombreux individus brillants et dévoués. Mais vu que, d'après le magazine *Time*, mon ego ne passe plus par les portes, je devrais sans doute me prétendre l'unique acteur de cette réussite.

2 — S'en tenir aux priorités et dresser une liste des objectifs. Aussi complexe que soit une affaire, et la nôtre l'est, il me semble qu'on doit pouvoir noter les priorités essentielles sur une simple feuille. J'ai toujours été surpris de voir que de nombreuses sociétés, même de taille modeste, consacrent des heures de travail et des tonnes de papier à des plans détaillés de la stratégie à adopter à court, moyen ou long terme. Quand on a un excédent de personnel et beaucoup de temps libre, je suppose que ça ne fait pas de mal. Mais je n'ai jamais feuilleté de plan à long terme qui ne pouvait pas se résumer à quelques objectifs prioritaires.

3 — S'exprimer clairement et de façon concise. Tout le monde a eu entre les mains des exemples de langue de bois bureaucratique — ces documents assommants qui proposent au lecteur deux bonnes douzaines d'options et aboutissent à six ou sept conclusions différentes. La plupart d'entre nous associent ce phénomène à l'administration. Cependant, je vous prie de le croire, cela existe aussi dans l'industrie.

Il y a trois raisons à ce charabia. D'abord, le désir incontrôlable de dire tout ce qu'on sait sur n'importe quel sujet. Ensuite, l'amour des adjectifs et des adverbes au détriment des substantifs et des verbes. Enfin, l'envie d'épater son auditoire par la richesse de son vocabulaire. Il m'est arrivé une fois de lire un dossier de quinze pages plutôt difficiles à comprendre. J'ai appelé l'auteur et lui ai demandé de m'expliquer ce que signifiait cette littérature. Il lui a suffi de deux minutes pour m'éclairer, analyser ce qui n'allait pas, ce que nous pouvions faire pour redresser la barre et m'exposer ses recommandations. Quand il a eu terminé, je lui ai demandé pourquoi il n'avait pas rédigé dans ces termes. Il n'avait pas de réponse. Il s'est borné à me dire : « J'ai été formé de cette façon. » Ce spécialiste en gestion ne méritait que d'être mis à la porte. Il faut écrire comme on parle, c'est tout.

4 — Ne pas oublier que c'est la base qui rapporte l'argent. Se lancer dans des manœuvres politiques pour ménager à la fois les décideurs et la base est un exercice inutile et coûteux. Il incombe à chaque dirigeant de répartir l'autorité et la responsabilité entre ces deux groupes souvent antagonistes. Dans ce domaine, j'ai un axiome très simple. Au bout du compte, c'est la base qui gagne l'argent ; les décideurs ne rapportent pas un franc. Pour moi, le rôle de l'équipe directoriale est d'aider le président à remplir sa tâche et de servir de catalyseur au reste de la pyramide. Si l'on veut motiver la base, il suffit de lancer une « idée d'en haut » sans oublier d'ajouter : « Qu'est-ce que vous en pensez, les gars ? »

5 — Délimiter le terrain de jeu. Je crois fermement qu'il faut déléguer à des gens capables et ensuite les laisser faire leur boulot. Mais, me direz-vous, si les autres mènent la barque, que reste-t-il au président ?

Pour moi, une grande part de ma mission consiste à établir les limites dans lesquelles le travail pourra s'opérer sur une base de relative liberté. Comme les parents disent à un enfant : « Tu joues dans la cour, mais tu ne franchis pas le portillon, tu ne sautes pas par-dessus la haie et tu ne fais entrer personne. »

En tant que président, je décide du capital à investir — mais pas nécessairement de la manière dont il sera investi. Je fixe le nombre de cadres qui feront partie du personnel — mais je ne les choisis pas. Je fixe le budget que je souhaite voir consacré à la recherche — mais pas les projets qui seront financés. Et je détermine les priorités de la compagnie, autrement dit les limites ou les paramètres qui donneront la direction générale à suivre.

6 — Avoir quelques réfractaires dans son entourage. Un président devrait se méfier des opinions unanimes, de ces lignes officielles filtrées et refiltrées, homogénéisées, pasteurisées et synthétisées — ce qu'on appelle « servir la soupe ». Sans divergence dans les points de vue, et sans possibilité d'exprimer ces divergences de manière constructive, une société peut être conduite à prendre de très fâcheuses décisions. Il est dangereux de dire à un président uniquement ce qu'il souhaite entendre et de n'avoir jamais aucun désaccord en sa présence.

Pour me protéger de ce risque, je me suis toujours efforcé d'avoir autour de moi quelques individus brillants, dotés d'un solide esprit de contradiction, qui ne prennent pas tout pour argent comptant et ne se laissent pas impressionner par le principe de base : on fait les choses de cette façon, parce qu'on les a toujours faites ainsi.

7 — Travailler pendant les remaniements. D'après de nombreuses études sur le sujet, la planification à long terme et l'élaboration de la stratégie sont considérées comme les tâches essentielles d'un président. Je ne discuterai pas sur ce point, cependant il me semble aussi très important de faire fructifier son affaire au jour le jour. Il est facile de se focaliser sur des plans à longue échéance. Sur le papier du moins, ils sont nets et carrés — ils fonctionnent bien.

8 — Se rappeler les règles fondamentales. J'ai toujours été un fan de Vince Lombardi, le dernier grand leader des Green Bay Packers. Son équipe avait un jeu offensif plutôt imprévisible, du moins à cette époque, mais leur véritable force résidait dans leur respect des règles fondamentales du football : bloquer la balle, plaquer l'adversaire, de bonnes passes et de la discipline. Ce n'était pas la plus belle équipe de son temps, mais les voir lancer une action d'envergure était un superbe spectacle. Et ils étaient terriblement efficaces.

Tout ceci posé, le management est un code de valeurs et de jugements personnels. Voilà pourquoi, au bout du compte, il faut être soi-même.

En conclusion, il n'y a qu'une règle : choisissez un style qui vous convienne et n'en changez pas. Vous pouvez avoir des modèles, mais n'essayez pas de devenir quelqu'un d'autre. Soyez vous-même, restez naturel et, bon sang, souriez de temps en temps !

5

LES MAUVAISES AFFAIRES : QU'EST-CE QUI NE VA PLUS A WALL STREET ?

Un matin, en lisant le *Wall Street Journal*, je suis tombé sur une nouvelle étonnante. Le journal publiait deux articles au sujet de la U.S.Stell et de la Goodyear, tombées aux mains d'une corporation de *raiders*. Je me suis dit : « Minute ! Ces deux entreprises sont mes principaux fournisseurs. Sans eux, je ne fabrique plus d'autos ». Pourtant, ces intrus étaient bien là, et je n'étais qu'un spectateur sans défense. C'est à ce moment-là que j'ai vraiment compris où nous menait cette manie des fusions. Les choses allaient beaucoup trop loin dans cette variante de Wall Street façon Monopoly.

Comme tous mes homologues dans le monde des affaires, je savais que ces *raiders* existaient. Je savais aussi qu'ils représentaient un souci de plus pour les managers. Mais je n'avais pas vraiment prêté attention à leurs singeries, car jusqu'ici, ils avaient fait leur sale boulot ailleurs. Et voilà que pour la première fois, ils entraient chez moi. M. Carl Icahn passait par là. Sir James Goldsmith s'arrêtait un moment.

Maintenant qu'ils me gênaient, je voulais en savoir plus sur eux. Etaient-ils réellement Robin des Bois et ses joyeux lurons, comme ils le prétendaient ? Ou plutôt Genghis Khan et sa horde de Mongols ?

Je ne suis sûr que de ce que je vois... ou de ce que je ne vois pas.

Je vois des milliards de dollars bloqués pour tenir en échec les *raiders,* tandis que la recherche et le développement sont confiés à des amateurs. Je vois des milliards qui partent en *greenmail*, des dollars qui devraient servir à construire des usines ultramodernes. Je vois que la confiance en l'intégrité de Wall Street est au plus bas depuis la crise de 29. Je vois aussi une part énorme du talent américain en matière de gestion gaspillée par l'obsession du pouvoir, alors qu'il devrait être entièrement dévoué au renforcement de la base industrielle de ce pays.

Je ne vois pas les *raiders* créer des emplois. Je ne les vois pas redonner du tonus à la productivité. Pire encore, je ne les vois en rien aider l'Amérique sur le plan de la compétition mondiale.

Depuis quatre ou cinq ans, j'ai observé cette folie des fusionnements d'un œil méfiant. Autrefois, amalgamer les compagnies ne présentait aucun problème. La règle était claire : la fusion à l'horizontale était impossible. Par exemple, General Motors ne pouvait pas racheter Ford, ce qui aurait réduit la concurrence. L'entreprise ne pouvait pas non plus racheter un gros fournisseur, car là aussi, cela aurait impliqué une diminution de la concurrence. A cette époque, les lois antitrusts étaient sévères. Mais quand l'administration Reagan a pris place, avec ses refrains de type « laissez-faire », c'est la mentalité « tout est permis » qui a pris le dessus. Apprenant la nouvelle, des hommes comme Ivan Boesky se sont empressés de remplir leurs mallettes de billets non marqués et de courir en ville les dépenser.

Aujourd'hui, tout le monde peut fusionner avec tout le monde. L'antitrust est mort et enterré. Le résultat est que l'on pratique le fusionnement pour le fusionnement ; et comme personne ne s'inquiète des conséquences, n'importe qui a le droit de jouer. C'est la nouvelle mode à Wall Street. En réalité, il s'agit d'avidité pure et simple.

Poussés par l'appétit du gain, ces opportunistes décident que le stock d'une compagnie est sous-évalué. Ils rassemblent aussitôt des capitaux, en général sous la forme de *junk bonds* (titres « abstraits »), sans garanties subsidiaires, avant d'organiser leur raid.

Ces nouveaux *raiders* sont, ni plus ni moins, des gens ayant compris qu'avec assez d'argent, on peut s'approprier une bonne place au sein d'une société et empocher tous les atouts. Car ils deviennent propriétaires même s'ils n'en ont que le titre. Le jour où ils achètent des actions, ils achètent suffisamment de droits au vote pour menacer la direction, laquelle sait qu'il lui faudra jouer le jeu si elle ne veut pas perdre son entreprise, ou ses postes de dirigeants.

Prenons un exemple précis. Sir James Goldsmith a débarqué ici de son Angleterre natale pour racheter Goodyear. Il est arrivé bien armé avec un consortium prêté de deux millions de dollars, ce qui est assez pour effrayer la plupart des managers. (C'est Merrill Lynch qui avait produit le capital, tout en réclamant deux cents millions de dollars d'honoraires pour service rendu. Vous voyez bien que chacun prend sa part du gâteau.) Goldsmith affirmait à tous qu'il faisait sa B.A. en raidant Goodyear (il en parlait comme s'il était la Croix Rouge), parce que l'entreprise était fort mal gérée.

C'est la réplique préférée des *raiders*. Ils misent sur le mythe selon lequel tous les hommes à la tête des grosses compagnies sont arrivés là parce qu'ils sont gras, heureux et stupides ; et qu'ils passent leur temps à jouer au golf au lieu de se pencher sur le sort de leurs pauvres actionnaires. C'est curieux, mais j'en connais peu de cette espèce-là. S'ils existent, ils doivent se cacher derrière leurs fougères...

En ce qui concerne Goodyear, notamment, ce scénario est très loin de la vérité. Dans le domaine du pneu, c'est l'entreprise la mieux gérée qui soit. Je connais Robert Mercer, le directeur général, et Chuck Pilliod, qui l'avait précédé à ce poste, depuis de longues années, et ce sont des bons. Qui plus est, Goodyear fabrique les meilleurs pneus au monde. C'est pourquoi Chrysler se fournit auprès de Goodyear pour environ 85 % de sa consommation de pneus.

Voyant la manière dont évoluait le raid sur Goodyear, j'ai commencé à m'inquiéter sérieusement. Je savais que si Sir James avait la mainmise sur la société, il se mettrait aussitôt à redistribuer les parts comme à une foire à la brocante. Il n'était pas intéressé par les pneus, mais par l'argent.

Une conception très en vogue, et encouragée par les médias, veut que ces *raiders* soient si perspicaces et si malins, qu'ils effectuent de telles enquêtes sur les compagnies convoitées, qu'ils finissent par en savoir plus long sur elles que leurs propres gestionnaires. Eh bien ! Voici ce que m'a rapporté Bob Mercer, à propos du travail de détective mené par Sir James :

« Le lendemain du jour où nous avons appris que Goldsmith nous visait, je l'ai appelé en lui proposant de discuter. Il m'a invité dans sa maison d'East 80 th Street, à Manhattan. L'invitation comprenait un déjeuner, le déjeuner le plus luxueux que j'aie jamais vu. Au bout de quelques bouchées, j'ai compris que c'était une vaste mise en scène pour racheter notre entreprise à petit prix.

« De toute évidence, disait Goldsmith, nos capitaux étaient sous-évalués et sous-performants. Mais il rectifierait le tir. Après cinq minutes de conversation, j'ai su qu'il n'y connaissait rien. Par exemple, il pensait que notre division aérospatiale n'était qu'une diversification récente. Or nous étions dans cette affaire depuis 1911. Il ne savait pas ce que nous faisions dans l'industrie chimique. Pourtant, l'industrie chimique nous fournit du caoutchouc synthétique et d'autres produits, afin que nous puissions proposer une large gamme à base de caoutchouc. Il m'a ensuite demandé en quoi nous participions à l'industrie énergétique, sans se rendre compte que chacun de nos pneus contient trente-cinq litres de pétrole. »

Vous imaginez la société Goodyear dirigée par quelqu'un qui ignore à ce point ce qu'il est en train d'acheter ? Eh bien, Goodyear a eu de la chance, car juste au moment où Sir James préparait l'assaut final, on révéla les manigances d'Ivan Boesky, et le marché d'échange plongea. A la même époque, le corps législatif de l'Ohio mettait la touche finale à une loi sur la « prise de contrôle non agressive ». Goldsmith a eu peur, et Mercer a pu récupérer ses parts.

Bien sûr, Goldsmith est tout de même rentré chez lui en

empochant quatre-vingt treize millions de dollars de bénéfice sur son *greenmail*. Le *greenmail*, pour ceux qui se posent la question, c'est la prime qu'une entreprise remet au *raider* (à la condition qu'il s'en aille définitivement) pour reprendre ses parts cédées. En fait, c'est du chantage déguisé. Ne vous faites aucune illusion. C'est exactement cela, ni plus, ni moins.

Résultat de ce *greenmail*, Goodyear est aujourd'hui une société diminuée. Elle a dû s'endetter considérablement pour survivre. Et je me demande à quel point mon fournisseur préféré souffre encore.

Quelles sont les conséquences réelles de ce raid avorté ? La compagnie Goodyear a-t-elle amélioré la fabrication de ses pneus ? Son budget de recherche et de développement est-il intact malgré les emprunts énormes qu'il a fallu obtenir ? Quelle est la valeur objective de cette attaque ? Aucun *raider* ne saurait répondre convenablement à ces questions. Ils ne savent que répéter : « Nous ne transgressons aucune loi ».

J'aimerais interroger un étudiant en première année d'Economie : « En quoi ces raids agressifs améliorent-ils la capacité de production de notre pays ? » Le pauvre garçon ne pourrait que sécher.

Une fois le *greenmail* payé, Mercer m'a confié : « Nous avons déjoué les intentions de Goldsmith, mais nous avons tout de même perdu au change. Nous avons dû vendre 12 % de nos participations et nous endetter de deux milliards six cents millions de dollars. Ironie du sort : les intérêts d'un an sur cette dette auraient permis l'achat d'une installation neuve pour la fabrication des pneus à carcasse radiale dans le Maryland. Au lieu de cela, nous fermons l'une de nos usines à Cumberland et mettons à pied mille cent onze personnes. L'argent qui aurait servi pour les nouveaux locaux est éparpillé dans dix-sept banques à travers le monde entier pour couvrir notre dette. Ajoutons à cela cinquante millions de dollars de frais pour deux mois de conseils sollicités auprès des investisseurs et des avocats, et vous avez une vague idée du gâchis qu'a entraîné ce raid.

« Petit détail amusant, notre *raider* a gagné en deux mois

chez Goodyear douze fois ce que j'ai gagné en quarante ans de service dans cette même société. Et cela, sans avoir jamais figuré sur le registre du personnel ! ».

Peter Magowan, membre de mon conseil d'administration et directeur des supermarchés Safeway a vécu une épreuve au moins aussi pénible. La société Safeway se portait à merveille ; elle était en pleine expansion, augmentait ses dividendes, encaissait des bénéfices record, pourtant elle a été frappée de plein fouet. L'entreprise s'est en effet vue agressée par une petite compagnie chimique de Baltimore. La direction de Safeway ainsi que quelques investisseurs extérieurs ont été obligés d'emprunter beaucoup d'argent pour racheter la compagnie aux actionnaires.

Le ciel leur tombait sur la tête. Pour mener à terme ce rachat, Safeway a revendu toutes ses filiales européennes. Il a fallu aussi se débarrasser de sept cents magasins, couper de moitié les dépenses, mettre à pied deux mille employés. De quoi ruiner l'entreprise. Peut-être l'appréciait-on surtout pour la qualité du service ? Ou peut-être le succès de Safeway était-il dû au fait que les gens y trouvaient ce qu'ils cherchaient : des denrées fraîches. Qu'impliqueraient toutes ces réductions ? Que se passerait-il si, par mesure d'économie, on arrêtait toutes les livraisons de laitues dans la nuit ? Je ne sais pas ce qu'il faut faire pour réussir dans le domaine de l'alimentation, et je suis sûr que les gars de Wall Street n'en savent rien non plus.

Vous vous demandez sans doute comment cela peut arriver en Amérique. En tout cas, ça n'a rien à voir avec la libre entreprise. C'est un peu comme si quelqu'un venait kidnapper vos enfants.

Quand, à l'étranger, les gens entendent parler de ces bêtises, ils doivent nous prendre pour des fous. Je n'ai jamais entendu parler de fusion au Japon. Je n'ai jamais non plus entendu parler de rachat en levier. Les japonais ne savent sans doute même pas ce que cela signifie. Là-bas, les hommes d'affaires se servent de l'argent pour augmenter la productivité et donner plus de travail aux employés. Ici, on ne saurait inventer un meilleur piège à souris. Il faudrait trouver le moyen de racheter de la même façon l'entreprise de pièges à souris.

Lancés sur le chemin de leur proie, ces *raiders* se soucient peu de savoir qu'une compagnie pourrait être décimée, et que des centaines de personnes perdraient leur emploi. Imaginez Carl Icahn, complètement absorbé par la TWA, essayant tout d'un coup de s'approprier U.S.Steel. Il prétend que la société ne s'en sortira pas de toute façon, parce qu'elle n'est pas assez moderne et qu'elle ne s'est pas suffisamment diversifiée dans le gaz et le pétrole ; peut-on imaginer le mal qu'il ferait ?

Je connais bien ces types-là. Il s'empresserait de vendre tout ce qui concerne la métallurgie, en s'accrochant aux réserves de gaz et de pétrole ; c'est tout ce qui l'intéresse. Ainsi, l'U.S.Steel (aujourd'hui USX) n'existerait plus. Et la Bethleem Steel s'apprêterait à disparaître aussi. Suivie de près par la LTV, déjà en faillite. Drôle de façon de reconstruire l'industrie métallurgique autrefois toute puissante dans ce pays !

Pourquoi ces individus sans scrupules auraient-ils le droit de violer le monde entier ? Consultez vos livres d'histoire, vous verrez que le phénomène n'est pas nouveau : les requins du chemin de fer, au XIXe siècle, qui obtenaient des terres pour trois fois rien, ne s'intéressaient qu'à l'argent. Mais ils nous ont au moins laissé quelques rails et un certain nombre d'industries prospères. Les *raiders* de notre temps se contentent de remuer de la paperasse. Dans un monde restreint, où nous devons concurrencer des nations en pleine expansion comme l'Allemagne ou le Japon, ils ne nous mènent nulle part. Si ces transactions nous permettaient d'augmenter notre productivité, je dirais tant mieux. Et c'est ce que ces *raiders* nous promettent :

— Attendez un peu, vous verrez, répètent-ils. Nous avons tout à gagner.

Vraiment ? Il paraît que les *raiders* permettent à des types comme moi de rester honnêtes. Expliquez-moi comment. Je ne comprends plus rien.

Je sais que si je dépense cent millions de dollars pour l'achat de matériel afin d'augmenter ma capacité de production, si je maintiens mes prix pour concurrencer les Japonais, permettant ainsi à un client de gagner cent dollars sur l'achat de sa prochaine voiture, je fais quelque chose de constructif. Mais si je prends trois milliards de dollars de mon capital pour racheter Burger King, vous aurez le droit de me demander ce que je connais aux hamburgers-frites.

Observant ces *raiders*, j'ai noté un phénomène curieux. Quand ils préparent une action, ils crient à tue-tête qu'ils vont améliorer l'efficacité de l'entreprise, liquéfier le capital, soutenir le pauvre actionnaire sans défense. Mais ces missionnaires dévoués contractent une étrange maladie si on leur propose un peu d'argent : ils s'en vont.

Qu'une société en déperdition soit reprise m'est égal. Il faut bien que quelqu'un la sorte de sa misère, quitte à tout liquider. Mais ce n'est pas ainsi que ces *raiders* opèrent. La compagnie a contribué à l'effort pour la défense du pays ? Ou bien elle fabrique les meilleures saucisses au monde ? Ou encore, elle est cotée parmi les cinq plus performantes de l'année ? Aucune importance : s'il y a un coup à jouer, ils le jouent. Et personne ne se soucie de ce que ce raid peut impliquer pour la ville, l'Etat, voire le pays. Si les *raiders* se voient dans l'obligation de faire table rase sur l'entreprise, dommage... mais les affaires sont les affaires.

Si ces *raiders* voulaient vraiment sauver le monde des affaires américain, où étaient-ils en 1980, quand Chrysler agonisait ? En ce temps-là, c'était au moins une angoisse que je n'avais pas : aucun *raider* n'aurait voulu de Chrysler ; le jeu ne valait pas la chandelle.

Voyez-vous, la cible typique d'un *raider* n'est jamais une société en difficulté. C'est une société aux bases solides, peu endettée, qui encaisse des bénéfices substantiels et qui possède quelques dollars en banque, histoire de se retourner en cas d'ennuis.

A l'époque où j'étais étudiant, c'était ce que l'on appelait une « bonne gestion ». Aujourd'hui, on parlerait plutôt de « proie idéale ». Choisir de moderniser son usine plutôt que d'accroître ses dividendes peut être une tactique intelligente, mais c'est aussi une façon de déverser du sang frais dans l'eau : les requins affluent.

Il n'y a aucun doute là-dessus, les *raiders* sont parvenus à pousser les valeurs des stocks et ont permis à un certain nombre de personnes (eux-mêmes, surtout) de gagner beaucoup d'argent. Mais si les profits-éclair en papier vert doivent remplacer les investissements à long terme, je préfère ne pas imaginer où va l'Amérique.

La morale de l'histoire est que si nous ne sommes pas prudents, nous nous dirigerons tout droit vers la panique financière, parce que nous jouons avec de la dynamite. En 1986, nous avons connu le plus de faillites en une seule année depuis 1932. Je n'étais qu'un enfant au début des années 30, mais je me rappelle encore toutes ces banques ruinées. Mon père a perdu presque toute sa fortune à la banque Ridge avenue d'Allentown. Je n'oublierai jamais ça. Il m'a emmené là-bas avec lui, et, devant le bâtiment, c'était l'émeute. J'ai entendu mon père dire à l'un des banquiers : « Que voulez-vous dire : c'est fermé ? Je veux mon argent ! » Le banquier lui a simplement répondu : « Votre argent, vous ne pouvez pas l'avoir. » C'était effrayant. Personne ne veut revoir des scènes pareilles. Pas moi, en tout cas.

Mais ce qui m'inquiète surtout, c'est une des conséquences qui découle directement de cette folie générale. La détérioration des valeurs chez les hommes d'affaires d'aujourd'hui, en particulier chez les plus jeunes. Il est grand temps que l'on remette en question le système qui génère cette espèce nouvelle. Pourquoi tous ces jeunes hommes, toutes ces jeunes femmes aux talents certains, courent-ils à Wall Street au lieu de s'intéresser à l'industrie ? Leur plus cher désir est d'entrer dans une grande firme, d'en devenir actionnaire, puis d'entamer des transactions. Ils espèrent tous gagner leur cinq ou six millions de dollars, posséder leur propre avion, voire leur propre aéroport, avant l'âge de trente ans.

Une multitude de nos jeunes les plus brillants se laissent corrompre par l'appât du gain à Wall Street. Les firmes d'investissement et les cabinets d'agents de change ont considérablement augmenté leurs effectifs, ces dernières années. Essayez donc de convaincre ces gens-là de venir à l'industrie. Ils vous rient au nez. Remarquez, le 19 octobre 1987, ce Lundi Noir, un certain nombre d'entre eux riaient déjà moins fort...

Ces jeunes loups ont un comportement alarmant. C'est la génération du « je veux tout, tout de suite ». Ils pensent que les gens comme moi visent trop bas. Moi, à l'époque, je rêvais d'être millionnaire à la fin de ma vie. Et je me trouvais ambitieux. Eux veulent cinquante millions de dollars. Dès cet après-midi.

Les conversations que j'entends dans le monde des affaires tournent toujours autour de la Bourse, du marché, des cotes. Apparemment, c'est plus excitant que de s'interroger sur la façon dont on va pouvoir vaincre la concurrence ou modifier les statuts des ouvriers syndiqués. Car soyons francs, ces sujets-là sont bien peu passionnants à lire dans *le Wall Street Journal*, de bon matin en buvant son café.

Non seulement ces jeunes veulent de l'argent, mais en plus, ils veulent gagner dans la facilité. « Je ne suis pas là pour veiller sur mon voisin. Je ne suis pas né pour créer des emplois pour les autres. Je veux qu'on me donne du travail ». Voilà ce qu'ils disent. Si tout le monde avait eu cette attitude autrefois, ils manqueraient de travail maintenant. Il n'y aurait plus d'entreprises à reprendre non plus.

Le désir de se remplir les poches est devenu tellement intense chez tous ces jeunes que la corruption, inévitablement, a fait son apparition. Non seulement les coups bas pleuvent sous forme de *greenmail* et autres pratiques du même genre, mais en plus, des types comme Ivan Boesky ou Dennis Levine prennent un malin plaisir à manier la baguette. Jamais il n'y a eu autant de scandales. C'est ridicule. Les pages financières ressemblent de plus en plus à des pages de faits divers.

Je savais bien qu'une fois que les profits atteindraient les milliards de dollars, on finirait par perdre le contrôle de la situation. Je me rappelle régulièrement ce vieux conseil : « Ne traîne pas trop au casino. C'est là que se retrouvent tous les truands, attirés par le liquide. » Wall Street est devenu une gigantesque machine à sous.

Je vais passer pour un vieux, mais à mon avis, la source du problème est la permissivité de notre société. C'est ce qui incite les étudiants à établir une différence entre les crimes d'un col-blanc et ceux d'un col-bleu. Ils sont persuadés que les crimes du col-blanc sont « juste un peu hors-la-loi. » Pour moi, un crime est un crime.

Ces distinctions n'avaient pas cours chez les hommes de ma génération. Je ne peux vous donner un chiffre précis, mais je vais dire quatre-vingt-dix-huit pour cent. Quatre-vingt-dix-huit pour cent des chefs d'entreprise sont des types comme moi, qui ont travaillé dur, gravi tous les échelons, pour, trente ans plus tard, fabriquer un tuyau d'arrosage de meilleure qualité, ou dans mon cas, une meilleure Mustang, un meilleur minibus. Nous avons retroussé nos manches, et aujourd'hui, nous récoltons les fruits de notre labeur. A quelques rares exceptions près, mes homologues sont tous des hommes de bonne famille, honnêtes et intègres. Bien sûr, il y a des magouilleurs, mais ils ne tiennent jamais longtemps le coup.

Les requins des affaires ont occulté le système. Autrefois, le monde de la finance servait à soutenir celui des affaires. C'était d'ailleurs sa seule raison d'être. Le système financier devait générer un capital, que des gens investissaient pour créer du travail et des emplois, hausser le niveau de vie. A présent, c'est l'inverse. Les corporations sont les jouets du marché financier. Le système s'est retourné comme une crêpe.

Au début de 1987, j'ai organisé chez Chrysler à New York une réunion au cours de laquelle j'ai entendu des choses insensées. Autour de la table se trouvaient les membres de notre conseil d'administration, quelques-uns de nos conseillers, quelques-uns de nos plus gros actionnaires (l'un d'entre eux détenait dix millions de parts, l'autre sept ou huit millions). Nous étions là pour discuter des mesures à prendre afin d'échapper aux *raiders*.

La discussion fut très animée. Je ne disais pas grand-chose, me contentant d'écouter, ce qui pour moi était une première ! Au bout d'un moment, l'un des cadres financiers est intervenu et a dit qu'il avait pour responsabilité financière envers ses investisseurs d'augmenter les profits dans les délais les plus brefs possible. Un directeur financier qui refusait de se plier à cette loi refusait par la même occasion de justifier la raison pour laquelle les investisseurs lui confiaient leur argent au départ.

En entendant les mots « augmenter les profits dans les délais les plus brefs possible », je l'ai interrompu : « Permettez-moi de vous poser une question. Prenons l'exemple de Goodyear Tire & Rubber (dont je connaissais trop bien les mésaventures récentes !). C'est le premier fabricant au monde de pneus. La société se porte bien, mais elle est dépendante de l'industrie automobile américaine depuis que les Japonais achètent leurs produits chez Bridgestone, qui est une compagnie japonaise. Supposons qu'un jour un gros actionnaire de Goodyear décide qu'il ne gagne pas assez en échange de son investissement. Il va donc faire un raid sur Goodyear, se débarrasser de la direction, fermer quelques usines, l'endetter de deux milliards six cents millions de dollars, et devenir propriétaire de l'entreprise. Goodyear risque de se casser la figure, car on peut difficilement s'endetter de deux milliards six et affirmer que la société s'est consolidée. Mais disons qu'à court terme, elle a gagné cinq dollars en vendant le stock. »

Et j'ai conclu : « Ainsi, pour un billet de cinq dollars, une superbe entreprise pourrait péricliter. Au mieux, elle tournerait au ralenti, ce qui permettrait aux compagnies japonaises de pneus qui m'inquiètent tant d'avoir la mainmise sur une grande partie de l'industrie automobile américaine. Que feriez-vous alors ? »

Savez-vous ce qu'il m'a répondu ? Sans la moindre hésitation : « Pardi ! C'est facile. Dès le lendemain, j'achèterais le stock Bridgeston au Japon. Je ne suis pas un fonctionnaire. Je vais là où il y a de l'action. »

Je me suis tapé sur le front : « Bon sang, c'est bien sûr !

Voilà ce qui ne va pas dans notre pays aujourd'hui. » A mes yeux, ce commentaire sur l'état du business en Amérique était le plus clair et le plus triste que j'aie jamais entendu.

Mon ambition est d'améliorer mon piège à souris et de créer des emplois. Lui n'a pas une seconde pour penser à ces choses-là, car il n'est attiré que par les signes $.

J'aimerais faire écouter un enregistrement de cette réunion aux membres du Congrès et leur demander ensuite s'ils comprennent vraiment ce dont ils parlent tous.

Je dois préciser toutefois que je ne suis pas systématiquement contre les fusionnements. Comment le pourrais-je, alors que j'ai effectué l'une des plus importantes fusions avec AMC ? Mais ma tactique est tout autre. Chez Chrysler, nous disons qu'avec le temps, nous nous efforcerons d'améliorer la productivité de l'entreprise, mais qu'il n'est pas question de vendre les capitaux dès le premier jour. Règle numéro un.

Nous ne disons pas : « Nous allons les racheter, mais comme nous n'en avons pas les moyens, nous allons faire un emprunt qui doublera ou triplera le coût de nos intérêts. Emprunt que nous rembourserons en renonçant à autre chose. » Ce à quoi l'on renonce généralement, dans ces cas-là, c'est le projet à long terme, la recherche et le développement... c'est-à-dire l'élément indispensable pour maintenir la croissance. Avant de songer à un rachat d'entreprise, je vérifie mes comptes pour m'assurer que j'ai des liquidités.

Une autre de mes règles d'or est de procéder toujours aux règlements à l'amiable. C'est un état d'esprit. Mon successeur tentera peut-être des fusions agressives, mais je ne peux m'y résoudre. C'est contre la nature humaine, et pas seulement contre *ma* nature. Débarquer en annonçant qu'on va racheter, que ça plaise ou non, est une aberration. C'est se prendre pour un caïd de la cour de récréation. L'idée me séduit encore moins quand on ne connaît rien à la société convoitée. Vous dirigez une entreprise qui fabrique des poupées Kempie : comment pouvez-vous du jour au lendemain vous approprier une entreprise de désinfection et mettre à la porte les employés sous prétexte qu'ils sont moins bons que les vôtres, sinon ce seraient eux qui vous auraient racheté ? Cette attitude provoque des situations trop tendues.

Donc, nous ne diknapperons personne pour agrandir notre famille. Quand nous faisons notre cour, nous nous y prenons à la manière d'antan : nous frappons à la porte d'entrée, nous offrons bouquet de fleurs et bonbons.

Malheureusement, ces temps-ci, avec tous ces *raiders* en liberté, l'angoisse est générale. Un simple coup de téléphone peut suffire à mettre toute une entreprise sur le pied de guerre. Une simple visite de politesse, et les dirigeants s'empressent de se réfugier dans leur château-fort.

Il m'est arrivé à plusieurs reprises de rester à l'extérieur dudit château-fort.

J'intitulerai mon premier épisode « L'homme qui ne rappela jamais. » La société qui nous intéressait était Martin Marietta, qui avait déjà été impliquée dans une affaire de fusion, quand Bendix, appliquant à la lettre ses cours de la Harvard Business School, avait opéré sur elle un raid agressif. Réagissant avec la férocité de PacMan, Mariett avait dès lors essayé de reprendre Bendix. Puis Allied était intervenu dans le rôle du chevalier en armure pour s'approprier temporairement Marietta... qui faillit disparaître dans ce marasme. Le résultat fut qu'une bonne entreprise croulait sous des dettes non désirées.

Chrysler cherchait à se diversifier et à pénétrer dans le domaine de la haute technologie ; de toutes les sociétés que nous avions passées en revue, Marietta figurait toujours parmi les trois premières sur nos listes, parce que c'était là que travaillaient les savants les plus réputés. J'étudiai le problème sous tous les angles pendant une semaine, l'option me paraissait idéale.

Nous ne connaissions pas la direction, nous n'étions pas certains de la manière dont nous devions prendre contact. Après une brève enquête, nous nous sommes aperçus qu'un de nos avocats et Thomas Pownall, alors directeur général chez Marietta, avaient un ami commun, également avocat. Nous l'avons joint dès le début de 1986 et lui avons demandé d'aborder la question avec Pownall et de voir s'il voulait bien me rencontrer. A notre grande joie, il répondit oui.

Je reçus par la suite des instructions si pointilleuses concernant notre réunion qu'on se serait cru dans un film de James Bond. Je devais demander Pownall à une heure précise au *Madison Hotel* de Washington, où il était descendu sous une fausse identité. Je devais ensuite prendre l'ascenseur seul. Je m'attendais à ce qu'on me demande le mot de passe secret à la porte de la chambre.

Malgré toute cette mascarade à la James Bond, nous avons pu nous rencontrer, et ce fut une discussion passionnante. Je fus surpris d'apprendre que Ford l'avait déjà approché, mais que ses hommes n'avaient pas voulu en entendre parler. Apparemment, Don Peterson, directeur chez Ford, était entré, flanqué d'un banquier d'affaires. « J'ai eu l'impression qu'on brandissait devant moi un drapeau rouge ! m'a dit Pownall, parce que j'avais déjà eu affaire à des types comme ça. J'ai su alors que s'ils me proposaient la lune, je refuserais de vendre. »

Mais entre nous, ce fut le coup de foudre, et, après avoir envisagé les différentes façons dont nous pourrions travailler ensemble, nous nous sommes mis d'accord pour nous revoir. Ce fut une rencontre très positive.

Peu de temps après, nous nous sommes vus pour la seconde fois, dans des circonstances semblables. J'avais demandé à mes hommes de me préparer un projet axé davantage sur les atouts généraux que sur l'aspect financier. Nous avions tout le temps pour cela. Après avoir exposé mon plan, je crois pouvoir affirmer que Pownall était enthousiaste. S'il ne l'était pas, c'est un sacré acteur. A la fin de la réunion, il m'a demandé un exemplaire du projet afin de le soumettre à ses conseillers. Il m'a déclaré très nettement qu'il me rappellerait le plus vite possible. J'étais d'accord pour attendre son coup de téléphone.

Et je l'ai attendu. Une semaine. Un mois. Plusieurs mois. Je ne voulais pas avoir l'air pressé, j'ai donc continué d'attendre.

Un jour, il m'a appelé d'une base militaire ; il ne pouvait

pas me parler, mais me promettait de me joindre rapidement. Je n'ai plus jamais eu de nouvelles. Pas une lettre. Pas un mot. Pas un coup de fil. Il a tout simplement disparu. C'est étrange. Nous en rions encore : « Des nouvelles de Pownall ? » « Pas encore ! ».

Que s'est-il passé ? Je n'en sais rien, je ne le saurai peut-être jamais. Je suppose qu'il a eu peur de se faire avoir comme avec Bendix. Peut-être a-t-il pensé que Ford préparerait un raid en apprenant que Iacocca l'avait approché. A mon avis, c'est plus simple : Pownall a pris peur, échaudé par la première expérience. Je peux le comprendre.

J'étais un peu déçu. Dans les romans d'Ian Fleming, Bond gagne toujours et finit au lit avec une fille. Dans ce cas-ci, je n'avais rien gagné, ni la fille, ni l'entreprise.

J'intitulerais volontiers l'épisode suivant « L'homme qui a perdu le pouvoir ». Nous avions analysé l'impact d'une fusion entre Chrysler et une entreprise de haute technologie qui correspondait assez bien à ce que nous voulions. Je connaissais cette fois le P.-D.G. ; je l'invitai donc à envisager la possibilité d'une union.

Il accepta sans hésiter de me rencontrer. Il allait bientôt prendre sa retraite, il m'a fait comprendre qu'il aimerait bien orchestrer une dernière affaire avant de recevoir sa médaille. Je demandai aussitôt à mes hommes de préparer un projet. Le P.-D.G. fut séduit par le concept, et après en avoir longuement parlé avec nous, promit de le soumettre à un conseil d'administration puis de nous recontacter. J'avais déjà entendu ça quelque part...

Contrairement au précédent, ce P.-D.G. m'a rappelé. Mais son coup de téléphone était un peu triste : il n'avait plus vraiment le pouvoir de décision. Son conseil d'administration l'avait plus ou moins déjà mis à la retraite, et son successeur s'installait à sa place. La nouvelle fut officialisée quelques mois plus tard, et il apparut clair que nous avions traité avec un P.-D.G. déchu.

La leçon à tirer de cette histoire est simple : avant d'échafauder des plans, mieux vaut s'assurer que la partie d'en face est en mesure d'agir. Sinon, ce n'est que perte de temps.

Je connus ensuite « L'homme qui ne pouvait venir déjeuner ». Peu après l'interlude Marietta, nous avions découvert Grumman, une entreprise d'aérospatiale de taille moyenne qui nous paraissait fort intéressante en termes d'avenir. Cependant, nous avions peu de renseignements concernant le passif de la compagnie, et ne connaissions personne à la direction.

Après avoir discuté de la façon dont nous allions les approcher, nous avons jugé qu'il serait courtois de ma part d'inviter le P.-D.G. à déjeuner. Ce que je fis. J'écrivis une lettre à John Bierwith, directeur de Grumman, lui signifiant que nous serions éventuellement intéressés à racheter sa compagnie, mais que si notre conversation ne donnait aucune suite, nous aurions au moins eu le plaisir de déjeuner ensemble.

La réponse était un classique du genre. Elle avait dû être rédigée par toute une équipe d'avocats ; en résumé, on nous disait : « Vous nous avez peut-être écrit, mais nous allons faire comme si nous n'avions rien reçu, et nous ne voulons pas déjeuner avec vous. N'essayez pas d'associer votre nom au nôtre, Iacocca, parce que cela risque de créer quelques problèmes. Allez donc vous faire voir ailleurs. »

Un simple « non » m'aurait suffi.

Je dirais en guise de conclusion qu'à cause de toutes les fusions effectuées dans de mauvaises conditions, celles qui pourraient l'être autrement deviennent impossibles. Tout le monde a peur. Les entreprises souffrent de paranoïa aiguë et il est facile de comprendre pourquoi. Les directeurs généraux essaient de prévoir l'avenir, tout en surveillant ce qui se passe derrière leur dos. Certains d'entre eux passent plus de temps à refouler les *raiders* qui veulent avoir la mainmise sur leur société qu'à repousser les Japonais et les Allemands qui veulent la mainmise sur leur marché.

Quelle est la solution ? Il y en a plus d'une, bien sûr, mais selon moi, il faudrait établir une série de règles. Celles qui existent actuellement sont incompatibles avec le milieu des affaires d'aujourd'hui. Edgar Bronfman, chez Seagram's, me disait il y a quelques années : « Si une fusion ne mène nulle part, il ne s'agit que d'un coup de poker. Ne devrions-nous pas créer une loi selon laquelle il serait impossible de déduire des impôts les intérêts sur les obligations à taux variable ? Cela découragerait plus d'un *raider*, non ? »

Edgar était en avance sur son temps. A présent, le sénateur William Proxmire prône la suppression du droit de vote des actionnaires, ce qui produirait le même effet. Une autre idée : limiter le nombre d'obligations distribuées ; ce serait un moyen de couper court au système préféré des *raiders* pour gagner de l'argent.

Mais une des idées les plus intéressantes, d'après moi, ce serait d'exiger une période d'attente avant la remise en cause du capital. Il semble normal d'insister pour qu'une personne se proclamant propriétaire conserve son investissement sur un délai à long terme, non ? Nous obligeons les gens à s'inscrire sur les listes électorales à l'avance parce que nous ne tenons pas à ce que même notre facteur soit élu par un passant éphémère. Je ne vois pas en quel honneur le monde des affaires américain serait contrôlé par des gens qui surgissent de nulle part en brandissant des poignées d'obligations qu'ils vont revendre le lendemain.

Créons donc une loi selon laquelle l'investisseur sera tenu de garder son stock un an au minimum avant d'obtenir le droit de vote. J'entends déjà la réponse de Sir James : « Vous êtes complètement fou ! Si vous faites ça, je ne peux pas entrer dans l'affaire et en ressortir. C'est trop risqué pour un gain de cent millions de dollars. Je n'achète pas. « Et alors ? Qu'aurions-nous à perdre, si quelqu'un comme M. Goldsmith refusait d'acheter ? »

Tout simplement, la plupart des *raiders* hésiteront à bloquer si longtemps leur argent. Ce ne sont pas des téméraires. Ils ne parient que lorsqu'ils sont sûrs de leur coup.

Ces règles ont peut-être des airs de punition, mais il faut bien réagir quand rien ne va plus. Car si le système financier d'un pays capote, tout est fini.

Malheureusement, ces nouvelles lois, quelles qu'elles soient, ne suffiront pas à tout résoudre. Plus que sur des lois, c'est sur le sens de l'éthique qu'il faut miser. Nous devons inciter nos jeunes à changer de mentalité, à s'intéresser un peu aux autres au lieu de ne penser qu'à gagner de l'argent. C'est la seule manière d'atteindre la prospérité.

6

SENS ET NON-SENS DES AFFAIRES

Au début des années 70, point culminant de la guerre du Viêt-nam et des manifestations estudiantines, on invita un amiral endurci et un homme d'affaires conformiste à prononcer un discours lors de la remise des diplômes dans une grande université américaine.

J'étais l'homme d'affaires, et j'étais aussi l'amiral. J'aurais dû me méfier, car à cette époque, la popularité de ces deux catégories sociales dépassait à peine la barre du zéro.

J'ai souvent été confronté à des auditoires coriaces, le Congrès, notamment, ou la presse de Washington, mais aucun ne fut plus dur que celui de ces étudiants. J'ai été tellement traumatisé par les huées et les sifflets que j'ai longtemps refusé les invitations de ce genre, par la suite. Je me demandais toujours : « A quoi ça sert ? ».

Cependant, depuis une quinzaine d'années, il semble que le monde se soit remis d'aplomb. Les hommes d'affaires sont à nouveau bien accueillis sur les campus. Je reçois environ cent cinquante invitations par an, et la seule chose que je redoute, c'est un bouchon de champagne malencontreusement égaré. Les étudiants ne cherchent plus à démolir l'*establishment* ; au contraire, ils veulent leur part du gâteau. Et ils demandent à des gens comme moi comment il faut s'y prendre.

Si nous voulons avoir de l'influence sur nos jeunes, nous devons absolument leur donner le bon exemple.

On prétend volontiers, depuis quelques années, que l'Amérique des affaires est grasse, bouffie et inefficace. Si l'on suit ce raisonnement, cela signifie que les gestionnaires sont deux fois plus nombreux que nécessaires, que les cadres supérieurs touchent des salaires quarante fois plus élevés que ceux qu'ils méritent, et que les petits bénéfices pleuvent.

En fait, à force d'écouter certains de ces bureaucrates de Washington, on finirait par croire que nous autres, hommes d'affaires obèses, ne nous intéressons qu'au nombre de zéros sur notre chèque à la fin du mois, et à notre handicap au golf.

Or, je connais une multitude de directeurs généraux qui ne savent même pas ce qu'est un « eagle ». Mais je suis d'accord pour insister sur le fait qu'il est temps de se poser une question : jusqu'où peut-on devenir gros ?

Tous les multimillionnaires de mon espèce doivent s'interroger sur les responsabilités qu'ils ont à assumer. Devons-nous toujours penser au million suivant ? Devons-nous toujours augmenter nos actions de deux dollars pour que notre cote remonte ? Ou bien devons-nous nous pencher sur le sort de ceux qui vivent là où sont installées nos usines ? Nous occuper de ceux qui ont investi toute une vie d'économies dans nos sociétés ? Aider les Américains qui aiment vraiment leur pays ?

Le rôle essentiel d'une entreprise dans une communauté est de créer des emplois. Mais ce rôle ne s'arrête pas quand il n'y en a plus.

Lorsque je suis arrivé chez Chrysler, j'ai dû commencer par fermer trente usines sur une période de deux ans. Ce fut l'aspect le plus pénible de mon travail, bien que cela m'ait permis de devenir expert en matière de fermeture d'usines. Croyez-moi, ce n'est pas plus facile maintenant qu'au début.

Je prends comme exemple l'usine de Kenosha, dans le Wisconsin, acquise par Chrysler après le rachat d'American Motors. C'était une usine vieille de quatre-vingt-six ans, dans laquelle on avait autrefois fabriqué des bicyclettes et des matelas. La force de travail était formidable, malheureusement les locaux étaient vétustes et le matériel archaïque. Le complexe ne comportait pas moins de cent un bâtiments. Nous ne pouvions pas la maintenir en état de fonctionnement. Notre responsabilité principale étant d'éviter la faillite, nous avons, à regret, décidé de la fermer.

Bien sûr, ce fut un coup terrible pour les cinq mille cinq cents ouvriers qui allaient perdre leur emploi, ainsi que pour la ville. C'est là la réelle souffrance provoquée par la soi-disant désindustrialisation de l'Amérique. Je joue peut-être les durs, mais je souffre aussi.

J'ai reçu des centaines de lettres de la part des travailleurs et de leurs familles, quelques-unes furieuses, mais la plupart désespérées : comment allaient-ils payer les études de leurs enfants ? l'hypothèque ? Il fallut dépasser de beaucoup les indemnités prévues par la loi. Nous ne pouvions pas quitter cette ville en disant : « Le dernier qui sort éteint la lumière ! »

Aussi avons-nous établi un fonds en fidéicommis de vingt millions de dollars, pour l'aide au relogement et à l'éducation. J'ai ensuite expliqué que toutes les familles continueraient pendant deux ans de bénéficier des allocations médicales. Et qu'une personne sur trois, c'est-à-dire mille huit cents employés, aurait droit à une pension substantielle.

Ces mesures ne les satisfaisaient pas. Ce qu'ils voulaient, c'était du travail.

J'étais affligé de ne pas pouvoir leur en fournir. Je savais qu'en acquérant leur usine, nous leur avions redonné espoir. Malheureusement, le « hic », ce n'était pas moi, mais les législateurs de Washington.

Nous avons essayé d'aider une petite ville, mais le vrai problème, c'est que le gouvernement est peu sensible à nos efforts. Les emplois perdus sont le résultat final de transactions injustes, ce qui représente un chapitre à part. Ce dont nous avons besoin, c'est un plan national d'assistance aux personnes qui se retrouvent du jour au lendemain au chômage. Nous ne pouvons pas nous contenter de dire « ils iront ailleurs ».

Nous en sommes au treizième Kenosha en deux ans, pour l'industrie automobile. Ce que j'aimerais savoir, c'est quand tout cela va s'arrêter ?

Il ne suffit pas de s'intéresser au sort de ses propres employés. Si les entreprises veulent avoir leur rôle dans des villes en pleine expansion, elles doivent participer à la vie de la communauté. Trop d'entre elles refusent leur aide si les dollars ne rentrent pas ensuite.

Malgré quelques parasites, je suis heureux de constater l'augmentation du bénévolat au sein des sociétés. La compagnie d'assurances Allstate prête à l'American Cancer Society quelques-uns de ses gestionnaires. Chez General Mills, on dépense des millions de dollars pour aider les gens du troisième âge à vivre ailleurs que dans les maisons de retraite. Chez Du Pont, les employés aident les ex-détenus à retrouver du travail. Chez Honeywell, les retraités préparent les déclarations d'impôts de leurs homologues dans l'incapacité de se déplacer.

Il y a quelques années, la société Atlantic Richfield a « adopté » une école publique de Los Angeles en y envoyant ses employés en tant que maîtres-assistants. Conséquence directe de cette initiative : les notes des élèves sont montées d'un coup. D'autres entreprises, impressionnées par ces résultats, s'y sont mises aussi, et aujourd'hui plus de la moitié des écoles de la ville sont ainsi « adoptées ». D'autres firmes, dans d'autres villes, tendent à suivre l'exemple d'ARCO.

Chez Chrysler, nous avons un programme *Junior Achievement*. Beaucoup de nos employés se rendent dans les écoles avoisinantes afin d'initier les jeunes au monde des affaires et à son éthique. Certains de nos cadres moyens ont créé dans les lycées des firmes fictives : les élèves choisissent un produit, une serpillière révolutionnaire, une crème à raser parfumée... ils optent pour un plan de marketing, voient s'ils peuvent ou non tirer des bénéfices. C'est une bonne manière d'apprendre très tôt l'art de la gestion.

En dépit de tous ces efforts, les rumeurs concernant le *greenmail* et les parachutes en or donnent aux hommes d'affaires modernes l'allure d'une bande de pirates avides d'argent. La presse s'est notamment fait l'écho des sommes astronomiques que touchent certains directeurs. Mais quand on parle salaire, il faut savoir être raisonnable. Et les temps changent. Ce qui apparaissait comme une fortune il y a dix ans suffit à peine à payer l'hypothèque sur la maison et le leasing sur la voiture aujourd'hui.

Au début de 1987, j'ai voulu engager un garçon de chez Northrop en qualité de directeur de notre nouvelle société Chrysler Aerospace & Technologies. J'ai dû faire toutes sortes d'acrobaties devant mon conseil d'administration pour que l'on m'autorise à dépenser plus de deux millions de dollars (comptant) pour la négociation de son transfert. C'était en quelque sorte comme si je voulais racheter les années restantes sur le contrat d'un joueur des Detroit Tigers : mes conseillers n'étaient pas franchement enthousiastes.

Nous avons appris à nos dépens que ce n'était pas une somme énorme : car nous n'avons jamais eu notre directeur. Quand il est entré dans le bureau de Tom Jones, P.-D.G. de Northrop, pour lui annoncer qu'il le quittait pour venir chez Chrysler, Jones a vu rouge. Ce garçon était le numéro quatre ou le numéro cinq chez Northrop, mais Jones l'a promu président de toute la compagnie. A quarante-six ans ! Vous voyez donc que l'argent ne suffit pas toujours à appâter les superstars.

Je ne peux parler de rémunération sans dire un mot sur la mienne. Je suis apparu en couverture de *Business Week*, en qualité de P.-D.G. le mieux payé en Amérique. En 1986, mais la planète entière est sûrement au courant, maintenant, j'ai reçu vingt millions et demi de dollars. Aux exclamations des reporters, je réponds : « Que voulez-vous ? Comme le disait Everett Dirksen, un million par-ci, un million par-là, ça finit par faire de l'argent »...

Il est vrai que ce chiffre de 20 millions de dollars sonne davantage comme le cachet que touche Michael Jackson en un week-end que comme la paie annuelle d'un type qui chante archi-faux. Mais il ne faut pas oublier que cette somme ne comprend pas uniquement mon salaire. La plus grosse part correspond à une évaluation de mes participations. Mon revenu, avant impôts, était en réalité de un million sept cent mille dollars, y compris la prime de neuf cent soixante-quinze mille dollars. C'est correct, j'en conviens, mais dans notre industrie aux humeurs changeantes, ce n'est pas excessif. Le reste de l'argent me venait d'obligations qui m'avaient été remises au cours des neufs années précédentes.

Car figurez-vous qu'il y a neuf ans, quand les actions de la société s'échangeaient à un famélique taux de six dollars, Chrysler m'a donné du papier. A l'époque je gagnais trois fois rien, j'avais à peine de quoi m'acheter un sandwich au café du coin.

Le tableau financier a changé, depuis ce temps où la mort nous regardait droit dans les yeux. Après deux partages de parts, les actions de Chrysler ont grimpé jusqu'à quarante-sept dollars. Dois-je me confondre en excuses ? Dois-je m'arranger pour faire baisser leur taux ?

A ce propos, tous ceux qui m'ont fait confiance depuis 1980 et qui se sont accrochés à leurs titres ont gagné des sommes coquettes. A la fin de 1986, la totalité de nos dividendes et l'évaluation des participations s'élevait à un incroyable 860 % ; c'est la meilleure performance de toutes les compagnies figurant sur la liste *Fortune 500*. Je suis moi-même ébahi d'entendre ce chiffre. Autant que le gérant de portefeuille, le boulanger ou l'ouvrier qui fabrique les enjoliveurs, tous ceux qui ont conservé leurs titres Chrysler, et qui ont gagné comme moi ce 860 %. Hélas ! Ce qui monte finit par retomber, et depuis le crash du 19 octobre 1987, les revenus ont chuté de moitié. J'espère qu'ils auront la gentillesse de rectifier les chiffres la prochaine fois qu'ils me mettront en couverture de *Business Week*.

Je me rappelle le jour où Doug Fraser, alors directeur de la United Auto Workers et membre de notre conseil, a voté contre mon salaire et mon bonus. Après avoir dit non, Doug s'est tourné vers moi : « Lee, ce n'est pas contre toi. Je t'aime bien, et j'estime que tu fais des merveilles dans cette entreprise, mais je suis chez UAW depuis presque toujours, et je n'ai jamais gagné plus de soixante-quinze mille dollars. Je ne crois pas que tu aies besoin d'une somme dix fois supérieure. Après tout, tu ne peux pas manger plus de *pasta* que tu ne le fais... »

Ce commentaire m'a frappé. Fraser est l'un des leaders syndicaux les plus éclairés de l'histoire, et il faisait preuve, là, de son esprit de socialiste véritable. Dans notre système, si on recherche un but élevé et qu'on l'atteigne, on est récompensé. En même temps, si les affaires flanchent, il faut en supporter les conséquences. Si mes chiffres laissent à désirer, croyez-moi, je serai vite renvoyé. Et si cette manière de procéder ne vous convient pas, prenez le premier avion pour la Suisse. Parce qu'ici, c'est la règle du jeu.

Ce qui ne veut pas dire que notre système de récompense soit forcément juste ou qu'il n'y a jamais d'abus. Cependant, dans la mesure où l'on aide à la reconstruction d'une entreprise, dans la mesure où l'on gagne ses paris, il me paraît anormal de devoir s'excuser.

Je ne vais donc pas rendre cet argent (j'en distribuerai beaucoup aux œuvres de charité). Si j'étais forcé de le faire, cela impliquerait une dislocation totale de la libre-entreprise telle que nous la pratiquons. Car si nos jeunes ne peuvent aspirer à gagner de l'argent comme je l'ai fait, c'est-à-dire en améliorant les performances d'une compagnie et en contribuant au bien-être économique de leur pays, à quoi peuvent-ils aspirer ?

Le système est moins clair lorsqu'il s'agit d'avantages en nature. Il existe toute une mythologie autour de l'avantage en nature. Par exemple, j'ai à ma disposition un chauffeur. Aux yeux de la plupart, surtout ceux qui prennent le métro tous les jours, cela peut apparaître comme un luxe inutile. Seulement voilà : mes journées sont tellement remplies que je profite de chaque minute en voiture pour lire mes dossiers et mon courrier (oui, je sais, il m'arrive aussi de faire les mots croisés du *New York Times*). Sinon, je n'en aurais jamais le temps. A vrai dire, je préférerais prendre le volant, car je regrette de ne plus pouvoir tester nos voitures ou celles de nos concurrents. Mais j'accepte le compromis...

Chez Buick, récemment, on a éliminé les salles de restaurant réservées aux cadres. Ils doivent désormais déjeuner à la cantine avec les autres. Pour moi, il s'agit là d'une mesure plus symbolique qu'économique. Certes le symbole est important, mais en apprenant cela, j'ai pensé à notre cafétéria. Tout le monde y mange, à condition de payer. Dans un certain nombre d'entreprises, les cadres sont nourris gratuitement. C'était ainsi chez Ford, au bon vieux temps.

En règle générale, je me contente d'un sandwich dans mon bureau. Parce que si je me rends à la cantine, tout le monde parle affaires. Cela me rend fou, à un moment où j'essaie de me restaurer et de me détendre. J'en ai donc conclu qu'une salle réservée aux cadres n'est pas plus un avantage qu'une place au parking (en voilà un, d'avantage, surtout en pleine tempête de neige dans le Michigan !)

Le véritable problème n'est pas tant l'existence des avantages en nature, que leur utilisation abusive. Je pense aux pique-assiettes qui s'offrent des week-ends à la chasse ou à bord d'un yacht ; ce sont là des frivolités qu'ils mettent sur le compte de la société alors qu'ils ont largement de quoi se les payer eux-mêmes. Quand on voit tous ces types qui se déplacent avec l'avion de l'entreprise pour un parcours de golf, on se demande qui s'occupe de vérifier les « frais généraux ».

Un cadre supérieur qui demanderait à un ouvrier de tondre sa pelouse et de tailler ses haies serait puni comme un criminel coupable de détournement de fonds. Pour ces gens-là, la justice est rapide : ils vont directement en prison.

Sous plus d'un aspect, Chrysler, comme d'autres sociétés responsables, est en bonne santé. Nous ne mènerons jamais la belle vie sous prétexte que nous sommes des enfants de la Dépression. Je dirais même qu'entre la Dépression et le marasme Chrysler, je suis devenu radin.

Comme tout milieu, celui de l'automobile a ses pommes pourries. Mais je ne pense pas que la corruption y sévisse. Ce serait trop coûteux, trop dangereux... et la réputation de la société en pâtirait. Voyez la General Dynamics : quand on en parle, les gens pensent-ils au F-16 ? Non. Ils pensent à ces truands qui ont facturé au gouvernement des places d'avion en première classe pour leurs chiens. Il va leur falloir un bon moment pour se remettre d'un pareil scandale.

Sur un plan plus général, je suis convaincu que l'on commettait beaucoup plus d'indélicatesses de ce genre il y a dix ans. Aujourd'hui, poussés par la concurrence, nous ne pouvons plus nous permettre les folies.

Si les actionnaires paient leurs gestionnaires des salaires à multiples zéros, autant qu'ils en aient pour leur argent. A mon avis, c'est le cas. Mais il existe un domaine où le public perd au change, et c'est celui de la franchise. Les gestionnaires capables pullulent, mais dès qu'il s'agit de les faire parler, ils deviennent muets.

En un sens, les affaires, c'est comme le base-ball. Les bons joueurs attirent les spectateurs. Il y en a qui ont un certain charisme. D'autres, comme Reggie Jackson, sont gracieux même lorsqu'ils frappent la balle. J'adorais le voir jouer autrefois ; il avait une telle fougue ! C'est ce que doivent faire les directeurs. Il faut qu'ils aient quelque chose à défendre. Il ne doit pas y avoir assez de directeurs dans nos bureaux, les corridors sont trop silencieux.

L'*establishment* veut qu'un homme d'affaires soit impassible. Qu'il porte toujours un costume trois-pièces en flanelle grise, et que personne ne connaisse son visage, pas même sa mère.

Mais les Américains ont besoin de héros populaires. La libre-entreprise a besoin de ces francs-tireurs, de ces catalyseurs, de ces amateurs de révélations fracassantes. Je me heurte ainsi à beaucoup de mes pairs, parce qu'ils veulent tout à la fois. Ils veulent être appréciés, mais refusent de parler ouvertement et de prendre des risques.

La plupart des P.-D.G. veulent une bonne publicité, mais ils souhaitent qu'elle soit achetée par un intermédiaire. Déléguer l'image de la société (comment le public la perçoit et pourquoi) à un type de relations publiques, c'est de la folie. Pourtant, la plupart des directeurs le font. Ils donnent l'ordre : « Arrangez-vous pour qu'on dise du bien de nous ; quand ça ne sera pas le cas, je vous appelle. »

On ne peut pas évoluer dans le monde des affaires et gagner de l'argent en se cachant dans un placard. Bien sûr, il faut être fou comme moi pour produire ses propres publicités télévisées, mais on peut opter pour un juste milieu. Je prétends qu'un directeur inaccessible n'a pas le droit de se plaindre ensuite. Si l'on ne participe pas au dialogue, quel qu'il soit, et à quelque niveau que ce soit, on ne peut pas, après, accuser les autres de ne pas comprendre.

Je crois, par exemple, que la publicité controversée imaginée par Herb Schmertz quand il travaillait chez Mobil a été très profitable. Pour Herb, notamment, car on connaissait Schmertz, mais on ne savait pas qui était le directeur de Mobil ! Cela vaut mieux, tout de même, que lorsque personne ne sait quelle réputation a l'entreprise. Mobil s'est parfois égarée, a parfois prêché pour son saint, mais au moins, cela remboursait les publicités.

Tout le monde ne peut pas s'offrir une campagne comme celle de Mobil. Mais il y a d'autres moyens de s'exprimer. Par le biais des conférences de presse, par exemple, ce que beaucoup de chefs d'entreprises semblent ignorer.

Je ne cherche pas à enfoncer mes homologues, mais il est vrai que si les P.-D.G. de toutes les sociétés de *Fortune 500* avaient leur franc-parler, nous nous porterions mieux. Trop de P.-D.G. considèrent leur compagnie comme leur domaine privé ; ils ne veulent pas se dévoiler. Je répète sans cesse à mes amis : « Pourquoi ne parles-tu pas ? » Ils ne répondent même pas. Je crois qu'ils ne savent pas comment s'y prendre. Peut-être devraient-ils engager un professeur.

Chrysler prend position sur presque toutes les questions économiques. Nous sommes peut-être fous. Mais à mon avis, c'est plus sage que de sortir de son placard uniquement lorsque survient un problème régional affectant directement le compagnie... Le plus lamentable, c'est que la plupart de ces gens se soucient peu de ce qui se passe à Washington. « Qui a besoin du gouvernement ? » demandent-ils. Ils préfèrent rester chez eux au coin du feu, et laisser aux autres le soin de s'inquiéter des problèmes dans le monde.

Pourtant, une affaire devient celle de chacun quand on essaie de vendre un produit. L'an dernier, j'ai pris deux décisions contradictoires en matière de publicité. Chrysler avait sorti six millions de dollars pour des passages publicitaires au cours de l'émission *Amerika*, une minisérie de quatorze heures dans laquelle la Russie réussit à vaincre l'Amérique. Tempête de protestations de toutes parts avant la diffusion : on affirmait que le sujet, anti-américain, était indigne de la télévision. Les plaintes affluant, j'ai regardé les quatre premières heures du programme. Le lendemain, j'ai tout annulé.

Mais si j'ai tout annulé, ce n'était pas parce que j'étais plus de gauche ou plus de droite, c'était tout simplement parce que l'émission était mauvaise. En la regardant, j'ai eu l'impression que Kris Kristofferson, l'une des vedettes, s'endormait au fil de ses répliques.

J'ai toujours pensé qu'à partir du moment où l'on s'installe chez les gens, dans leur salon ou dans leur chambre, il faut être sûr qu'ils resteront les yeux rivés sur leur poste. Je cherche à vendre une voiture pendant les entractes, *Amerika* n'était pas pour moi un bon moyen de vendre mes voitures. Quand j'ai éteint la télévision, je me suis dit que les autres en feraient probablement autant.

Je me suis bien évidemment gardé de le dire à l'époque, car je ne voulais pas mettre ABC dans l'embarras avant même la diffusion de la série. Mais je savais que nous avions commis une erreur ; quand c'est une grosse erreur, j'aime autant minimiser les pertes.

Peu après notre retrait d'*Amerika*, on diffusa l'émission *Escape from Sobibor*. Celle-ci traitait de la fuite d'un groupe de Juifs d'un camp de concentration allemand. C'était tellement poignant que j'ai vu le programme jusqu'au bout. Nous étions l'un des sponsors les plus importants de cette émission, et j'en étais ravi.

Très vite, cependant, je fus inondé par les lettres d'Ukrainiens furieux. Ils étaient outrés qu'on leur ait donné le rôle de gardiens des camps de concentration dans ce film. Ils étaient offensés au point qu'ils menaçaient de boycotter tous les produits Chrysler, et de nous envoyer devant un tribunal.

J'étais perplexe. Je n'avais pas du tout eu la sensation que les Ukrainiens étaient les méchants du film. Mais après avoir reçu plusieurs milliers de lettres, je me décidai à le revoir. Ils étaient bel et bien là, les gardes ukrainiens, et ils tiraient sur les Juifs qui s'échappaient du camp. Mais le script était fidèle à l'Histoire. Aussi ai-je défendu notre position ; si c'était à recommencer, je reprendrais ces espaces publicitaires... J'ajouterai que l'émission a reçu le *Golden Globe* pour la meilleure dramatique de la saison 86-87.

Il ne faut en aucun cas se soumettre aux pressions quand on est persuadé d'avoir pris la bonne décision ; sinon, on n'est plus jamais libre d'agir. Si des parents se plaignent que ma publicité passe dans une émission qui n'est pas adaptée pour leur enfant, je réponds toujours : « Je vais la regarder. » S'il y a trop de sexe, trop de violence, j'arrête de la sponsoriser. Mais c'est une tâche très rude pour un industriel de jouer les censeurs. Souvent, ces enfants que les parents cherchent tant à protéger sont les premiers à courir dans un cinéma porno le soir même. C'est aux parents de censurer. Après tout, ce n'est pas compliqué de débrancher le poste !

Tout ceci pour dire que si l'on ne prend aucun risque, on ne fait rien. Je ne peux pas mettre les lettres favorables d'un côté, les lettres défavorables d'un autre, puis réagir en fonction des votes. Si le but est de satisfaire tout le monde, autant se retirer du jeu tout de suite. Inutile de traîner dans les affaires, mieux vaut rester chez soi avec une bonne bande dessinée. Si j'écoutais toutes les critiques, si je cédais à toutes les pressions, je n'avancerais pas. Cela me soulagerait d'un peu de travail, mais qu'accomplirais-je ?

Beaucoup d'entreprises sont timorées, et pourtant, elles prennent souvent des options qui frisent le ridicule. Je ne comprends pas cette mode récente qui incite les gestionnaires à gaspiller autant de temps que d'argent pour changer le nom de la société.

La United Airlines a dépensé vingt-quatre millions de dollars pour transformer le UNITED en ALLEGIS. Comment cela a-t-il pu se passer ? C'est simple, un beau jour un conseiller est entré chez United en proclamant : « Au cas où vous ne le savez pas encore, la compagnie s'est diversifiée. Il nous faut un nouveau nom. Nous en avons un pour vous. »

La direction n'a-t-elle pas réfléchi qu'il fallait environ cinquante ans pour bâtir un nom solide comme IBM, Coca-Cola ou United ? A moins d'avoir un revolver sur la tempe, pourquoi le changer ? Surtout pour ALLEGIS !

C'est pourtant une tendance générale. Burroughs-Sperry s'appelle aujourd'hui Unisys. U.S.Steel est devenu USX. Si vous cherchez l'American Can, regardez plutôt sous Primerica. Il y a aussi Omnicom et UNUM. Personne n'a la moindre idée de ce que ces associations de lettres peuvent signifier.

L'un de ces fameux conseillers qui inventent ces noms farfelus a même eu l'audace de m'envoyer un ou deux de ses experts. Après avoir mené leur enquête, ils m'ont expliqué qu'il était essentiel pour nous de transformer Chrysler en Chrysco (plus ou moins). Leur raisonnement est que le public associe Chrysler à l'automobile, et que puisque nous voilà impliqués dans l'aérospatiale et les finances, nous devons nous rebaptiser. D'après eux, Chrysco était une véritable trouvaille.

Je les ai regardés d'un air ahuri. « Je rêve, ou quoi ? Nous sommes une entreprise respectée. Pourquoi jeter aux orties le nom Chrysler pour Chrysco ? » Les gens vont croire que nous travaillons maintenant dans l'industrie des matières grasses. Je n'ai pu que m'exclamer : « Pour l'amour du Chrys, laissez-nous tranquilles ! »

Ce qui m'agaçait le plus, c'était de voir que certains de nos hommes cédaient à cette manie du changement de nom. Quand ils sont venus m'en parler, je les ai virés illico de mon bureau. Ceci prouve bien qu'à s'entourer de trop de consultants, on finit par oublier l'essentiel. Mon rôle est d'essayer de fabriquer un produit de meilleure qualité et non de faire joujou avec les noms et les logos. Si je ne me méfie pas assez, quelqu'un va venir me proposer de m'appeler désormais Coco, sous prétexte que ça passera mieux à la télévision.

Je suis souvent affligé par les proclamations de certains. Quoi que l'on fasse dans l'existence, vendre de la publicité, fabriquer du pain, des voitures, n'importe quoi, il faut vouloir être le meilleur. Mais être le meilleur et prétendre l'être, c'est différent. De nos jours, on parle plus qu'on n'agit. Quand je médite à propos de produits lancés à grand renfort de publicité, je pense aussitôt au projet Saturn de GM. Ce fut le coup du siècle.

En fait, je crois que Chrysler a eu sa part de responsabilité dans cette affaire. GM prônait depuis des années le libre échange, mais tout en épousant cette théorie, la société avait conclu des transactions en douce avec trois entreprises japonaises (et non une seule, comme nous) pour l'importation d'un million de voitures. Apprenant cette nouvelle, je les ai traités d'hypocrites, et j'ai regretté que GM abandonne le marché de la petite voiture.

Nous avons donc lancé notre attaque et continué, odieusement, à augmenter nos volumes. Furieux, les gars de la GM se sont précipités sur ce programme Saturn, avec l'intention de créer de toutes pièces une petite voiture entièrement américaine, capable de détrôner les Japonaises.

Ils se sont très vite aperçus qu'ils avaient sous la main un scoop formidable. La presse s'en est donnée à cœur-joie. De l'est à l'ouest, on décrivait en détail le projet Saturn, dont le coût était estimé à cinq milliards de dollars. Saturn serait une voiture révolutionnaire. Le Président des U.S.A. conduirait le prototype...

Assailli comme les autres par cette avalanche de publicité, j'ai déclaré : « Une seconde. P.T. Barnum y croirait peut-être, mais je suis sûr que cette automobile ne verra jamais le jour. »

« Vous dites ça par dépit ! » m'a-t-on répondu.

D'accord, j'étais vert de jalousie. Non pas parce que je trouvais cette voiture formidable, mais parce que j'étais vexé de n'avoir pas imaginé le premier ce coup monté de relations publiques.

Le programme fut cependant assez vite mis en route. Il fallait un lieu pour installer l'usine, aussi l'entreprise organisa-t-elle une vaste surenchère pour savoir quel Etat concéderait les déductions fiscales les plus intéressantes en échange de l'industrialisation de la région. Tous les gouvernements des Etats luttaient pour donner leur argent. Quatre gouverneurs sont même passés dans l'émission de *Donahue* pour supplier la nation de les soutenir dans ce pari.

La bagarre finie, le Tennessee était en tête de la liste des généreux donateurs. GM annonça donc que l'usine serait bâtie à Spring Hill, Tennessee. Il y aurait ensuite une fonderie. Puis une unité de tôlerie. Deux chaînes de production. Une construction modulaire. « Bigre ! Elle va voler, cette auto ! » ai-je dit.

A ce moment-là, je pense que les dirigeants de la GM commençaient eux-mêmes à y croire.

Pendant tout ce temps, je m'astreignais à rappeler à la presse que nous poursuivions un projet similaire à celui de Saturn. C'était Liberty, que nous avions entamé avant GM. Mais nous n'avions pas sorti de prototype que le Président des U.S.A. pourrait inaugurer. Notre conception était de tester diverses inventions et innovations, afin de les inclure dans nos autres voitures sur les cinq ou dix ans à venir.

Chez GM, on semblait affirmer que la voiture Saturn serait exactement fidèle au projet annoncé. Comble de l'absurdité, la GM annonça ensuite que la publicité serait conçue non pas par les types de Madison Avenue, mais par les ouvriers eux-mêmes. Je me suis demandé s'ils n'étaient pas fous. Chez nous, je ne connais pas deux personnes qui aient le même avis sur une publicité. Eux voulaient en consulter dix mille.

Lentement, mais sûrement, le projet Saturn allait à vau-l'eau. La presse ayant rapporté une rumeur selon laquelle la société envisageait de tout arrêter, la GM déclara que Saturn ne serait plus un petit gabarit. Ce serait, au contraire, une grande automobile de luxe. Il n'y aurait plus de fonderie, plus d'usine au Tennessee. Le volume de production prévu au départ serait coupé de moitié. Et les pauvres concessionnaires auraient à la vendre...

Pour finir, la GM se contente de sortir une nouvelle Chevy en 1990.

Que de pages noircies, que de gaspillage pour ce projet Saturn ! Apparemment, c'était un coup d'épée dans l'eau.

Quelles leçons devons-nous tirer de cette histoire ? A mon avis, il ne faut jamais chercher à impressionner le public. Quand on tient la balle, il est dangereux de courir au-devant de son adversaire.

Malheureusement, Saturn n'est qu'un des soucis de la GM. La compagnie persiste à prendre la parole d'Alfred Sloan pour celle de Dieu. Mais le monde a changé. Le marché s'est élargi, bien que les dirigeants de la GM ne l'aient jamais admis.

Ce que je sais, c'est que les anciens s'impatientent. Au printemps de l'année dernière, Victor Potamkin, l'un de leurs plus importants concessionnaires, m'a demandé un rendez-vous ; c'était urgent.

Potamkin, négociant hors-pair, est un de mes vieux amis. Il voit grand, et même très grand. Il a bâti un empire d'une cinquantaine de concessions, dont quelques franchises Dodge et Chrysler. Quand je l'ai vu, il m'a expliqué que les concessionnaires GM étaient sur le pied de guerre ; d'après lui, l'entreprise ne menait aucune stratégie précise, proposait des produits mal adaptés et manquait d'envergure. Après discussion avec plusieurs de ses homologues, il en était arrivé à la conclusion que si je reprenais la GM, je les sauverais.

J'étais assis, heureusement. J'ai regardé Victor comme s'il était tombé sur la tête. « Tu plaisantes ? Ce serait plus compliqué que de prendre en main le gouvernement des U.S.A. Je vois grand, mais je ne suis pas idiot », ai-je dit.

... Peu après, il s'est produit un incident amusant. Ed Hennessy, directeur d'Allied-Signal, est venu me voir. Nous parlions de ce que nous pourrions éventuellement faire ensemble dans le domaine de l'aérospatiale. En fait, nous avions tous deux abandonné les enchères de la Hughes Aircraft à trois milliards de dollars (c'est la GM qui a fini par l'acquérir pour six milliards deux). Donc, nous bavardions quand, tout à coup, Ed s'est tourné vers moi : « Et si nous rachetions tous les deux la GM ? »

Une fois de plus, j'ai failli tomber de mon fauteuil. D'une part, je suis contre les prises de contrôle agressives ; or, Ross Perot ayant quitté le conseil d'administration de la GM, ç'aurait sûrement été la prise de contrôle la plus agressive du siècle. Vous imaginez un canari avalant un chat de cette taille-là ?

Mais Hennessy se lançait dans les chiffres, disant qu'il prendrait toutes les sociétés de pièces détachées, tandis que je prendrais les cinq divisions auto, la société financière et les concessions ; d'après lui, quarante milliards de dollars suffiraient. Je me rappelai l'histoire du type qui achète l'Empire State Building pour deux cent cinquante millions de dollars, mais qui ne mène pas à bout la transaction. Pourquoi ? lui demande-t-on. « Parce qu'ils voulaient cent dollars comptant. »

Vérification faite, je n'avais pas quarante milliards de dollars dans mon porte-monnaie. Le projet paraissait complètement fou, mais avec quelques emprunts judicieux, il aurait pu se réaliser. Nous pensions sincèrement que nous pourrions réorganiser tout le système et utiliser leurs meilleurs hommes pour relancer la machine. *Qui sait ?* me suis-je dit. *Après tout, ce n'est peut-être pas si bête que ça ?*

Nous avons avancé d'un pas supplémentaire : nous avons eu une réunion secrète avec Felix Rohatyn, conseiller de nos deux entreprises. Lui aussi était enthousiaste. Il nous a même encouragés à contacter Ross Perot, qui a toujours des liquidités et qui serait peut-être intéressé à nous aider.

Je suis reparti voir mes hommes. « Nous nous sommes querellés à propos du rachat d'AMC. Aujourd'hui, c'est une autre affaire que je viens vous proposer — presque aussi grosse. Nous rachetons la General Motors.»

Ils ont toussoté. Puis leurs yeux se sont mis à briller.

Cependant, pour le moment, la GM peut dormir tranquille. Suite à mes rencontres avec Felix et Ed, j'ai vu un avocat spécialiste des rachats. Il y avait d'autres problèmes aussi, du genre : où trouver l'argent ? Pour finir, j'ai décidé qu'il serait sans doute plus facile de racheter la Grèce.

Mais je ris doucement en pensant qu'à notre époque de pas de lois antitrusts et de folie à Wall Street, n'importe qui pourrait se présenter pour racheter la GM et être pris au sérieux. Ça c'est tragique !

La plus grande responsabilité d'une entreprise est sans doute de savoir réparer ses erreurs. Je connais bien le sujet, récemment Chrysler a vraiment mis les pieds dans le plat.

C'était un jour comme les autres pour le directeur d'une entreprise automobile. Le 23 juillet 1987, j'arrivai comme d'habitude à mon bureau. Je n'avais pas encore bu mon café que Jerry Greenwald m'annonçait notre comparution dès le lendemain devant le tribunal de Saint-Louis. Quant au Département de la Justice, il allait nous réclamer cent vingt millions d'amende et inculper deux de nos cadres, Frank O'Reilly et Allen Scudder. « Ce n'est pas possible ! »

Apparemment, nous avions testé un certain nombre de voitures en débranchant les compteurs kilométriques. Qui plus est, quelques-uns de ces véhicules, abîmés au cours des tests, auraient été réparés et vendus comme neufs à des clients.

Pendant que Jerry parlait, je me suis rappelé un incident. Au mois d'octobre précédent, je visitais avec lui l'usine de Saint-Louis, quand il me raconta l'histoire d'un de nos gars arrêté pour excès de vitesse. Il avait essayé de se disculper en prétendant qu'il ne savait pas à quelle allure il roulait, l'indicateur de vitesse ne fonctionnant pas. La police avait trouvé cela anormal et mené une enquête, sans que j'en sois prévenu.

Sur le moment, cela ne m'avait pas frappé outre mesure. Ce qui prouve que je vieillis, parce qu'avant mes antennes auraient aussitôt donné le signal d'alarme. Il est courant dans l'industrie automobile que les employés conduisent les voitures neuves afin de détecter d'éventuels défauts de fabrication. D'après ce que j'avais appris chez Ford, les tests étaient effectués les compteurs débranchés, afin de ne pas brimer le futur acheteur pour sa garantie.

Je m'en veux de ne pas m'être penché sur la question. Si j'avais alors prononcé les mots magiques : « Testons-nous les voitures les compteurs débranchés ? », on m'aurait répondu oui. J'aurais alors demandé : « Et chez les autres ? » On m'aurait précisé que Ford et GM avaient mis un terme à cette pratique depuis quelques années déjà. Ce dont, entre parenthèses, nous ne sommes pas, à ce jour, absolument certains. Bref, j'aurais forcément enchaîné : « Pourquoi continuons-nous, alors ? »

Mais je n'ai pas posé la question-clé, parce qu'avec l'âge, je deviens peut-être un peu gâteux. En l'occurrence, cette fois, j'ai été trahi par ma propre expérience. Chez Ford, j'avais testé des dizaines de voitures dont le câble de compteur kilométrique pendait sous le tableau de bord, et avec l'antenne-radio scotchée au pare-brise afin de pouvoir écouter un peu de musique en chemin. Ces éléments étaient les derniers raccordés avant livraison du véhicule. Il ne m'était pas venu à l'esprit que cela ne se faisait plus.

Je n'avais plus du tout entendu parler de compteurs jusqu'à ce fameux matin, quand Jerry me raconta l'incident. J'étais furieux — contre moi. Le patron est à la tête de son équipe, mais il n'est pas forcément parfait. Contrairement au Pape, il est faillible, croyez-moi.

Ceux qui auraient dû nous mettre sur nos gardes, ce sont les avocats. Lorsque notre employé fut arrêté par la police, l'un de nos directeurs d'usine appela aussitôt nos avocats pour leur demander s'il pouvait ou non continuer de débrancher les compteurs. On lui avait répondu : « Bien sûr, puisqu'il en a toujours été ainsi. » Avec le recul, je peux dire que c'était un mauvais conseil, même si nous ne violions pas la loi. Prudents de nature, dans un cas comme celui-là, les avocats prennent cinq ou six avis autour d'eux. Cette fois, que dalle !

Cette mise en accusation fit beaucoup de bruit, et les histoires rapportées par les médias portaient un gros coup à notre réputation. Le *Daily News* de New York publia une photo de moi, la plus horrible possible, avec en guise de légende : « Achèteriez-vous votre voiture chez ce monsieur ? Peut-être est-il déjà trop tard. »

Mortel, non ? La phrase fut reprise à travers tout le pays, répandant une rumeur selon laquelle, chez Chrysler, nous n'étions que des escrocs de l'occasion.

Cependant, bouder ne servait à rien. Nous étions mis en accusation, nous devions réagir. Immédiatement.

Le lendemain, alors que mes hommes se penchaient sur le problème, je me trouvais à Washington où je devais rencontrer des leaders du Congrès. Ce soir-là, je dînai avec Sam Nunn. Sam et moi devions aborder des sujets divers, les pétroliers koweïtiens et sa visite récente chez Gorbatchev, entre autres. Mais Sam avait d'autres préoccupations : « Dis-moi, Lee, qu'est-ce que c'est que cette histoire de compteurs ? »

Je me suis dit : *Nom d'un chien, je suis en face de Sam Nunn, dirigeant du comité des Services Armés, un homme très sérieux, et il me parle de compteurs ?*

En soi, ce n'était pas trop grave. Mais le lendemain, je devais voir le leader de la majorité au Sénat, l'Honorable Sénateur Robert Byrd, pour parler avec lui de la législation sur le commerce. Nous avons discuté procédures légales, rédaction, financement, etc. Au bout d'une heure, je me suis levé :

— Je sais que je vous accapare. De toute façon, j'ai un avion à prendre.

— Oh, non, non ! a-t-il répondu. J'ai encore quelques problèmes à régler avec vous. C'est très important.

Il s'est approché de son bureau, a pris un cigare.

— Lee, je m'inquiète pour ma Chrysler et son compteur.

J'étais abasourdi.

— Vraiment ?

— Je viens d'acheter une Fifth Avenue, en Floride. Ma femme et moi l'avons ramenée en Virginie. Elle a huit cents miles au compteur et il me semble que notre trajet était un peu moins long. Je suis assez angoissé. Voici mon numéro de série. Pouvez-vous vérifier s'il vous plaît ?

Je faillis m'évanouir.

Nous avons procédé à toutes les vérifications nécessaires, et avons découvert que sa voiture ne faisait pas partie de celles qui avaient été testées. Mais j'avais reçu un drôle de coup. Je me disais : *Qu'est-ce qu'il se passe ? Si le leader de la majorité au Sénat s'en mêle, c'est dramatique !* Je repartis aussitôt pour Detroit et ordonnai une réunion au sommet. « Il faut agir très vite » ai-je annoncé. « La crédibilité de notre entreprise est en jeu. »

La première étape fut de constater les faits. L'élément le plus désagréable, dans cette affaire, était la pensée que nous avions pu vendre à nos clients des voitures endommagées. Sur une période de dix ans, soixante-douze d'entre elles avaient subi des dégâts. Trente-deux avaient fini à la casse, ou au service de la société. Quarante avaient été réparées et certifiées conformes aux normes en vigueur.

Le coût moyen des réparations s'élevait à une centaine de dollars. De nos jours, c'est trois fois rien. Quand nous montons nos automobiles sur la chaîne, il y a beaucoup de ce que nous appelons les « défauts de fabrication ».

Ces véhicules sont aussitôt transférés aux ateliers de réparation et remis en état. En comparaison du reste, les coûts de ces « défauts de fabrication » sont nettement plus élevés. Mais voici un exemple typique de ce qui peut arriver à une voiture-test : un de nos gars avait pris un virage à gauche pour entrer dans le parking d'un Kentucky Fried Chicken et avait défoncé le feu arrière. Point final.

Malheureusement, parmi les quarante voitures qui ont été vendues par la suite, il y en avait une, une seule, qui s'était retrouvée dans le fossé en cours de tests. La presse a prétendu qu'elle s'était retournée, ce qui est faux. Mais celle-là devint la fameuse Plymouth Turismo volante. Un équivalent des Fous Volants au cirque, si l'on en croyait les journalistes. La facture de réparation de cette Turismo s'était montée à neuf cent cinquante dollars, parce qu'il avait fallu retaper une aile et remplacer un enjoliveur. Il est bien évident que cette voiture n'aurait jamais dû être revendue ensuite.

Etape numéro deux, la vérification des kilométrages imposés aux voitures en cours de tests. Le règlement était clair : si un gars travaillait à trente kilomètres de l'usine, il devait rentrer chez lui, revenir le lendemain, c'est-à-dire parcourir soixante kilomètres en tout. S'il partait un vendredi soir, il devait ranger le véhicule au garage pendant le week-end et le rapporter le lundi matin.

Sur le papier, notre crime ne paraissait pas à ce point abominable. D'après notre enquête, le kilométrage le plus élevé était de l'ordre de quatre cent dix-huit miles. C'est beaucoup trop, bien sûr. Le coupable suivant avait roulé cent quatre-vingt-cinq miles, celui d'après cent soixante-cinq, et enfin, le dernier, quatre-vingt-cinq. Ainsi, sur les milliers d'automobiles incriminées, quatre seulement avaient excédé les limites de kilométrage admises, une seule avait été très endommagée.

Vis-à-vis du public, cependant, ces détails comptaient peu. Ce qu'il remettait en cause, c'était notre crédibilité. Le coup était douloureux.

Pour commencer, il fallait résoudre le problème des voitures abîmées. « Rachetez-les, ai-je ordonné à mes hommes. Sans discuter. » Un client pouvait avoir usé son véhicule à la corde, tant pis. Il obtiendrait en échange une autre voiture de valeur équivalente. Quant à celles dont les compteurs avaient été débranchés, je tenais à ce qu'on les suive attentivement. Nous prolongerions donc les garanties de deux ans. Ensuite, j'ai voulu en faire un peu plus. « Donnons-leur deux ans de garantie supplémentaires sur le moteur, qui vaut quelques centaines de dollars, et une garantie totale sur toutes les fonctions majeures du véhicule, que nous vendons environ deux cent cinquante dollars. » Quelques personnes se sont plaintes que c'était trop, mais j'ai été ferme : « Dans un moment comme celui-ci, il ne faut pas ergoter. »

Restait le plus dur. Le projet étant mis au point, j'ai convoqué chez moi les conseillers en publicité, dès le dimanche, et nous avons rédigé une annonce expliquant nos intentions. J'étais plutôt content de moi... jusqu'au lundi matin, quand je rencontrai mes avocats.

— Nous avons vu votre projet. Il ne passera pas.

— Pourquoi ?

— Parce que nous devons obtenir l'autorisation du Ministre de la Justice, et que le rachat de ces quarante voitures endommagées serait interprété comme une falsification des preuves.

— Une minute ! Je ne vais pas les détruire ! Je rachète les voitures, ils peuvent les saisir et en faire ce qu'ils veulent.

— C'est un raisonnement logique, me répondirent mes avocats. Mais le problème est ailleurs. N'oubliez pas l'entrave à la justice. Et même si le gouvernement a toutes les preuves en main, le fait que vous vous adressiez à un client, qui pourrait être témoin du gouvernement contre nous, ce serait le soudoyer. On vous accuserait de vouloir influencer son témoignage.

En entendant cela, j'ai vu rouge. Tout ce qui m'importait, c'était de prendre soin de mes clients. Mais les avocats m'en empêchaient. Je me sentais redevable envers tous ces gens, je voulais leur offrir une compensation pour me faire pardonner. Et on me répliquait : « Pas question ! ».

Ce fut une journée franchement mauvaise. Je rentrai chez moi dans un état épouvantable. Je ne dormais plus, je ne mangeais plus. Décidément, notre pays se perdait dans ses lois à la noix.

Le lendemain, notre principal conseiller, Dick Goodyear, proposa une solution. Il pensait que nous devions faire part au Ministre de la Justice de nos intentions, et le laisser essayer de nous arrêter dans notre élan. D'après Goodyear, le Ministre de la Justice n'aurait jamais le courage de nous dire : « Je ne veux pas que vous vous occupiez de ceux que vous avez outragés. »

Il avait raison. Le Ministre de la Justice nous répondit d'un ton solennel : « C'est à vous de décider. Et rappelez-vous que la Justice défend toujours ceux qui essaient de se faire pardonner leur crime auprès de leurs victimes. »

Quel crime ?

Nous avons donc pris les mesures envisagées. Le jour où est passée notre annonce, j'ai organisé, à Detroit, une conférence de presse au cours de laquelle j'ai présenté toutes mes excuses. J'ai dit à tout le monde que le fait de tester des voitures en débranchant les compteurs était idiot. J'ai ajouté que vendre des voitures endommagées était franchement imbécile. J'ai dit que c'était impardonnable, et que cela ne se reproduirait plus jamais.

Il apparut tout de suite que le public avait apprécié notre intervention. Trois jours plus tard, ceux qui avaient mené une première enquête auprès de la clientèle sont retournés demander aux mêmes personnes si elles avaient entendu parler de notre action. 53 % d'entre elles répondirent oui. Approuvaient-elles les mesures que nous avions prises ? Oui, à 67 %. Les enquêteurs étaient sidérés de constater à quel point l'opinion publique s'était modifiée, tout simplement parce que j'avais osé déclarer : « Je me suis trompé. »

Tout le monde sait combien il est important d'effectuer des essais. Si les tests n'avaient pas lieu, les plaintes afflueraient ! Après tout, les réfrigérateurs et les postes de télévision fonctionnent pendant des heures et des heures chez le fabricant avant d'être empaquetés et expédiés dans les magasins.

C'est la façon dont nous procédions qui était idiote. Je l'avoue, je n'aurais jamais dû conduire des voitures sans les compteurs. Il aurait été très facile de les brancher, et d'apposer un autocollant : CE VÉHICULE A ÉTÉ CONDUIT PAR LEE IACOCCA. IL A PARCOURU VINGT ET UN MILES. J'ai même reçu une cinquantaine de lettres dans lesquelles on me suggérait de transformer ce cafouillage en un coup de marketing. Certains voulaient que l'on mette des plaques sur les voitures avec les noms des directeurs qui les avaient pilotées, et qu'on les vende comme « Modèles Signés ». Moyennant un petit supplément, bien sûr !

Au bout d'un moment, l'un de mes hommes s'est tellement affolé qu'il a dit : « Et si nous mettions un terme à la méthode ? »

En entendant cela, notre chef de produits a sauté au plafond. « Cette semaine, j'ai eu un problème de minibus au Canada. Quatre gars ont ramené chez eux un minibus, et tous ont eu la même mésaventure : s'ils tournaient à gauche, avec l'appareil d'air conditionné en marche, le moteur calait. Comment s'apercevoir de cela en faisant une fois le tour de l'usine ? A l'usine, on ne branche même pas l'appareil ! Ce programme d'essais par les cadres est indispensable. »

Cette saga s'est achevée par un verdict de *nolo contendere,* c'est-à-dire que nous n'étions ni innocents ni coupables. Les accusations portées contre Frank O'Reilly et Allen Scudder furent retirées. Tous deux, ainsi que leurs familles, avaient beaucoup souffert de cette publicité défavorable, pourtant ils étaient deux des hommes les plus consciencieux et les plus travailleurs que je connaisse. Ils tenaient à ces tests pour s'assurer de la conformité de leurs voitures. C'est dommage, les plus innocents des témoins se trouvent parfois mêlés aux situations les plus rocambolesques. C'est injuste, mais c'est la vie. Heureusement, ils s'en sont bien sortis.

En fait, pour la plupart, les gens furent très compréhensifs. Par la suite, il semble que mon image et celle de l'entreprise aient pris de la valeur aux yeux du public. Parfois, il vaut mieux tout simplement admettre qu'on s'est trompé. J'ai reçu des tonnes de courrier me disant que Richard Nixon et Ronald Reagan se seraient sans doute épargné, ainsi qu'à notre pays, bien des drames en suivant mon exemple.

On souffre moins en avouant son erreur. Mais c'est une dure leçon. Il aurait mieux valu ne jamais commettre ladite erreur. Je devrais peut-être rajouter cela aux principes émis dans mon chapitre sur le management.

7

RENDEZ-VOUS AU TRIBUNAL

Quand j'avais cinq ans, mon père a heurté un cheval avec sa Model T. En fait, c'est le cheval qui, d'une ruade, a reculé sur la voiture, qui était garée. Le policier qui montait la bête n'a pas été blessé, heureusement. Le cheval s'en est moins bien tiré. On a dû l'abattre. Mon père, envoyé au tribunal, a été obligé de rembourser le prix de l'animal.

Je ne sais toujours pas si c'était sa faute ou celle du policier, voire celle du cheval, car nous n'en parlions jamais à la maison. Sujet tabou. A cette époque, passer devant le juge était une honte pour la famille, surtout une famille d'immigrés qui essayait de repartir à zéro en Amérique. Mon père n'a jamais, jusqu'à sa mort, évoqué l'épisode du cheval, et personne n'a eu le courage de l'interroger à ce propos. C'est un secret de famille.

Mais les temps ont changé. Aujourd'hui, à moins d'avoir commis un crime, il n'y a pas de honte à se rendre au tribunal. A vrai dire, poursuivre quelqu'un, ou être poursuivi, fait « chic ». Quand on dit « je vais lui mettre un procès sur le dos ! », c'est une manière de montrer qu'on ne se laisse pas marcher sur les pieds. La situation inverse peut être aussi une sorte d'honneur perverti. Après tout, celui qui n'est jamais allé devant un tribunal pourrait craindre de ne pas être assez agressif, ou assez important, ou assez riche pour qu'on lui en veuille de quoi que ce soit. (En toute franchise, il ne m'est jamais venu à l'idée de poursuivre quelqu'un.)

Les Etats-Unis sont de loin le pays le plus litigieux de la terre. Nous nous poursuivons pour un oui, pour un non. Environ 90 % des actions civiles dans le monde menées devant les jurys le sont aux U.S.A., et nous dépensons à peu près trente milliards de dollars par an en procédure. Autrefois, si les pommes du voisin tombaient dans le jardin, on s'arrangeait à l'amiable, ou on les ramassait pour en faire des tartes. Aujourd'hui, on intente un procès.

Je ne sais pas si c'est parce qu'il y a trop d'avocats avides, ou trop de clients avides. Dick Goodyear me rappelait toujours que chaque poursuite est lancée par un client ; les poursuites judiciaires ne poussent pas comme des champignons, répétait-il. Et je me souvenais de cette histoire d'une petite ville dont le seul avocat crevait de faim. Un autre avocat vint s'y installer, et tous deux firent fortune. Il y a du vrai, là-dedans...

Quand un drame survient dans notre société complexe et hautement technologique, il devient de plus en plus difficile de démasquer le coupable. Il arrive que des dizaines de personnes soient impliquées.

Chez moi, la pire des tragédies fut le crash du vol 255 de la Northwest, à l'aéroport Detroit Metropolitan, le 16 août 1987 ; il y eut cent cinquante-six morts. Un ou deux jours plus tard à peine, un avocat de Phoenix passait une annonce dans le journal, proposant ses services aux familles des victimes ; il aurait pu au moins avoir la décence d'attendre l'identification de tous les corps ! Mais le plus salaud de tous fut ce mystérieux *Father Irish*, un homme en habit de prêtre qui « passait par là », le lendemain de l'accident, et qui proposait gentiment aux familles de les aider. Quelques semaines plus tard, on apprenait que *Father Irish* était un imposteur. En réalité, il était le compère d'un avoué en Floride.

Rien n'attire plus vite les vautours qu'une catastrophe aérienne. Pour un avocat, c'est gagné d'avance. Quelqu'un finira bien par payer. Pendant longtemps, personne n'a su ce qui s'était réellement passé : faute professionnelle des pilotes ayant oublié d'abaisser les ailettes au décollage, du contrôleur qui les avait orientés vers la mauvaise piste, explosion d'un moteur, vents contraires ? Dans ces cas-là, il est difficile de désigner le fautif. On sait pourtant que, quel qu'il soit, les familles des victimes seront indemnisées. Leurs avocats aussi, bien sûr.

Un accident d'avion est une chose, mais nous fonctionnons d'une manière un peu curieuse en disant que si un problème surgit, c'est la faute de quelqu'un d'autre, et qu'il faut payer. Il se peut que plusieurs personnes soient responsables, mais, à coup sûr, les avocats se retourneront contre celui qui a le plus d'argent, puisque ça ne sert à rien de poursuivre quelqu'un qui ne pourrait pas payer.

Personne ne prétend que les familles des victimes ne doivent pas être indemnisées ou qu'il ne faut pas punir une éventuelle négligence professionnelle. Mais nous allons bien au-delà. Les tribunaux ont été créés pour distribuer la justice ; je crains malheureusement qu'aujourd'hui, ils servent davantage à redistribuer les richesses. Ils font désormais partie de notre « société casino », et les jack-pots ont tous sauté. Le juge qui a ordonné à Texaco de payer plus de dix milliards de dollars à Pennzoil a non seulement pulvérisé tous les records d'indemnisations pour une action civile, mais a en plus remonté la barre au point que tout le monde se demande comment s'y prendre pour avoir sa part du gâteau. Deux milliards de dollars d'honoraires pour l'avocat... il y a de quoi rêver, non ? La folie règne dans nos tribunaux, ces temps-ci ; pourquoi ne pas tenter sa chance ? Après tout...

Il y a deux ans, un cambrioleur qui s'était introduit dans une école est tombé à travers une verrière. Il a obtenu des dommages et intérêts.

Autre exemple : un braqueur de banque s'enfuyait en courant avec son butin, quand un petit engin explosif qu'un employé de la banque avait glissé entre les billets lui brûla les parties. Il a été arrêté. Il a poursuivi l'employé.

Un homme a tenté de se suicider en se jetant devant un train, mais il a raté son coup, s'est retrouvé couvert d'hématomes. Il a poursuivi la compagnie de chemin de fer : le train ne s'était pas arrêté assez vite pour lui éviter ses blessures.

Ma propre entreprise a été poursuivie par un policier qui a reçu une balle alors qu'il conduisait une de nos voitures ; d'après lui, le rétroviseur était défectueux, puisqu'il n'avait pas remarqué l'arrivée de son agresseur.

Ce sont des atrocités, et pourtant elles tendent à devenir banales.

Les poursuites judiciaires deviennent un véritable business, auquel on peut participer. Le *San Francisco Chronicle* a publié une annonce du type : « Cherchons partenaires pour financer « coup sûr » poursuite six millions de dollars contre grande banque SF... Micro-Vest l'a fait à Computerland, vous pouvez le faire à la banque. »

C'est dans cette ville, aussi, qu'une femme a intenté un procès à la société des tramways après un accident qui, selon elle, l'avait traumatisée au point de la rendre nymphomane. Je me rappelle encore le titre de l'article : UN TRAMWAY NOMMÉ DÉSIR.

On peut rire de ces bêtises, mais ce qui les motive n'est pas drôle du tout. De 1975 à 1985, on compte une augmentation de mille pour cent des poursuites contre les fabricants, une augmentation de 835 % des dommages et intérêts versés pour faute professionnelle, et 401 % pour défaut de fabrication. Les tribunaux sont envahis, et les gens qui ont des raisons légitimes de se plaindre doivent attendre parfois quatre ans pour être entendus.

Mais les conséquences de cette mode de la poursuite judiciaire se portent ailleurs que dans la salle d'audience. La peur d'être poursuivi a changé notre manière d'être avec les autres, notre manière de traiter nos affaires ; même les médecins pratiquent différemment leur métier. L'épidémie est en effet en train de tuer nos médecins. J'ai pitié d'eux. Aujourd'hui, chaque patient est un plaignant potentiel, ce qui n'incite guère aux relations chaleureuses. Nous payons tous les examens supplémentaires que les médecins ordonnent à leurs malades dans le but de ne pas être accusés de n'en avoir pas fait assez. La médecine défensive est une des causes principales de l'augmentation incroyable des coûts, lesquels grimpent chaque année deux fois plus vite que le taux d'inflation.

Je demande sans cesse à mes hommes de me dire tout ce que coûte la fabrication d'une voiture, parce que c'est le seul moyen d'évaluer les dépenses. Les charges sociales ajoutent environ six cents dollars au prix de chaque véhicule monté chez Chrysler, et nous estimons que dix pour cent de ce chiffre est gaspillé en médecine défensive. C'est-à-dire qu'il paie les examens inutiles, les hospitalisations « par prudence », et, bien sûr, les assurances du médecin.

Vous ne le verrez pas sur l'étiquette, mais soixante dollars du prix d'une de nos automobiles vont à la responsabilité médicale du fabricant. En d'autres termes, Chrysler dépense plus d'argent pour la protection des médecins de ses employés que pour sa propre protection.

Certains médecins se débattent contre les avocats. Dans une petite ville du Middle West, un obstétricien a refusé d'accoucher la femme d'un avocat à cause d'une querelle à propos d'une négligence professionnelle. Je trouve cela très exagéré. Il aurait pu accoucher la femme, à condition que le père lui signe une promesse selon laquelle son fils ne deviendrait jamais avocat, par exemple.

Le contrôle des naissances en ce domaine serait d'ailleurs une excellente chose, car le milieu du droit est en pleine explosion démographique. Dans les années 1950, 1960, la profession annonçait une augmentation de deux pour cent par an ; celle-ci a doublé dans les années 70, et aujourd'hui, les avocats se reproduisent au rythme de huit pour cent par an. Ce n'est donc pas une simple coïncidence si le nombre de procès grimpe de dix pour cent par an. Il faut bien que tous ces gens se nourissent ! Les avocats ont pour mission de résoudre les conflits, mais il n'est pas nécessaire d'être cynique pour comprendre qu'ils ont tout intérêt à les promouvoir.

Vous me prenez sûrement maintenant pour un démolisseur d'avocats. Je ne le suis pas. J'ai du mal à vivre avec eux, mais j'ai tout autant de mal à me passer d'eux. Ce qui m'inquiète, c'est de constater qu'ils sont tous un peu plus égaux que nous. Dans notre pays, tout le monde a les mêmes droits, mais les avocats apprennent à disposer de ces droits. Ils font des études pour savoir en jouer au maximum.

Insister pour obtenir ce à quoi on a droit peut être dangereux, quand on n'est pas avocat. J'étais encore étudiant à Princeton, quand j'ai compris qu'on ne peut pas se battre seul. Un jour, j'avais garé ma voiture rue Nassau, dans une zone où le stationnement était autorisé pour deux heures ; revenant d'un cours de deux heures, je découvris sur mon pare-brise un procès-verbal.

Quand on est jeune et fougueux, ce genre d'affront est inadmissible, aussi ai-je couru au tribunal contester cette amende. J'ai expliqué au juge que je n'étais pas resté deux heures puisque j'étais arrivé en retard à mon cours, et que le professeur nous avait libérés cinq minutes plus tôt.

Le juge était un monsieur charmant, mais lorsque mon histoire fut terminée, il me demanda si j'avais des témoins pour me soutenir. Evidemment si j'avais eu un avocat, j'aurais prévu le coup. J'ai pensé un moment assigner mon professeur afin qu'il affirme que j'étais bien arrivé en retard, mais il était déjà furieux contre moi, donc je n'ai pas osé. Idéaliste de vingt et un ans, je me répétais sans arrêt : *Ce n'est pas pour les dix dollars, c'est pour le principe !*

Tout d'un coup, le problème m'a paru trop compliqué. Je n'avais pas de temps à perdre au tribunal. J'ai donc payé mes dix dollars et tout oublié. Mais j'avais appris une leçon à propos de nos droits selon la Constitution : le prix à payer pour y recourir est parfois trop élevé. C'est sans doute pour cela qu'aujourd'hui beaucoup de litiges sont réglés à l'amiable. Céder coûte moins cher que lutter, tout bêtement.

Les avocats accaparent le marché de la justice. Celle-ci n'est pas gratuite : il vous faut un avocat, qui se chargera de vous l'obtenir. Et si vous vous emportez contre les avocats, tenez votre langue, parce que le plus ironique dans cette affaire, c'est que pour vous défendre contre un autre avocat, il vous faut un avocat. Le problème se nourrit donc lui-même. Voilà pourquoi les entreprises comme Chrysler engagent des armées d'avocats... pour se protéger de tous ceux qu'elle n'emploie pas.

Certains de nos avocats chez Chrysler travaillent à plein-temps et se chargent uniquement de vérifier que nous sommes en accord avec toutes les lois, toutes les règles en vigueur : celles-ci concernent l'environnement, la sécurité, la fiscalité, les marchés d'échanges, etc. Nous avons des avocats qui vérifient chacune de nos publicités avant leur diffusion. Avant de baptiser une nouvelle voiture, nous nous adressons aux avocats pour nous assurer que personne n'a eu l'idée du nom avant nous.

Et ce n'est pas tout. Notre directeur financier est avocat. Notre vice-président chargé du personnel est avocat. Notre directeur du secteur fiscal est avocat, ainsi que l'homme qui s'occupe de nos affaires régionales et nationales, et celui qui traite avec nos spécialistes de la sécurité. Il ne nous viendrait pas à l'esprit de tenir une réunion sans la présence de notre conseil juridique. Et puis, bien sûr, nous avons tous les avocats qui nous défendent dans les deux mille procès qu'on nous intente chaque année pour une raison ou pour une autre.

En tout, Chrysler compte environ cent avocats sur son registre des employés — plus que de stylistes et de décorateurs — et ceci, sans les centaines d'avocats de l'extérieur que nous sommes amenés à contacter chaque année. Et croyez moi, Chrysler est dans la norme.

S'il n'est pas très attentif, un P.-D.G. peut se réveiller un beau matin et découvrir que ces avocats gèrent la société à sa place. Quand on considère tous les statuts, toutes les réglementations, tous ces gens, au-dehors, qui engagent des poursuites judiciaires sous le moindre prétexte, il est facile de sombrer dans la paranoïa et de demander aux avocats d'assumer les grandes décisions. La loi est souvent ambiguë, et le meilleur moyen de ne pas avoir de problèmes, c'est encore de se taire.

Bien sûr, c'est aussi le meilleur moyen de faire faillite. C'est pourquoi je suis toujours à la recherche d'avocats qui soient aussi de solides hommes d'affaires. Je ne peux pas me permettre de m'entourer uniquement d'avocats qui passent leurs journées à me dire ce que je ne peux pas faire. Je veux au contraire qu'ils m'expliquent comment m'y prendre sans enfreindre la loi, mais qui ont encore assez de tripes pour tenir bon s'il le faut.

C'est complètement fou. Il n'y a pas une seule clause dans notre système concernant la manière d'enfreindre une loi ou d'offenser quelqu'un. Au contraire, nous nous arrangeons pour que tout le monde respecte à la lettre les lois instaurées. Et pourtant, nous prévoyons un budget de plusieurs millions de dollars chaque année pour les frais d'avocats. Ce sont des frais parmi d'autres et, comme tous les autres, ils finissent par être payés par le consommateur.

Malheureusement, quelques-uns de nos plus gros concurrents aujourd'hui, les importateurs, n'ont pas à répercuter ces dépenses sur leurs prix de vente. Les gens intentent moins de procès, à l'étranger. L'industrie automobile n'a pas à engager, comme nous, des hordes d'avocats, ce qui leur permet d'être plus compétitifs sur le marché.

Jusqu'ici, cette obsession du litige s'est plus ou moins confirmé aux U.S.A. pendant que nous perdons notre temps à nous poursuivre en justice, les autres se concentrent sur leur boulot. Ils savent que le vrai M. Poches Profondes est le consommateur américain, aussi, plutôt que de traîner au tribunal, ils préfèrent maintenir leurs prix au plus bas pour l'appâter.

Les Japonais ont à peu près autant d'avocats que nous comptons de lutteurs sumo. Ils n'en ont pas besoin, car ils s'attaquent rarement en justice. Il y a un avocat pour neuf mille six cents personnes au Japon, tandis qu'il y en a un pour trois cent soixante Américains. En revanche, un Japonais sur vingt-cinq est ingénieur ou chercheur, tandis que chez nous, ce n'est qu'une personne sur cent. Ce qui explique beaucoup de choses.

Mais nous allons peut-être vers de nouveaux horizons. J'ai adressé un discours-programme à l'American Bar Association quelques mois seulement après l'annonce selon laquelle les avocats américains pourraient désormais pratiquer au Japon. Les Japonais avaient levé l'interdiction le 1er avril 1987, et j'ai dit aux délégués de l'ABA qu'ils devaient s'empresser d'obtenir leurs visas car c'était pour eux une occupation sans précédent de servir leur pays. Je les ai encouragés à accrocher leur enseigne. Si toutes les sociétés japonaises se retrouvaient étranglées par les procédures comme le sont les nôtres, le déséquilibre commercial serait bien vite dominé.

J'ai surtout recommandé à ces avocats d'essayer de vendre aux Japonais ce concept des « dommages et intérêts dissuasifs » ; car ici, ils provoquent la révolution, alors que les Japonais et la plupart des étrangers n'en ont jamais entendu parler. En Amérique, quand on perd un procès, il faut d'abord dédommager la défense, mais ensuite, on peut avoir à payer des dommages et intérêts dissuasifs. Ceux-ci sont responsables des bonds dans les coûts des procédures, mais en plus, ils augmentent considérablement les risques encourus.

Les dommages et intérêts dissuasifs sont destinés à punir les fautes professionnelles graves et le mépris des droits ou de la sécurité d'autrui. Autrefois, ils étaient rares, mais ce n'est plus le cas. C'est même devenu tellement banal que nous finissons par punir plus que les négligences graves dans notre pays ; nous punissons maintenant des délits normaux, impossibles à éviter totalement quand on fabrique un produit, quel qu'il soit.

Autre ineptie de notre système : la façon dont nous rétribuons nos avocats. Dans notre organisation libre de toutes contingences, il est courant d'engager les services d'un avocat et d'intenter un procès sans sortir un sou. L'avocat ne sera rémunéré que s'il gagne la partie. Mais ce peut être une sacrée motivation, car souvent il récoltera trente ou quarante pour cent de la somme versée.

Dans la plupart des pays, cette pratique est illégale. Les avocats sont payés comptant, il vaut donc mieux être sûr de soi avant d'entamer une procédure. Au Brésil, par exemple, il faut vraiment avoir toutes les chances de son côté, car si l'on perd, non seulement il faut rémunérer l'avocat, mais en plus, il faut dédommager l'adversaire (de dix à vingt pour cent du montant demandé au départ). Devinez la suite : au Brésil, les procès sont beaucoup moins nombreux que chez nous, et les dommages et intérêts demandés beaucoup plus raisonnables.

Si nous n'effectuons pas quelques changements, si nous continuons de pénaliser des gens qui prennent des risques normaux, nous finirons par ralentir le progrès et punir la concurrence. La plupart des entreprises de produits pharmaceutiques, par exemple, refusent de fabriquer des vaccins : c'est trop hasardeux. Un simple vaccin Tetra-coq, qui valait douze cents en 1980, vaut aujourd'hui douze dollars, et la quasi-totalité de cette augmentation tombe directement dans la cagnotte « responsabilité civile ». Depuis peu, de nouvelles maladies abominables sont apparues, qu'il faudrait combattre avec des vaccins, mais on ne peut guère en vouloir aux sociétés de préférer dépenser leur argent pour des projets un peu moins risqués, comme la repousse des cheveux...

Dix-huit firmes à travers le pays fabriquaient des casques de football autrefois ; elles ne sont plus que deux rescapées de la crise des responsabilités. Personne aux U.S.A ne veut fabriquer des équipements de hockey ou de gymnastique, parce que c'est devenu trop dangereux. Une petite compagnie de Virginie, qui vendait des volants spéciaux pour les handicapés, a dû fermer ses portes, faute de pouvoir s'assurer correctement. Nous ne produisons presque plus d'avions de tourisme dans notre pays, car les coûts de protection sont plus élevés que les coûts de production.

Les exemples se suivent et se ressemblent, et si cela continue, je crains qu'un jour, nous envoyions tout promener.

Toute entreprise prend des risques quand elle fabrique un produit. Je suis plus sensible à ce problème que beaucoup, car je suis dans le milieu de l'automobile, et que voitures ou camions sont impliqués dans la moitié des actes délictuels de ce pays. Comprenez bien ceci : les véhicules gagnent chaque année en sécurité, mais le nombre de procès augmente toujours.

Or, les seules voitures parfaitement sûres que j'aie pu voir sont dans les musées. Tant que nous serons obligés de mettre un humain au volant, des accidents auront lieu. Pendant des années, il y a eu un arbre en plein milieu du Sahara. Un miracle de la nature, le seul arbre à des centaines de kilomètres à la ronde. Un jour, pendant la seconde guerre mondiale, un Anglais y a embouti son tank et s'est blessé. Aujourd'hui, aux U.S.A., il intenterait un procès. Et je suis sûr que son avocat trouverait quelqu'un à incriminer.

Nous ne vivons pas dans un monde sans risques. Nous ne vivrons jamais dans un monde sans risques. Si nous persistons à punir le risque, nous prendrons du retard sur les pays qui ne le font pas. Ce qui ne signifie pas qu'il faille jeter la prudence aux orties. En ce qui concerne l'énergie nucléaire, notamment, je tiens à ce que les risques soient réduits au minimum absolu. Mais chez nous, minimiser les risques a conduit à l'arrêt de la construction des usines, parce que les défis légaux étaient trop importants. Si un jour une usine parfaitement protégée doit voir le jour, ce ne sera pas ici, parce qu'à l'étranger, les ingénieurs travaillent la question, alors que nous nous sommes contentés de la transmettre à nos avocats.

Ne l'oubliez pas : ce ne sont pas les avocats qui construisent des usines protégées, qui développent les vaccins, qui inventent de meilleurs systèmes de freinage pour les voitures. Ils sont simplement conseillers. Ils sont payés pour nous aider, car si nous avons un problème, nous voulons avoir à nos côtés au tribunal le plus agressif des chiens de garde.

C'est très bien, et parfois nécessaire pour régler des différends quand tout le reste a échoué. Mais la folie d'aujourd'hui nous incite a créer de toutes parts des différends que nous n'imaginions même pas auparavant.

Les plaidoyers débridés sont comme le capitalisme débridé : trop, c'est trop. Nous ne connaissons plus le capitalisme pur et vierge. Nous l'avons approché au début du siècle, jusqu'au jour où nous nous sommes aperçus que deux types possédaient toute la métallurgie, deux autres tout le pétrole, et que quelques autres avaient réussi à s'emparer des chemins de fer. Ce que nous avons appris, c'est qu'à force de permettre une concurrence sans restriction sur le marché, on finit par ne plus avoir de concurrence du tout.

Je crains fort que tous ces litiges ne nous ramènent à l'époque des requins. La Constitution nous donne le droit d'utiliser les tribunaux, ce qui est une chance dont beaucoup d'étrangers ne bénéficient pas. Mais abuser d'un droit, c'est prendre le risque de le perdre. Si chacun d'entre nous pousse aussi loin que possible chacun de ses droits, un de ces jours, il ne nous en restera plus du tout.

Nous ne pouvons pas nous permettre de laisser aux avocats et aux juges le soin de régler tous nos problèmes. Rien n'est plus fondamental, pour le succès d'une société pluraliste comme celle des U.S.A., que l'art du compromis. Un art que nous ne maîtrisons plus, après cette épidémie des litiges.

Aller au tribunal devrait être le recours ultime. C'est en fait le premier recours, désormais. « Rendez-vous au tribunal » est l'équivalent moderne de « Rendez-vous devant le Bar de la Dernière Chance à midi pile. »

Dès qu'une procédure est mise en route, c'est le duel. Il n'y a pas de moyen terme, on perd ou on gagne. L'homme qui, dans la vie, serait prêt à établir un compromis, se métamorphose tout d'un coup en tigre.

Dans ce genre d'environnement, on perd d'abord sa candeur et son honnêteté. La confession soulage l'âme et lorsqu'on offense quelqu'un, même sans le vouloir, il est toujours rassurant de pouvoir dire « je suis désolé ». Mais s'il y a le moindre risque de finir au tribunal, mieux vaut y réfléchir à deux fois.

La triste vérité, c'est qu'en étant franc et ouvert, on se met au service de ceux qui ne le sont pas. L'affaire du Watergate a achevé l'ère de la réponse évasive, mais que l'on soit coupable ou innocent, le premier conseil des avocats est en général « motus ! ».

C'est l'attitude que nous avons eue chez Ford, à la fin des

années 70, quand nous étions assaillis par les poursuites contre la Pinto, régulièrement sujette aux incendies dans le réservoir à essence. L'entreprise courait à la faillite, aussi avons-nous préféré nous taire plutôt que de dire quelque chose qu'un jury aurait pu interpréter comme un aveu de culpabilité. Notre but était de gagner le procès. Rien d'autre n'avait d'importance. Bien entendu, notre silence renforçait les soupçons du public.

Cette mésaventure m'a servi de leçon. La Pinto était à la fois un problème légal et un problème de relations publiques. Nous avions choisi de nous concentrer sur le problème légal uniquement. Depuis, quand nous avons un choix similaire à faire chez Chrysler, nous optons pour la solution inverse. Nous préférons regarder au-delà des conséquences judiciaires, et dire toute la vérité au public.

Vous voyez bien que l'expérience peut servir. Ça me rappelle un vieil adage pennsylvanien, que j'entendais souvent dans mon enfance : « Pourquoi devenons-nous si vite vieux, et si tard sages ? »

8

LA PRESSE
IMPOSSIBLE DE S'EN PASSER

Désormais, l'expression « Ne croyez pas un mot de ce que vous lisez dans les journaux » est devenue un cliché.

Ou, comme disait l'un de nos politiciens après avoir essuyé les sévères critiques des journalistes : « L'homme qui ne lit rien est mieux instruit que l'homme qui ne lit que les journaux. » Il conseillait également à tout rédacteur en chef de « diviser son journal en quatre rubriques ». La première s'intitulerait « Vérités », la deuxième « Probabilités », la troisième « Possibilités », la quatrième « Mensonges ». La première serait très courte. »

Nous savons tous qui disait cela, n'est-ce pas ? Richard Nixon ? Ou ne s'agit-il pas de Gary Hart ?

Faux. Thomas Jefferson.

Ceci simplement pour vous démontrer que certaines choses restent immuables. Au XIXe siècle, on avisait la fine fleur de la société qu'il était mal vu de faire jeter dans l'escalier un représentant de la presse sous prétexte qu'il gagnait sa vie de façon fort désagréable. Aujourd'hui vous ne trouverez plus ce genre d'avertissement sous la plume d'Ann Lander, mais cela n'empêche pas la majorité des gens de regarder les journalistes d'un aussi mauvais œil que les vendeurs de voitures d'occasion.

Qu'importe ce que l'on pense de la presse, son rôle est vital dans une société libérale. A l'heure de l'économie mondiale et de la communication instantanée, ce qui se produit à Tombouctou ou en Laponie risque d'avoir des incidences sur nos vies. Je parie que — comme moi — vous n'aviez jamais entendu parler de Tchernobyl avant d'éprouver chaque soir un malaise en regardant le journal télévisé dans votre salon. Voilà pourquoi, à moins de jouir de beaucoup de temps libre et de la gratuité sur les lignes aériennes internationales, le seul moyen de se tenir au courant demeure l'imprimé et le honteux petit écran.

Le pouvoir de la presse est stupéfiant. Il y a quelques années, à Washington, je me fis remarquer en révélant un tuyau que l'on m'avait donné : le yen, qui était alors à cent quatre-vingts, ne tarderait pas à descendre à cent cinquante. A dire vrai, c'était Jim Baker, le Ministre des Finances, qui m'avait crié en passant que le chiffre cent cinquante était joli, rond à point pour shooter dedans, et je m'étais contenter de le citer le jour suivant.

Tous les journalistes s'esclaffèrent — tous sauf un, qui diffusa l'information. Il était onze heures du matin. Avant la fin d'après-midi, le yen décollait, laissant le dollar au plancher, l'échange était arrêté pour toutes les valeurs courantes achetées à terme, et le marché des obligations avait perdu deux points. On me fit endosser le marasme.

J'avais toujours pensé qu'un quidam truquait les cours mais j'ignorais que ce soit si facile. (Si je l'avais su, j'aurais fait quelques blagues bien avant, croyez-moi.)

Personne ne comprend le pouvoir de la presse comme les politiciens, car les journalistes se soucient autant (sinon plus) de ceux qui briguent un siège à Washington que de ceux qui glissent leur bulletin de vote dans l'urne. Voyons la campagne présidentielle de 1988*. Gary Hart s'imagina qu'il pouvait avoir quelques aventures là, sous le nez de la presse, et s'en tirer indemne. Pas de chance. Il retourna ventre à terre à Denver (quoiqu'il semble qu'il soit rentré pour des causes encore plus

* NDT - Ce livre a été rédigé par Lee Iacocca au début de l'année 1988.

obscures). Joe Biden crut que personne ne remarquerait son « emprunt » de quelques bons mots destinés à pimenter ses discours. Le malheureux se retrouva la risée du *New York Times*, du *Des Moines Register* et de *NBC News*. On put même lire dans la presse : « Saviez-vous que Biden écrivait son autobiographie ? Elle s'appelle *Iacocca.* » La presse fureteuse contraignit deux révérends, Pat Robertson et Jesse Jackson, à fournir quelques explications sur le fait que leurs épouses s'étaient retrouvées enceintes du premier marmot avant le mariage. Maintenant, un homme politique a tout intérêt à jeter ses tares au plus profond du Potomac.

Rien n'échappe à la presse aujourd'hui et l'immédiateté de la télévision ne laisse personne dans l'ignorance du *scoop*. A braquer des télescopes sur les demeures des politiciens, les paparazzi sont passés à la vitesse supérieure en matière d'indiscrétion.

Chacun à Washington est la proie du monde des images et de la perception ; c'en est une petite merveille ! Les hommes politiques reçoivent un flash télé toutes les dix secondes : Comment ont-ils couvert mon discours ? Qu'ont-ils dit que j'avais eu à déjeuner ? Il devient plus important que les actions du gouvernement fassent l'objet de deux ou trois lignes dans les journaux ou de trente secondes à la télévision, plutôt que l'on se préoccupe de la qualité du travail des élus. Vous l'avez remarqué, les déclarations officielles ne se font jamais après dix-sept heures, parce qu'alors elles ne passeraient pas aux infos de dix-huit heures. Ne pas passer à la télé, c'est comme ne pas exister ou ne pas avoir eu lieu.

Autrefois, même s'ils savaient se montrer fort désagréables, de nombreux membres de la corporation journalistique étaient tenus dans une crainte respectueuse par les politiciens. Il n'y a pas si longtemps, le gang des reporters de FDR * occupait le premier rang sur les bancs de la presse à chaque apparition du Président pour rire à propos à ses plaisanteries, même les plus mauvaises. C'était une façon de ne pas se faire coiffer

* Franklin D. Roosevelt.

du bonnet d'âne du Club Roosevelt — réservé aux malheureux journalistes qui avaient irrité le Président. Aujourd'hui, la situation s'est inversée. Gare aux hommes politiques qui ne rient pas des blagues des journalistes dont c'est le tour de distribuer les bonnets d'âne !

Les politiciens se damneraient pour gagner quelques points dans leur cote médiatique. Il y a quelques années, Nancy Reagan fit allégeance à l'occasion du dîner annuel du Gridiron Club pour la presse de Washington, en se livrant à une petite fantaisie destinée à modifier sa mauvaise image. Les médias la qualifiaient de riche snob, aussi arriva-t-elle vêtue d'un costume de l'Armée du Salut pour chanter une chanson intitulée *Secondhand Clothes* sur l'air de *Secondhand Rose.* J'ai eu des sueurs froides à imaginer Harry Truman en train de faire joujou avec la bombe atomique pour rehausser un peu son image.

A Washington, vous êtes quelqu'un si les pontes du Gridiron ont ri à vos dépens. Bien, je suis quelqu'un.

Teddy Kennedy a fait quelques bons mots en affirmant qu'il avait entendu dire que j'étais candidat à la présidence, mais que j'hésitais quant au parti à rejoindre. « Celui qui peut soutirer un milliard deux de dollars au gouvernement doit être démocrate, dit-il, et celui qui les rend est assez sot pour être républicain. »

Jusqu'au président lui-même, qui affirma que j'aimerais être président, à la seule condition que tous les klaxons de l'écurie automobile de la Maison Blanche hurlent : « Salut au chef ».

Je me demande après quoi court réellement la presse. Cherche-t-elle vraiment à faire élire les meilleurs dirigeants ? En 1985, j'organisai un déjeuner avec les rédacteurs et les reporters du *Washington Post.* Je fais cela depuis vingt ans ; pour commencer, je taquine Kay Graham, la présidente du *Post*, au sujet de sa Mercedes et je lui promets que je lui vendrai une automobile américaine avant ma mort. Ensuite, je titille Ben Bradlee, le directeur, qui a obtenu sa licence de grec, en lui disant que la prose de son canard m'est aussi obscure que du grec. Après cela, c'est à mon tour d'y passer.

Au cours du déjeuner, les gens du *Post* ne manquèrent pas

de me demander pourquoi je ne briguais pas la présidence. J'exposai mes arguments habituels.

« Alors, sachant que vous ne vous présenteriez pas, m'a dit David Broder, et sachant qu'il serait bien que le pays soit dirigé par un homme d'affaires, voyez-vous dans les cinq cents plus grandes fortunes un homme susceptible d'être candidat ? »

J'ai réfléchi, sans pouvoir répondre du tac au tac. Deux ans après, je médite encore sur la question.

Un autre raseur me demanda le même jour : « Lequel des candidats potentiels aurait des chances d'être élu ? » Personne ne m'a demandé qui ferait un grand président.

« Actuellement, ai-je dit, ce serait Bob Dole contre Mario Cuomo. » (Bien sûr, je parlais au début de 1985.)

Je sais que cela paraît cynique, mais je crois réellement qu'à notre époque la seule façon d'être un bon candidat, c'est de se montrer habile dans les débats et de veiller à ce que la télé offre à ce moment-là le portrait de vous le plus sincère. C'est la règle d'or.

Parfois, on peut être sceptique quant aux buts poursuivis par la presse, mais celui qui sous-estime son pouvoir est naïf — non, carrément stupide.

J'ai lutté pendant des années contre le fait que les deux groupes les plus puissants du pays — hors les présentateurs TV Dan Rather, Tom Brokaw et Peter Jennings — soient les assistants administratifs du Congrès et les directeurs de journaux nationaux.

Les directeurs dressent l'agenda de la nation. Ils décident de ce qui figurera à la Une, à la page 38, ou de ce qui ne figurera nulle part. Voilà leur pouvoir.

Ce pouvoir des médias — qui traverse l'Amérique sur neuf mille miles — a pris pour Marcos un aller simple pour Hawaii.

En 1985, quand Mikhail Gorbatchev devint le nouveau chef de la Russie, il fut aussitôt promu à travers le monde un champion des relations publiques. (Sans doute parce qu'il ne mangeait pas avec ses doigts et ne mettait pas ses pieds sur la table.)

Et voilà que l'année suivante, quand il omit de préciser à la Suède et à quelques autres qu'un petit nuage s'échappait de Tchernobyl dans leur direction, il se retrouva jeté à bas de son piédestal de héros médiatique ; il devenait d'un piètre intérêt. Maintenant qu'il laisse les dissidents quitter le pays et qu'il recherche les suffrages des entrepreneurs, le voilà redevenu héros. Revirement brutal mais banal. Si vous vous absentez un long week-end sans acheter les journaux, vous risquez d'apprendre que votre pire ennemi est devenu votre meilleur ami.

Redoutable pouvoir des médias. (Ni forcément bon ou mauvais, mais redoutable.) Je ne crois pas que nous sachions en user avec discernement. Lorsque le réacteur soviétique lâcha, un commentateur dit au sujet de la technologie : « Notre connaissance excède peut-être notre compréhension. » On peut en dire autant aujourd'hui de la communication.

Au cours de sa visite aux Etats-Unis, l'an dernier, le Pape Jean-Paul II déclara aux journalistes : « En un sens, le monde est à votre merci. »

Parce que la presse est devenue, de loin, la plus puissante institution, elle se doit d'être prudente dans son exercice. Si elle tient à concentrer tous les pouvoirs — qui se concentrent, de fait, dans les mêmes mains — elle se doit d'appliquer plus scrupuleusement sa déontologie.

Ce qui me ramène à mon obsession : la vie n'est qu'une question de responsabilité. Les enfants rendent des comptes à leurs parents (du moins le devraient-ils). Les travailleurs rendent des comptes à leur patron ; je rends des comptes à mon personnel. Mais je ne sais pas trop auprès de qui la presse est responsable. Elle se veut le chien de garde de la société. Mais qui érige des garde-fous pour le chien de garde ?

En un sens, il est inévitable que beaucoup de gens n'accordent pas leur confiance aux médias. La presse, après tout, nous abreuve souvent de nouvelles dont nous ne tenons pas à entendre parler : avions écrasés, meurtres, scandales en tous genres

— ou désastres mineurs, par exemple, que l'on cesse de fabriquer telle ou telle voiture.

Mais le problème va bien au-delà. Les positions se sont durcies entre la presse et les représentants des institutions, et la confiance est loin de régner entre ces deux ennemis. Je suis convaincu qu'une part du problème vient de ce que de tristes sires, parmi les journalistes, sont plus préoccupés de se faire vite un nom que d'exposer les faits. Le meilleur (ou le pire) exemple en la matière est celui de Janet Cooke, journaliste au *Washington Post* qui, il y a de cela quelques années, fabriqua de toutes pièces l'histoire d'un drogué de dix-huit ans, espérant ainsi arriver à la célébrité. Elle gagna plus encore. Son reportage lui valut le Prix Pulitzer, jusqu'à ce que le pot aux roses soit découvert. Elle perdit son prix et son job.

Trop de journalistes ont tendance à voir le pire partout. Récemment, le *Kansas City Times* prétendit, à propos du recrutement des athlètes, que la mère d'un joueur de basket de l'Université de Wichita avait reçu une voiture et une maison pour prix des talents de son fiston. Il fut révélé (comme le fit savoir un autre journal, le *Wichita Eagle-Beacon,* après enquête) que l'argent de ces achats avait été versé à la mère du joueur pour dédommagement suite à un préjudice d'erreur médicale.

La presse est prompte à dévoiler les noms de ceux qui sont accusés de quelque chose, mais lente à faire la lumière quand les prévenus sont innocentés. Les accusations font inévitablement la Une. Les rectificatifs ne figurent qu'à la page soixante-deux, juste avant les petites annonces.

Il semble que la presse ait une idée préconçue de ce qui doit être dit et, à partir de là, se lance en quête de celui qui le dira. Récemment, j'ai été sans le savoir la victime d'un incident que je me plais à nommer Le Piège de Connie Chung.

En avril 1986, je réunis la presse à Washington pour présenter notre nouveau camion Dakota. Un super produit, le premier camion « poids moyen » américain. Il nous en coûtait six cents millions de dollars pour le mettre sur le marché, ses performances étaient imbattables et il avait une peinture plus solide que son équivalent Mercedes. Nous étions drôlement fiers de lui.

A l'issue de la conférence, l'un de mes attachés de presse vint me trouver et me dit : « Connie Chung, de NBC, est là ; elle voudrait vous poser des questions sur la sécurité du camion. »

C'était un peu inhabituel mais j'avais déjà rencontré la journaliste chez Tom Brokaw. J'allai la trouver.

Elle me dit qu'elle faisait un reportage pour une nouvelle émission baptisée *1986*.

« Okay, répondis-je. Vos questions ? »

On parla un peu du camion et, puis, sans crier gare, elle me présenta à son directeur, et toute l'équipe me tomba dessus, micro en mains. Le piège. Je m'attendais à voir apparaître la maquilleuse. Alors, Connie Chung me demanda pourquoi le nouveau Dakota n'avait ni appui-tête ni repère lumineux sur les portières.

Sans comprendre où elle voulait en venir, je fis de mon mieux pour lui répondre. Primo, Chrysler respectait les normes de sécurité ; secundo, certains détails obligatoires sur les voitures de tourisme ne l'étaient pas sur les camions. Rien ne disait, par exemple, que les appuis-tête protègent des blessures sérieuses ; dans les voitures de tourisme, ils n'évitent guère que le mortel coup du lapin. De surcroît, ajoutai-je, la sécurité des camions est généralement plus fiable que celle des petites voitures, pour une simple raison de loi physique. Les camions sont lourds. Lancez-en un contre une voiture, vous verrez lequel s'en sort.

Quelle fut la réaction de Chung ? Si je comprends bien, me dit-elle, vous attendez que le gouvernement impose des normes au lieu de veiller vous-même à une meilleure sécurité de vos produits. Je lui fis savoir qu'elle disait une absurdité (le mot *foutaise* aurait fait tache).

Quand l'émission passa sur le petit écran, je compris pourquoi elle m'avait harcelé sur cette question d'appui-tête. Les producteurs avaient choisi de parler d'un gars qui avait eu un gros pépin au cerveau suite à un accident en camion. Mon interview servait de fond sonore à des images de camion en flamme et de type sur une civière ! Le message était clair : vous aviez d'un côté ce pauvre Joe blessé, de l'autre les constructeurs sans cœur de Detroit qui se fichaient de lui.

J'étais le seul à essuyer les plâtres. Personne de chez Ford ou de chez General Motors.

Deux ans plus tard, GM interdit officiellement à ses cadres d'apparaître sur le petit écran sans autorisation de la direction. Résultat, GM est toujours absente de tout documentaire ou reportage. Au demeurant, je ne crois pas tellement en l'efficacité des méthodes de Chung. Pour l'instant.

Même quand on a senti les griffes des rapaces, il faut se garder de faire de la paranoïa vis-à-vis de la presse, au risque de ne même plus pouvoir répondre à une interview. Et se taire, comme l'a appris Richard Nixon à ses dépens, peut être pire que parler.

Je me suis fait quelques règles que je m'efforce de suivre avec les journalistes. Règles qui m'épargnent les coups bas et satisfont la presse.

Le plus important est sans doute de se montrer accessible. La plupart des gens aiment réunir la presse quand ils ont quelque chose d'extraordinaire à annoncer. En cas contraire, ils s'assurent un voyage d'affaires à l'étranger.

Maintes fois, je me suis retrouvé devant les journalistes pour dire : « D'ordinaire je vous convoque quand j'ai de bonnes nouvelles, aujourd'hui j'aurais mieux fait d'aller à Philadelphie. Les nouvelles sont moches. »

L'une de mes règles immuables est de tenir une conférence pour le moindre résultat — que ce soit en hausse, en baisse ou stationnaire. C'est l'unique moyen de jouer franc-jeu avec la presse. Ils ont quelque chose à écrire, leur directeur ne les virera pas.

J'ai une autre règle, à laquelle personne n'a pensé. C'est mon secret : je dis la vérité.

Louvoyer avec la presse finit toujours par jouer des tours. Il y a beaucoup de bien et de mal dans n'importe quelle compagnie. Autant partager le méli-mélo avec eux. Sinon, ils découvriront toujours ce qui va le plus mal. Autant épargner à chacun une perte de temps.

Il est suicidaire de garder des cartes dans sa manche. Le gouvernement a beau tenir secrètes certaines choses, au nom du principe de la sécurité nationale, je me demande si tout ne finit pas par transpirer. Dans le monde des affaires, nous arguons souvent de la concurrence pour nous taire. Bien des corporations abusent de ce privilège, et les journaux s'empressent de balayer cette excuse.

Les journalites attendent un échange ; notre boulot est de les aider en leur fournissant les faits. Il suffit d'aller droit au but : « Vous allez dire des choses agréables sur moi, merci, je suis content. Mais il y a aussi quelques problèmes et, plutôt que de vous voir tourner et fourrer votre nez partout pendant deux semaines, je vais vous rendre un petit service. Je vais vous le dire. »

Beaucoup de chefs d'entreprise annulent leur abonnement à un journal dès qu'ils lisent une ligne négative sur leur compagnie. Et ils n'oublient pas de virer leur attaché de presse. Ils ne s'occupent pas des quatre cent douze lignes positives de l'article. Sous prétexte qu'ils dirigent une grosse boîte, ils se demandent : « Comment ce rien-du-tout de journaliste ose-t-il me critiquer ? »

Si j'avais à noter le monde des affaires, sur une échelle de un à dix, quant à sa coopération avec la presse, je lui mettrais deux. La plupart des journalistes qui demandent des interviews se voient envoyés sur les roses. Ceux qui les ont dédaignés sont les premiers à se plaindre d'avoir « mauvaise presse ». Quand j'étais chez Ford, quelques-uns des pontes allaient jusqu'à envisager d'acheter un grand journal, ou une chaîne comme ABC, histoire de coiffer les médias au poteau. Dans leur naïveté, ils s'imaginaient pouvoir imposer leur philosophie du monde et ne plus jamais essuyer les critiques de la presse.

Pour me faire l'avocat de la franchise, je n'en plaide pas moins la prudence ; certains secrets doivent être gardés, ne serait-ce qu'un moment. Un journaliste peut me lancer : « J'ai entendu dire que vous aviez un problème avec les démarreurs de vos modèles 88. Que se passe-t-il ? »

Au lieu de répondre « Sans commentaire » ou « Fermez-la », je lui dis : « D'ici peu, je serai à même de vous en parler. Le moment n'est pas encore venu. »

Il faut prévoir l'échéance. Je réponds souvent : « Nous en reparlerons le mois prochain. Aujourd'hui, je ne suis pas prêt. » Si le journaliste a déjà constaté que vous teniez vos promesses, il vous laissera tranquille jusqu'au mois suivant.

Ce qui ne veut pas dire que certains ne jouent pas la mouche du coche. Le Président Reagan s'est vu harceler par Sam Donaldson d'ABC. Un jour, le Président m'a même demandé : « Comment pensez-vous que je devrais m'y prendre avec lui ? »

« Je crois que je le prendrais à la rigolade, ai-je répliqué, mais n'oubliez pas qu'il tient le micro et qu'il aura toujours le dernier mot. Votre seule arme est de l'ignorer. Répondez à NBC, CBC, et annoncez qu'il ne vous reste plus une minute quand ABC s'en mêle. Au bout d'un moment, le gars aura compris. »

Je me livre moi-même à ce genre de plaisanterie. Si quelqu'un fait l'idiot, je laisse les autres journalistes poser toutes les questions. Après tout, c'est ma conférence de presse.

Beaucoup de journalistes enregistrent les interviews, aujourd'hui. J'en ai rencontré qui se contentaient d'imprimer quelques fragments de leurs questions et de mes réponses. Si c'était ce que je voulais, j'achèterais un temps d'émission sur les ondes et je dirais ce que j'ai à dire. Aussi ai-je établi une petite règle avec les adeptes du magnétophone. Quand je ne les connais pas, je ne leur permets pas de m'enregistrer.

Si j'en laisse un m'enregistrer, je lui signifie clairement que la bande n'ira pas alimenter ses archives pour qu'il puisse la ressortir n'importe quand, n'importe comment. L'information est valable aujourd'hui, sur ce sujet particulier — point à la ligne.

Voilà peu de temps, Henry Kissinger a donné une interview sur un livre, pour la voir, à son grand dam, publiée dans le magazine *Penthouse* entre une photo de femme nue alanguie et un article pour le moins licencieux. Il s'est empressé de porter plainte.

J'ai connu une expérience similaire. *Life magazine* voulait faire un papier sur moi et la campagne pour la Statue de la Liberté. Ils me dépêchèrent un jeune pigiste, Bob Spitz. Sans le connaître, je le laissai m'enregistrer puisqu'il était envoyé par *Life*. Ce que j'ignorais, alors que nous parcourions le pays, c'est qu'il ne coupait jamais son micro.

L'article parut dans *Life*. Il y était moins question de la Statue de la Liberté que de ma vie privée. Mais ce ne fut pas encore la goutte d'eau qui fit déborder le vase. Quelques mois plus tard, le magazine *New Look* lançait son dernier numéro en annonçant en manchette une interview exclusive de Lee Iacocca par Bob Spitz. Comme *Penthouse*, *New Look* était une revue pour hommes. Je me retrouvai au milieu de filles à la tenue plus que légère. Mon expérience du marketing me permet d'affirmer qu'il n'est jamais agréable de figurer dans la presse entre deux filles nues.

Le papier était rédigé sous formes de questions/réponses — je reconnus difficilement les questions. Je fus tenté de porter plainte, malgré ma célèbre tendance à résoudre les litiges à l'amiable.

Justice me fut cependant faite : ce numéro de *New Look* avec mon interview devait être le dernier. Le magazine coula.

La presse attend certaines choses de moi et j'attends certaines choses de la presse. Un : que les journalistes fassent leur travail préparatoire avant d'arriver. Quand je fais un discours au *Waldorf*, je connais mon sujet mieux que personne dans la salle. J'en exige autant d'un journaliste. Quand j'en vois débouler certains dans mon bureau, je me demande bien où leur rédacteur en chef est allé les pêcher. Ils couvrent le domaine automobile, peut-être savent-ils tenir un volant, mais je ne jurerais pas qu'ils sachent trouver la roue de secours.

Je serais heureux aussi si la presse vérifiait ses informations avant de mettre les pieds dans le plat. Et j'adorerais voir un journaliste désireux de croire ce qu'on lui dit, du moins de temps en temps. Il arrive qu'on aille son petit bonhomme de chemin, que l'on s'occupe de ses affaires, pour finir par se découvrir soulevé par une lame de fond.

Je n'en veux pour preuve que ce bruit qui prétendait que j'avais brigué la plus haute fonction du pays. Cela avait commencé comme un gag dans *The Wall Street Journal*. Les autres journalistes ont lu cela. « Pourquoi pas ? se sont-ils dit. Il ne ferait pas un plus mauvais président qu'un autre. » (Un jour ou un autre, Alfred Neuman et Pat Paulsen ont bien été plébiscités.) Aussi toute la presse s'empara-t-elle de cette rumeur pour la répandre comme une traînée de poudre.

Trois articles parurent coup sur coup au sujet de ma soi-disant candidature. On me disait « avide » d'être président. Je l'apprenais. Je répétai qu'il n'était pas question de cela. Je donnai même mes raisons. Mais plus je disais non, plus on me faisait dire oui.

Quand on vit que je n'engageais pas de directeur de campagne, la presse dut être légèrement ennuyée. Il était temps de conclure que j'aurais fait un président exécrable. Quotidiennement, les journaux s'interrogeaient sur mon désistement. Autant que je m'en souvienne, je n'avais jamais postulé.

Quand la presse n'épilogue pas sur mes aspirations présidentielles, elle s'inquiète de ma santé — et avec autant de ferveur. En 1964, j'eus un petit dérangement intestinal et je commis l'imprudence de prendre un cachet en présence de l'un de mes amis. Lui commit à son tour l'imprudence de livrer ce détail à un journaliste du *Time*. Avant d'en être averti, j'étais devenu un drogué du médicament. Depuis vingt-cinq ans, je suis décrit dans les articles et dans trois ouvrages comme un hypocondriaque. Il paraît que je passe ma vie à prendre ma température, à avaler des pilules, à surveiller ma tension et à espérer, envers et contre tout, tenir jusqu'à la fin de la journée.

Qu'on me laisse rétablir la vérité. Depuis mes brûlures d'estomac il y a vingt-cinq ans, j'ai souffert une fois du gros orteil. Le médecin, craignant une crise de goutte, me prescrivit un médicament. En dehors de cela, j'ai absorbé un sachet de Metamucil chaque jour depuis vingt ans, avant que le régime « fibres diététiques » soit à la mode, pour un petit problème de diverticule. Je prends également un cachet d'aspirine par jour, car il y a quinze ans le Pr Barnard, le célèbre chirurgien, m'affirma que c'était bon pour la fluidité sanguine.

Voilà mes petits « trucs » — Metamucil et aspirine — promus informations d'utilité publique. On dit que le Metamucil régule le taux de cholestérol, et que l'aspirine est une merveille pour le cœur. Si c'est vrai, je vivrai centenaire !

J'attendrais aussi de la presse quelque jugeotte ; qu'elle ne se rue pas seulement sur l'aspect sensationnel d'une histoire. Je n'oublierai jamais la veille du week-end de la Liberté. Après quatre ans de dur labeur, j'arrivai à New York pile pour le jour J, le 4 juillet.

La rumeur courait — je l'ignorais — que nous n'avions pu nous assurer pour les feux d'artifice. Avant que j'aie pu dire un mot sur le formidable programme du week-end, les médias new-yorkais me tombèrent dessus à bras raccourcis, me bombardant de questions pour savoir si j'avais oui ou non contracté une assurance. Je ne savais même pas qu'il y avait là un problème. Tout au long de la conférence de presse, je n'entendis qu'un même hurlement : « Le temps nous presse. Y aura-t-il ou non un feu d'artifice ? »

Je répondis : « Nous nous apprêtons à une extraordinaire célébration. Nous avons attendu cent ans pour cela, et vous ne guettez que le pépin de dernière minute ! » De guerre lasse, je me mis à hurler : « Je défie n'importe quelle compagnie d'assurance au monde d'interrompre la fête. Ils n'en auront pas le cran ! » Mais il me fut impossible d'orienter les journalistes sur un autre sujet. Rien de ce que je pouvais dire sur le vrai sens du week-end de la Liberté ne les intéressait.

Dix ans chez Chrysler. Avant et après. La vue et les cheveux disparaissent en premier. Le cerveau plus tard.

(Focal Point of Farmington, Michigan)

Deux filles de perdues, deux fils de trouvés.

(Draper Hill, © 1986, *The Detroit News*)

La Statue m'a beaucoup occupé... moi, et les dessinateurs humoristiques.

(Don Wright, *The Miami News*)

Un cadeau de Kathi :
même à six mois, c'est bien la même famille !

(Chocolate Photos, New York)

Ia-*cocoa*... ma bouille en chocolat.

J'ai mis mon estampille sur les Caraïbes.

Si le business des voitures dégringole, j'ai au moins une sacrée cave à vin !

Sur le plateau de *Miami Vice* - Don Johnson. (UPI/Bettmann Newsphotos)

Iacocca (engendré par Nick Iacocca) parle à Iacocca (engendré par Seattle Slew).

J'aimais tellement cette voiture que j'ai acheté la compagnie.

(Drawing by Maslin; © 1985 The New Yorker Magazine, Inc.)

Le livre a eu un gros impact. Ici et... à l'étranger.

« Messieurs, ouvrons nos Iacocca à la page 82 ».

(Drawing by Ziegler; © 1986 The New Yorker Magazine, Inc.)

Reprinted by permission of Newspaper Enterprise Association, Inc.

«Maintenant, mon père étudie la parole du PRÉSIDENT IACOCCA!»

© 1985 by Diamond Sha

Photo: Manfred Vogelsaenger, Düsseldorf

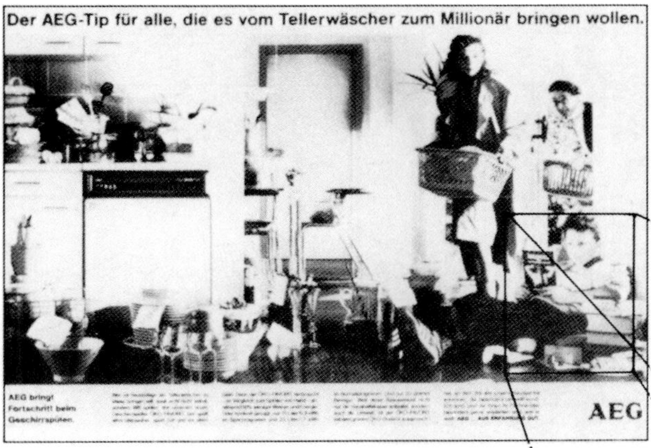

MANHATTAN ★ ★ ★ ★ SPORTS FINAL

Would you buy a used car from this man?

YOU MAY HAVE

Story on page 4

DAILY NEWS

35¢ NEW YORK'S PICTURE NEWSPAPER® Thursday, June 25, 1987

© 1987 New York News Inc.

Même les erreurs commises de bonne foi peuvent vous descendre.

C'est la vérité, mes amis. Sept ans ou soixante-dix mille miles... ça dépend du moment où on a branché le compteur.

(Reprinted by permission: Tribune Media Services)

Je n'ai jamais réussi à New-Hampshire.

(Crédit Photo) : Michael Schwartz/*New York Post*

(Madison Avenue)

(Draper Hill, © 1986, *The Detroit News*)

(Reprinted from Passages, Fall 1986 by permission of Johnson Smith & Knisely Inc., New York)

Je l'espère aussi !

L'Institut Iacocca.

(Lehigh University, photo by James P. Meleta)

Avec mon héros, Joltin' Joe, cinquante ans plus tard.

(Paul Lester Studios)

Mon véritable héros, Maman, me parlant en direct.

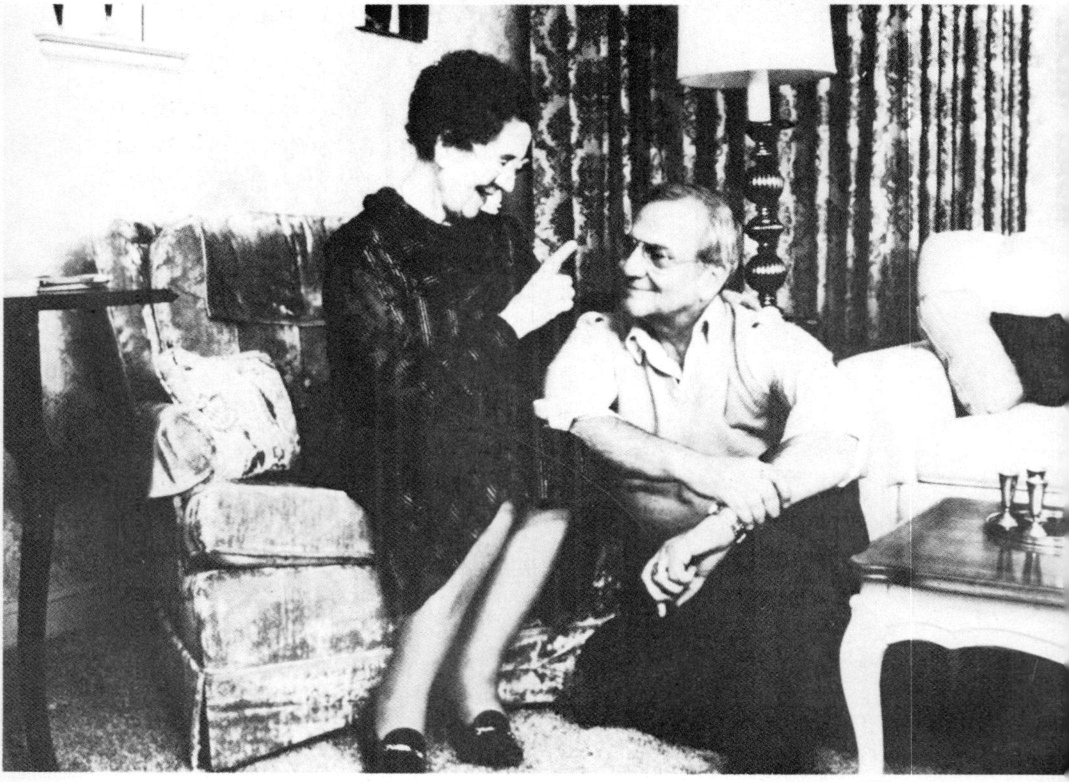

(Harry Benson)

Je savais que nous décrocherions une assurance, et ce fut fait. (J'espère que vous avez tous apprécié le feu d'artifice ; le contrat d'assurance pour soixante-douze heures a coûté quatre millions et demi de dollars.) Certes, les journalistes ont besoin de leur pitance, mais la quête du scandale les empêche parfois d'avoir l'œil sur l'événement principal.

En une autre occasion, j'avais accepté de prononcer un discours devant le haut comité du parti démocrate en Ouest-Virginie. Tous les gros bonnets du parti démocrate étaient présents, et toute la presse.

J'ai tapé fort, très fort. Je n'y suis pas allé par quatre chemins. J'ai dit que le Président Reagan devait exiger de son ami le Premier Ministre Nakasone de mettre fin à l'excédent des importations japonaises aux Etats-Unis avant que les relations entre les deux pays ne deviennent difficiles. J'ai ajouté que le Président ferait bien de passer un coup de fil à Nakasone : « Modérez vos exportations, ou le Congrès des Etats-Unis tranchera la question ! *Sayonara.* »

J'avais dû toucher un point sensible chez les démocrates car je reçus une ovation, et Jim Wright, Dick Gephardt, John Dingell vinrent me dire que j'avais raison.

Le lendemain, j'apprenais par les journaux que le membre du Congrès Bob Matsui, d'origine japonaise, me qualifiait de raciste à propos de ce speech et plus particulièrement de mon « Sayonara ». Peut-être ai-je vu trop de vieux films, mais *sayonara* a toujours été pour moi une belle façon de dire adieu. Tous ceux à qui j'en ai parlé pensent de même.

J'étais furieux, hors de moi. J'avais essuyé maints qualificatifs dans ma vie (certains étaient mérités) mais personne ne m'avait traité de raciste.

C'est ridicule, me suis-je dit. *Maintenant plus personne ne va parler du problème des marchés.* J'avais raison, la presse se focalisa sur l'accusation de racisme. Le sens et la clef de mon intervention étaient partis en fumée.

Il existe une autre forme médiatique qui commence à me poser problème. Le livre. Je ne me doutais pas que mon livre engendrerait une véritable industrie. Or, il se trouve que, depuis que j'ai écrit mon autobiographie, il n'est pas paru moins de six ouvrages, supposés véridiques, qui prétendent éclairer d'un jour total et définitif le cas Iacocca. Ils ont une chose en commun : ma vie a été plus ou moins fouillée, révisée — et mon histoire peu ou prou modifiée.

J'ai particulièrement goûté les efforts de l'un des auteurs pour réfuter ce que j'avais écrit de ma jeunesse et me faire apparaître comme un viveur dans mes primes années.

Ce scrupuleux biographe s'est bel et bien rendu à Allentown où il a déniché deux de mes dulcinées de lycée. Ne perdons pas de vue que quarante-cinq ans ont passé, et que ces anciennes jeunes filles sont de dignes grands-mères de soixante-trois ans. Je crois que l'auteur espérait pouvoir affirmer que je m'étais livré à des ébats sur le siège arrière de ma décapotable. Hélas, toutes les femmes qu'il interrogea témoignèrent que j'étais plutôt du genre enfant de chœur. Dieu merci.

J'étais surpris, car l'une de mes anciennes amours aurait pu lui raconter une histoire assez jolie, qu'elle a dû oublier avec le temps. Lors de l'un de nos premiers rendez-vous, nous étions allés dans un drive-in pour avaler un hamburger et un milkshake, puis on passa à des choses plus sérieuses. Au bout d'un moment, la douce se redressa, referma son chemisier et s'écria : « Bon Dieu, Lido, tu débauches une fille pour le prix d'un misérable milkshake et après tu essaies de le lui faire rendre. » J'étais tellement choqué que j'ai mis des gants pour le rendez-vous suivant. Au regard d'aujourd'hui, ce n'était pas une si grande débauche, si ?

Oh ! et puis pourquoi continuer sur ce terrain ? On peut dire ce que l'on veut dans notre société libérale mais ces gars-là dépassent les limites. On a trop fait étalage de ma personne. Les critiques de presse se plaignent d'une overdose de Iacocca. Eh bien, moi aussi.

Des péripéties de ce genre me désolent. Heureusement qu'elles sont rares. La presse a elle aussi ses mauvais sujets, mais si j'en crois mon expérience la plupart des journalistes font correctement leur travail et assument leurs responsabilités. Je leur en suis reconnaissant. D'ailleurs, je n'enfoncerai pas trop le clou ; ne suis-je pas un peu des leurs depuis que je publie ma propre rubrique dans plusieurs journaux ? (Mario Puzo m'a mis en garde : « Hé, fils, d'abord tu écris un bouquin, maintenant une chronique. Reste sur tes plates-bandes et je ne viendrai pas piétiner les tiennes ! »)

Plus que tout autre homme d'affaires, je mesure la valeur de la communication et l'importance des médias. Nous avons connu des moments, au cours de la période sombre de Chrysler, où notre seule arme était notre capacité à communiquer. Il fallait que les employés comme les cadres se serrent les coudes. Nous devions persuader le gouvernement de nous venir en aide. Il nous fallait solliciter des prêts auprès de quatre cents banques — alors que nous perdions six millions de dollars par jour. Nous passions des contrats d'exception avec nos fournisseurs. Par-dessus tout, il nous fallait convaincre l'Amérique que nous allions réussir : nous devions trouver des gens pour acheter nos voitures alors que ces clients potentiels n'étaient même pas certains d'être servis.

Ce fut notre plus importante campagne de communication et nous n'y serions pas arrivés tout seuls. Nous sommes allés à la télé et nous nous sommes servis de l'imprimé. Sincèrement je ne crois pas que nous aurions survécu si la crise s'était produite avant l'ère des médias — nous serions morts dès le début.

Aujourd'hui, quand les journalistes lisent ma rubrique dans le *Time* et *Newsweek,* ils me demandent : « Mais qui avez-vous payé pour ça ? »

« Vous faites fausse route, leur dis-je. Ma méthode ne m'a pas coûté un penny. Vous placez vos économies en banque pendant quarante ans. Vous êtes fiable. Vous êtes solvable. Vous tirez d'affaire les journalistes dans la mélasse. Et devinez quoi ? Ça roule ! »

« Peut-être, protestent-ils, mais comment faites-vous pour que ça marche à quatre-vingts pour cent ? »

« Très simple. Ma vie n'a toujours marché qu'à quatre-vingts pour cent. »

Je suis certain d'une chose : on ne peut légiférer la presse. On peut édicter des règles pour Wall Street, élire des officiels pour surveiller les opérations, mais on ne peut dicter ce qui s'écrit dans nos journaux et magazines. Dieu merci. N'oublions pas que c'est le premier amendement qui protège la presse — pas le deuxième ni le troisième. C'est peut-être l'amendement le plus important de notre Constitution.

Imaginez ce que serait une presse muselée. Il n'y aurait plus de scandale d'aucune sorte. L'affaire du Teapot Dome et du Watergate seraient restées enfouies au plus profond des archives secrètes. On ne lirait plus aucune critique sur rien — pas même sur les films ou les émissions de télé.

Heureusement, nos tribunaux nous ont sauvés de la suave pénurie d'informations en se rangeant aux côtés de la presse. Au tournant du siècle, les épouvantables Cherry Sisters étalèrent leur médiocrité en public. Elles étaient si mauvaises qu'elles recevaient chaque soir oignons, rutabagas et autres légumes. C'était à qui ferait le plus mauvais article sur elles. Quand le *Des Moines Register* finit par lessiver les tristes chanteuses en 1901, celles-ci, aussi nulles soient-elles, décidèrent de rendre coup pour coup et poursuivirent le journal en justice.

Au cours de l'un des plus importants procès destinés à établir le droit de la presse à publier des « commentaires sans équivoque », la Cour Suprême de l'Iowa se prononça en faveur du journal. Contrairement aux Etats-Unis, de nombreux pays trouvent normal de contrôler la presse. Ainsi la Corée du Sud. On a eu vent, l'an dernier, d'une note « d'appel à la coopération » émise quotidiennement par le Ministre de la Culture et de l'Information Sud-Coréen à l'attention des journaux nationaux. En voici quelques extraits :

Ne pas rendre compte... du fait que quinze mille fermiers ont organisé des manifestations trente-deux fois cette année ; c'est le plus vaste mouvement de résistance des fermiers depuis la révolte du Parti Tonghak.

Traiter les démonstrations des étudiants de l'Université Nationale de Séoul de façon critique.

Ne pas abonder dans le sens de United Press International qui a évoqué une aggravation de l'économie sud-coréenne en 1986.

Ne pas mentionner les élections aux Philippines en première page mais reporter l'information dans la rubrique « étranger ».

En ce qui concerne l'enlèvement d'un diplomate sud-coréen au Liban, ne pas spéculer sur la faction terroriste responsable. Narrer l'incident de façon à suggérer qu'il aurait été orchestré par la Corée du Nord.

Cette presse-là vous plairait ?

Les Américains sont protégés de pareils abus. Nous nous indignons quand nous lisons dans nos journaux quelque chose qui nous paraît faux. Comment les journalistes espèrent-ils nous faire gober cela ? Eh oui, ne croyons pas que le Premier Amendement nous garantit l'*exactitude* de l'information. Il n'en fait même pas mention. Pas plus que de l'équité. Pas plus que de la véracité. L'adjectif employé est « libre ».

Mais l'une des grandeurs de la liberté de la presse est que, à l'instar des citoyens américains, les médias ne sont jamais d'accord entre eux. Prenons trois journaux, nous trouverons trois versions différentes du même fait.

J'ai une solution simple pour pallier ce défaut : ne pas lire un journal unique. En lire cinq. Ne pas accorder crédit aux dessins humoristiques du *New Yorker*. Jeter un coup d'œil sur d'autres magazines. Ne pas écouter que Dan Rather. Recouper Brokaw et Jennings. Après tout cela, si vous ne goûtez pas la prose d'un journal, écrivez vite au rédacteur en chef. Vous êtes l'ultime garant contre une presse stupide.

Chaque fois que je m'adresse à des étudiants, je ne manque pas de leur rappeler : « Pensez par vous-mêmes. » Une banalité, certes, mais c'est le meilleur conseil qu'on puisse leur donner.

J'ai récemment fait une découverte stupéfiante. Une étude du Bureau de l'Information télévisée a révélé que la moitié des

Américains avaient la télévision pour unique source d'information. Ils sont plus nombreux que jamais. Comment peuvent-ils penser, réfléchir à partir de vingt minutes de flashes et les interviews de Jessica Hahn ?

Pour ma part, je suis un avide lecteur de journaux. En déplacement, j'achète toujours la presse locale. Bien sûr, je regarde les annonces automobiles mais je parcours également les nouvelles. Je lis quotidiennement *The New York Times* ainsi que les journaux de Detroit. Et pas en diagonale. Je jette aussi bien un coup d'œil aux photos qu'aux annonces. Je parcours également *The Wall Street Journal,* régulièrement, et le *Los Angeles Times* quand je me trouve sur la côte ouest.

De surcroît, je regarde Tom Brokaw à la télévision, non sans m'intéresser aux autres chaînes. J'écoute Bill Bonds aux informations de onze heures de Detroit. Je lis *Time* et *Newsweek* aussi souvent que possible, plus rarement que *Business Week, Fortune* et *Forbes.* Et je n'oublie pas *Automotive News.*

La diversité fait toute la différence pour l'information. Nous sommes gâtés à Detroit. Nous avons deux quotidiens. Le *Free Press* se montre plutôt radico-libéral, tandis que le *News* est si conservateur qu'on s'attendrait parfois à le voir daté du 15 octobre 1888 ! Deux journaux : le jour et la nuit. Ce qui ne les empêche pas, certaines fois, de commettre les mêmes erreurs ridicules. Mais on a de la chance. Je procède à un petit mélange des deux (une pointe de sel), et la vérité apparaît quelque part dans le milieu.

Tout bien pesé, la liberté de la presse est une bonne chose. Parmi tous ses combats, Thomas Jefferson prit toujours la défense des journalistes : « Notre gouvernement reposant sur l'opinion publique, écrivait-il, notre priorité est de persévérer dans cette voie ; et s'il me fallait choisir entre un gouvernement sans journaux, ou des journaux sans gouvernement, j'opterais sans hésiter pour cette dernière solution. »

Spiro Agnew, qui ne portait pas la presse dans son cœur, se plaignait que les journalistes ne soient « élus par personne ».

En vérité, ils sont élus quotidiennement par leurs lecteurs et leurs téléspectateurs. Si un journal me déplaît, je peux cesser de l'acheter. Aussi puissante que soit la télé, je suis plus puissant encore puisque je garde le contrôle sur la plus formidable invention humaine. Quand le petit écran m'abreuve de trop de bêtises, je coupe la chique du commentateur au beau milieu d'une phrase. Et celui qui me balance trop de boniments sera toujours perdant puisque je choisis d'écouter son rival sur l'autre chaîne. Il y a quelques années, je coupais le son pendant la publicité. Aujourd'hui, je me surprends à couper le son pendant les infos pour le remettre au moment de la pub !

N'oubliez surtout pas qu'un journal qui vous déplaît peut toujours être jeté au panier ou servir à envelopper le poisson. Quant à la télé, il suffit de tourner le bouton. Cela reste entre vos mains — au sens propre.

9

FIASCO A WASHINGTON

Will Rogers affirmait qu'il n'avait jamais rencontré un homme qui lui déplaise. Moi si je vivais à Washington aujourd'hui, j'aimerais lui présenter un paquet de gens.

Je me rends régulièrement à Washington depuis des années, et chaque fois que je quitte la ville je me jure de ne pas me presser d'y revenir. En tout cas, pas sans un stock d'aspirine. C'est une ville frustrante. Je comprends pourquoi les diplomates étrangers, lors de la fondation de Washington, n'acceptaient de poste dans notre capitale qu'à la condition d'être sur-payés.

Le salaire du combat.

La vie y est dure — vraiment dure. Partout où l'on se trouve, quelqu'un discute de quelque chose. On s'est débrouillé pour que le pouvoir ne soit pas concentré en un seul lieu, et du coup la concentration est si minime que rien ne se fait. On voit des types se bagarrer des mois durant pour savoir si l'on plantera ou non un nouvel arbuste devant la Maison Blanche.

Malgré les réunions de bureaucrates, malgré les lois du Congrès, malgré les proclamations du Président, les problèmes de la nation ne trouvent pas de solution.

Les démocraties sont fondées sur le débat et le dialogue. Elles fonctionnent grâce aux échanges. Mais aujourd'hui il semble que nous ne soyons plus bons qu'à pinailler : « Les démocrates sont dépensiers » ; « Les républicains favorisent les riches » ; « Le budget de la défense est gonflé » ; « N'essayez pas de vous en prendre à la Sécurité Sociale » ; « Essayez un peu d'augmenter les taxes (il ferait beau voir !) » ; etc, etc. Pendant ce temps, Rome est en flammes.

Aurions-nous besoin d'une bonne crise pour arrêter l'escalade ? Où est passé l'esprit de compromis ? Où est passé le « fair play » américain ? Nous ne savons plus que choisir notre camp. Vous êtes soit un flambeur libéral soit un vieux croûton conservateur. Vous êtes pour le libre-échange ou pour le protectionnisme. Vous être faucon ou colombe. Quoi ! N'y a-t-il jamais de troisième voie ?

J'aimerais voir l'administration ôter ses lunettes aux verres teintés en rose, et les hommes du Congrès penser « Amérique », au lieu de penser « Etat » ou « district ». Le changement ne leur déplairait pas d'ailleurs.

Mais celui-ci requiert un coup de pouce venu d'en haut. A Washington, comme dans une corporation, le ton est donné par celui qui tient le volant. En l'occurrence, le timonier, le patron, le commandant en chef n'est autre que Ronald Reagan.

L'un de mes premiers souvenirs de Reagan Président date d'un dimanche soir de la fin de l'année 1982. J'étais, avec quelques autres, invité à un dîner non officiel à la Maison Blanche. Nous formions un groupe hétéroclite, quoique à majorité conservatrice. Parmi les convives figuraient George Will, George Bush, Irving Kristol, George Shultz, et quelques autres. Don Regan, alors Ministre des Finances, avait été oublié. Je devais plus tard payer pour cette indiscrétion.

L'invitation nous conseillait une tenue sport et le plus grand naturel. Nous venions pour discuter de quelques problèmes et en donner au Président une version non filtrée par ses services.

La première moitié de la soirée se passa à discuter des échanges et des affaires économiques, car Nakasone, Premier Ministre japonais, arrivait le lendemain. Shultz et moi-même fîmes quelques plaisanteries bon enfant sur le sujet. J'aime bien Shultz. Il est intelligent, tenace et aimable, sans doute l'homme le plus compétent de ce gouvernement.

Rien d'étonnant, il défendait le libre-échange, je rétorquais que nous devions ménager nos intérêts propres. Nous étions tous deux partisans de l'adoption de mesures anti-syndicales à l'encontre des travailleurs du secteur automobile et de la sidérurgie.

Si le Président avait espéré une discussion animée, il fut gâté. Je me permis même quelques saillies contre la perte de vitesse de l'industrialisation du pays et la nécessité d'une politique industrielle.

Reagan ne bronchait pas. C'était assez amusant de voir cet apôtre de la libre-entreprise se taire tandis que je suggérais du bout des lèvres quelque organisation centralisée. Il ne me dit pas : « Une minute — Vous ignorez de quoi vous parlez. Vous voulez donner plus de pouvoir au gouvernement, moi j'en veux moins. J'ai raison et vous avez tort. » Il ne me contra pas une seule fois.

Savez-vous ce que j'ai réellement retenu de cette soirée ? Tout était assez confus, mais ce détail est clair comme de l'eau de roche. A la fin du dîner, Reagan avait renvoyé le personnel et faisait lui-même le tour de la table pour servir le vin. Je l'entends encore me murmurer à l'oreille alors qu'il remplissait mon verre : « Ne le dites à personne, mais je viens de mettre la main sur quelques bonnes bouteilles françaises. Mes amis californiens seraient fous s'ils savaient que je vous ai servi du vin français. »

Pur cru Reagan, décidai-je. Un homme chaleureux, aimable, gai, qui n'a nulle envie de gâcher une agréable soirée en discutant de sujets déplaisants. On ne peut pas ne pas l'aimer. Parler politique, philosophie ou économie en sa présence a quelque chose d'inconvenant. Mais pour mieux saisir le caractère de l'homme, voici une autre anecdote, que je raconte rarement.

Nous étions le 7 mai 1983, et ma femme Mary était dans le coma. Elle devait décéder huit jours plus tard. Je rentrai chez moi très triste, après une visite à l'hôpital, et je trouvai un message me demandant de rappeler le Président. Je ne reconnus pas le numéro, je crus à un canular. Néanmoins, j'appelai. Je tombai sur un type qui m'annonça qu'il était le service des transmissions de l'armée. « Le Président est à Santa Barbara, nous allons vous le passer. »

Puis j'entendis un autre type : « Une minute. Il est en train de couper du bois. »

C'est idiot, pensai-je. *On me joue un tour.*

J'attendis trois bonnes minutes et j'eus le Président au bout du fil. « Lee, me fit-il, d'une voix essoufflée car il était réellement en train de couper du bois, je voulais vous dire que j'étais heureux que vous ayez pu rembourser les premiers quatre cents millions de dollars du prêt. C'est fantastique. Mais cela n'a pas grande importance aujourd'hui. J'ai appris que votre femme était très malade et je vous appelais en vérité pour vous dire que Nancy et moi faisons des prières pour elle. Nous savons que vous traversez une période difficile et nous pensons à vous. »

C'était tout ce qu'il avait à me dire. De ce jour, mon amitié pour cet homme chaleureux et merveilleux a grandi, et elle n'a jamais faibli.

J'aimerais penser la même chose de lui en tant que Président. Après ce dîner à la Maison Blanche, j'ai maintes fois revu Reagan. Et il m'est apparu que, malgré son caractère scrupuleux, il était absolument incapable de se concentrer sur un problème. Vous lui parlez de quelque chose, il vous raconte une anecdote. Le temps de revenir sur le sujet, l'entretien est terminé et vous avez passé la porte.

Peu avant le week-end de la Liberté, et à cause de l'affolement qui régnait autour de la Statue, je me rendis à Washington. Je comptais faire une petite visite à Reagan et apaiser ainsi la tension, puisque nous étions appelés à nous côtoyer pendant les trois jours et les trois nuits que durerait la célébration. Le problème consistait à passer la porte du bureau présidentiel que surveillait farouchement Don Regan. Dieu bénisse George Bush. Il manœuvra très habilement auprès du Président. Il lui déclara que je faisais le pied de grue depuis deux jours devant sa porte, et s'arrangea pour le dire devant Don Regan. Le Président pria Bush de me faire entrer. Sans Bush, je serais resté à la porte.

A mon arrivée, un Don Regan un peu nerveux vint rappeler au Président son rendez-vous du matin avec un certain Antonin Scalia de la Cour Suprême.

Je me souviens surtout qu'on ne me fit pas asseoir. Le Président se leva, me serra énergiquement la main, et me remercia pour ma contribution de trois cents millions de dollars. Il ajouta qu'il lui tardait d'être en juillet. Je murmurai quelque chose à propos du coup de main du secteur privé et sur le succès que rencontrait un tel effort de volonté.

Du petit lait pour Reagan. Il m'adressa un grand sourire. « C'est beau, Lee. Voilà ce qui fait la grandeur de l'Amérique. »

Je lui fis part de nos soucis concernant la sécurité, suite aux récents actes de terrorisme. Il demanda à Regan et Bush de s'en occuper. La question fut close.

J'abordai enfin les problèmes : « David Wolper, le grand impresario d'Hollywood, prépare un show gigantesque qui devrait surpasser celui des Jeux Olympiques de 1984, mais il se laisse un peu emporter, Monsieur le Président. L'argent fond à vue d'œil. Je crains que nous ne dépassions le budget. » (C'était peut-être la première fois que quelqu'un dans ce bureau s'inquiétait d'un dépassement budgétaire ?)

« Ah oui ? fit Reagan. Que prévoit Wolper ? »

Je lui décrivis les effets grandioses mis en place par Wolper. Il avait commandé deux chutes d'eau pour la cérémonie de clôture, à un million de dollars pièce. Personnellement, j'estimais qu'on pouvait s'en sortir avec une seule cascade — cela faisait déjà beaucoup d'eau — et économiser un million.

La cascade rappela aussitôt une anecdote au Président. Avant que je puisse ajouter un mot, il me régalait d'une histoire au sujet d'un réalisateur avec lequel il avait tourné. Le film devait se conclure par un grand musical sur fond de cascade. Reagan trouvait toute cette eau impressionnante mais le metteur en scène n'était pas satisfait.

« Pas terrible, dit-il. Pour faire de l'effet, il faudrait qu'un type dévale tout ça dans un tonneau. »

Alors un des assistants intervint : « Non, ce serait mieux de voir un type dans un tonneau *remonter* la cascade. Ça, ça ferait de l'effet. »

On s'esclaffa dans le bureau présidentiel. Et l'on riait encore en me montrant la porte et en me saluant.

Comme d'habitude, à peine avais-je posé le pied sur la pelouse de la Maison Blanche, que j'étais assailli par une nuée de journalistes désireux d'apprendre pourquoi j'avais vu le Président. Je déclarai que nous avions évoqué le programme du 4 juillet. Quand je fus dans ma voiture, ils voulurent savoir comment s'était passée l'entrevue. « Formidable, leur répondis-je. Nous avons parlé d'une cascade et d'un type dans un tonneau qui la remonte. »

On a aussi beaucoup épilogué sur le manque de profondeur du Président et ses étourderies. Certains affirment qu'il est incapable de mener une réunion sans avoir sous les yeux une série de petits pense-bêtes destinés à lui rappeler les éléments principaux. Si c'est le cas, je crois que son personnel lui établit parfois un programme un peu maigre. J'en ai fait l'expérience.

J'ai parfois rencontré le Président Reagan au sujet des échanges commerciaux. En ces occasions, il m'a au moins invité à m'asseoir. A mes yeux, la question était d'importance. Lors de l'un de nos entretiens, j'évoquai l'offensive japonaise sur notre marché, et voilà que Reagan sortit un petit bristol et me récita les chiffres statistiques sur la valeur de la production nationale, les ventes automobiles, et autres indicateurs de tendance. *Qu'est-ce qu'il me raconte ?* pensai-je. *C'est moi qui devrais avoir le trac. C'est moi qui devrais avoir une anti-sèche.*

J'ignore comment mais l'incident ne tarda pas à transpirer car, peu après, Walter Cronkite vint m'interviewer pour une émission sur la technologie. Il profita d'une pause pour me dire : « J'ai une question à vous poser. Il paraît que la dernière fois que vous étiez dans le Bureau Ovale, vous avez vu tous les pense-bêtes du Président dans son tiroir. Alors, pendant qu'il vous parle, il ouvre son tiroir et prend son bristol ? »

Ça m'a tué. J'ai répondu à Walter qu'effectivement, une fois, Reagan s'était servi d'un petit carton, mais que c'était une plaisanterie car il pouvait très bien s'en passer. Simplement, il donne l'impression de n'avoir pas envie d'apprendre quelque chose de nouveau. George Will a dit un jour : « C'est l'homme le moins curieux qu'il m'ait été donné de rencontrer. »

Tip O'Neil pense autrement : « Il est l'homme le plus mal informé que je connaisse. Il rechigne à faire le travail préparatoire, à apprendre, à lire la presse. »

Je ne vois pas d'inconvénient à cela — que l'on soit soudeur ou patron. Mais, nom d'un chien, bien des gens respireraient mieux si l'hôte de la Maison Blanche allumait de temps en temps sa lampe de bureau.

Un jour je parlais de Reagan chez Chrysler : « Vous savez, ai-je dit, il y a des gens qu'on aimerait avoir pour copain. Ils sont drôles, ils vous mettent en forme, leur compagnie est stimulante. Ronald Reagan est de ceux-là. C'est un peu le docteur Touvabien. Je le veux pour copain. Mais pas pour Président. »

J'ai continué à voir le Président pendant un an, jusqu'au jour où Don Regan se bombarda lui-même chef d'état-major. On verrouilla les portes de la Maison Blanche et on rentra le paillasson.

Regan et moi n'avons pas été destinés à devenir amis. Je crois qu'au premier échange de regards, nous avons été comme chien et chat. En tant que Ministre des Finances, il devint directeur du Conseil de Créance de l'Emprunt Chrysler ; aussi fus-je appelé à traiter régulièrement avec lui. Dès le premier jour, il me fit comprendre qu'il ne lèverait pas le petit doigt pour défaire ce qu'avait fait Jimmy Carter. La première semaine où il occupa son bureau, il prévint la presse qu'il surveillerait Chrysler de près. Après tout, n'avions-nous pas outragé Wall Street en nous tournant d'abord vers le gouvernement ? Il était très ennuyé que nous commencions à nous mieux porter.

Regan se veut un vrai dur. Mes premières impressions me trompent rarement — dans mon métier, il est important d'évaluer rapidement les gens — et j'ai pensé, dès notre première rencontre, que j'avais affaire à un rude gaillard un peu dur d'oreille. Il tenait à ce que tout le monde sache qu'il n'avait pas été pour rien colonel des forces navales dans le Pacifique. Un homme à poigne doublé d'une fine-mouche, sinon ne serait-il pas resté au bas de l'échelle ?

Aujourd'hui, je me demande encore comment Reagan a pu le mettre à la première place. Sans doute a-t-il raconté une histoire irlandaise au Président qui s'est exclamé : « Hé, je suis irlandais moi aussi. J'en ai une bonne qui va vous faire rire. » Connaissant Reagan, ça n'a pas dû être plus compliqué.

Regan ne manquait pas de finesse. Il a pris Ronald Reagan pour ce qu'il était. Avec un Président comme ça, devenir chef d'état-major équivalait à diriger la présidence des Etats-Unis.

Aussi, un jour, Regan a-t-il pris Jim Baker dans un coin : « Dis, Jim, si on échangeait nos jobs ? »

« Super, a répondu Jim, j'ai toujours rêvé d'un Ministère. Ce triumvirat avec Deaver et Meese n'est guère satisfaisant. »

Et le tour était joué. Moralité : ne laissez jamais deux quidams échanger leurs postes à un haut niveau. C'est une règle fondamentale pour une bonne gestion. Autrefois, Chrysler a connu ce phénomène ; ses cadres volaient d'un poste à l'autre et ce fut l'une des causes principales de la débâcle. Surtout quand deux gars en prennent l'initiative, méfiez-vous.

Du jour où il fut chef d'état-major, Regan s'assura que j'avais reçu le message : « Je dirige désormais cette administration et apprenez que vous n'y êtes pas le bienvenu, quelles que soient les circonstances. » Il jeta des pierres dans mon jardin chaque fois qu'il le put. Après l'épisode de la Statue de la Liberté, la presse interrogea Regan au sujet de mon éviction ; il ne se priva pas de la blague : « Je n'ai rien contre Lee Iacocca. Seulement contre ce qu'il produit. »

A bien y réfléchir, c'est réciproque. Je n'aime pas beaucoup ce que « produit » Don Regan.

Voici un exemple de la mesquinerie de Regan : au début de l'année 1987, l'écurie automobile de la Maison Blanche comptait quatre-vingt-deux véhicules. Quatre-vingt-un d'entre eux étaient des Chrysler. La voiture de Don Regan était une Oldsmobile. Plus tard, je découvris que John Poindexter avait lui aussi acquis une Olds, ce qui me fit déduire qu'ils étaient bons amis. A défaut de se préoccuper de l'Irangate, ils se souciaient de leurs véhicules.

J'étais peut-être prévenu contre lui mais le jour où Regan fut nommé chef d'état-major, je déclarai à qui voulait m'entendre : « Ce gars va mettre le pays dans un sacré pétrin. »

J'ai également tenté de me faire entendre de quelques proches du Président. Holmes Tuttle, un vieil ami, vendeur de Lincoln-Mercury à Beverly Hills, était un compagnon de longue date de Reagan. Pendant des années, il m'avait affirmé qu'il ferait de Ronnie un gouverneur, ce qui me faisait beaucoup rire. Au bout de deux élections, j'avais cessé de rire. Ensuite, il annonçait qu'il ferait de Ronnie un Président. Deux mandats plus tard, je ne ris plus du tout du tout.

Bref, en novembre 1986, Tuttle me téléphona : « J'ai quatre-vingt-un ans, Lee ; Ron et moi avons toujours été amis. Avant de mourir, je voudrais être sûr qu'il mène bien sa barque ; nous allons construire une grande bibliothèque pour un grand Américain. Ce sera son héritage et je pourrai mourir heureux. »

C'était sa façon de me taper d'un million de dollars pour la bibliothèque.

Quand j'ai entendu le chiffre, je me suis étranglé. Nous avons donné cinquante mille.

Mais je me souviens de cette conversation. J'ai dit à Holmes, après avoir promis de lui envoyer l'argent : « Je profite de ce que je t'ai au bout du fil pour te dire une chose : Don Regan va créer des ennuis à Reagan. Si tu te soucies de lui, il faut que ce type s'en aille. »

Dix jours plus tard éclatait l'affaire iranienne. Je rappelai Tuttle le soir suivant. Il venait de quitter la Californie pour la Floride d'où, m'assura-t-on, il me rappellerait.

Nous nous sommes ratés. Pourtant je ne lui avais pas téléphoné pour clamer : « Je te l'avais dit », mais au contraire : « Tu te souviens de cette discussion au sujet de la bibliothèque ? Regan a bel et bien mis ton protégé dans la panade. Conseille au Président de foncer à la télé pour dévoiler la vérité. Qu'il dise : « J'ai commis une erreur », ou « Je suis responsable dans la mesure où je suis le patron et que quelqu'un sous mes ordres a commis une erreur. Mais on arrête les frais. Ce qui s'est produit est affreux, c'est la dernière fois. » Puis attends une période décente et vire les tous : Regan, Poindexter, tous. Sans fournir d'explication. »

Malheureusement, je n'ai pas eu Holmes en ligne. Mais je reste convaincu que l'état-major de Reagan lui a joué un sale tour — vraiment sale.

Le lendemain je n'en crus pas mes oreilles — ni mes yeux. Reagan passa à la télé et tint cette fameuse conférence de presse où il jura qu'il n'avait rien fait de mal et qu'Ollie North était un héros. Et Don Regan un chic type ; il le garderait près de lui jusqu'à sa mort.

Pourquoi n'a-t-il pas dit : « Désolé. Nous avons commis une faute. Cela ne se reproduira plus » ?

Le problème de Reagan était de trop se soucier de son image. Il se souciait du parti républicain. Il se souciait de ses ministres, de sa clique californienne. De tout ce dont il n'aurait pas dû s'inquiéter. Il ne se préoccupait pas de ses clients — le peuple américain.

Il a eu de la chance d'avoir Nancy Reagan à ses côtés, car sans elle, je crois que Don Regan continuerait à faire la pluie et le beau temps à la Maison Blanche. Je ne veux pas dire qu'elle porte la culotte, mais presque.

On l'a souvent comparée à Edith Wilson. Lorsque Woodrow Wilson eut son attaque de paralysie, sa femme prit les rênes du gouvernement. Je ne crois pas que Nancy dirige le gouvernement mais je ne crois pas non plus qu'elle se désintéresse des problèmes de son époux. Elle a peut-être été la seule personne à Washington à comprendre qu'il fallait se débarrasser de Don Regan, et je l'applaudis.

En dépit de mon antipathie, je dois avouer que j'ai éprouvé une légère compassion pour Regan au moment de sa mise au placard. Je n'ai jamais vu un homme, à ce niveau de responsabilité au sein du gouvernement, partir sans même que sa femme ait un mot gentil sur lui. Personne dans la presse, ni au Congrès, ni parmi son personnel, ni chez ses pairs ne parla pour lui. Je n'oublierai jamais le jour où je me suis moi-même fait évincer. Quand je vis à la télévision le reportage sur son départ, quand je le vis avec ses vieux vêtements jeter quelques affaires dans sa voiture — même si c'était une Oldsmobile — j'ai été désolé de la façon dont on se débarrasse des gens.

Au cours de l'affaire iranienne, Reagan prouva qu'il lui manquait ce truc particulier qui fait les grands chefs. Quand on a délégué ses responsabilités à quelqu'un qui s'en est montré indigne, on se doit de le virer. Un type qui vous joue ce genre de tour vous conduit à la ruine. Et vous n'êtes plus le chef. Je ne dis pas qu'il est drôle de renvoyer quelqu'un. Celui qui s'en réjouit est sans doute un dément. Mais il faut parfois recourir à cette extrémité — pour le bien de chacun.

Reagan n'a jamais été capable de jeter qui que ce soit dehors parmi ses proches collaborateurs. Par contre, il sait licencier onze mille contrôleurs aériens et compromettre la sécurité des vols, mais avec son entourage il fait preuve d'une fidélité absolue. Un chef affectivement lié à ses subordonnés est un chef condamné. Je suis convaincu que Reagan, seul, n'aurait jamais viré Don Regan.

Maints Présidents ont connu ce problème dans leur administration. Quand Sherman Adams, le chef d'état-major d'Eisenhower, avoua avoir reçu un manteau de vigogne et des couvertures de luxe en guise de pot-de-vin de la part d'un industriel du textile, le Président le garda néanmoins auprès de lui, jusqu'à ce que les républicains menacent de lui couper les vivres s'il ne renvoyait pas Adams. Mais personne ne peut rivaliser avec Reagan dans le domaine de la fidélité aveugle.

Voilà deux ans, le magazine *Fortune* interviewa Reagan sur les questions de gestion. L'article parut avec force battage pour faire savoir que Reagan était décidément un extraordinaire gestionnaire. Le Président disait ce que disent tous les chefs d'entreprise, moi y compris : je délègue toujours. Pour diriger une grosse opération, il suffit de déléguer.

Fortune semblait voir là le point de vue le plus profond jamais exprimé sur le sujet. On a simplement oublié de poser au président la question subsidiaire : « A qui déléguez-vous ? »

Il est facile de déléguer mais il faut s'assurer que le délégué sait ce qu'il fait. Il doit comprendre les objectifs. Il faut le suivre à la trace, comme un détective qui tient une piste. Il faut régulièrement lui rappeler sa tâche. Et il faut juger ses résultats.

Reagan n'a rien fait de tel. Il a confié des responsabilités à quelques pantins, puis il est parti s'occuper de ses chevaux. Il était sûr que ses gars faisaient du bon boulot et ne se souciait pas de vérifier.

Il existe trois niveaux à la Maison Blanche, et Reagan les confia tous trois à quelqu'un. Mike Deaver s'occupait du premier. Ollie North faisait tourner le rez-de-chaussée. Et Don Regan régnait au sommet.

Mais qu'attendre d'une telle organisation ? Si le patron tourne le dos, tout peut arriver. Sinon, comment ces trois hommes seraient-ils parvenus à s'infiltrer au cœur même du pouvoir — la Maison Blanche ?

Reagan a délégué, il a éteint les lumières puis il est parti se coucher. Pendant qu'il dormait, ses hommes circonvenaient le Congrès et se livraient à des trafics d'influence. Chez Chrysler, je délègue les responsabilités, et il m'arrive de me demander ce qu'il se passe dans l'une de nos usines — ou même aux cinq étages de nos bureaux. Mais sous mon propre toit, je n'ai pas d'inquiétude. Je ne perdrai jamais le contrôle comme l'a fait Reagan.

Lorsqu'il a fini par découvrir les manœuvres de ses pantins, il ne les a pas jetés dehors. Le patron a échoué au premier examen.

Un patron a deux devoirs. Le premier est de savoir s'entourer de gens capables et fiables. Le second est de faire des bénéfices. Pour cela, il doit dresser un plan, établir des budgets.

Il est intéressant de constater que les gouverneurs des Etats-Unis sont tenus d'équilibrer chaque année leur budget — sauf dans le Vermont. Le Vermont est le seul Etat pour lequel ce n'est pas une loi. Il n'a pas connu de déficit pendant deux cents ans mais, parce que la loi n'existait pas, il fut le premier à souffrir un déficit au cours de la récession de 1980-1981.

Trente-cinq de nos gouverneurs ou ex-gouverneurs ont brigué la présidence. Et dix-sept d'entre eux s'installèrent à la Maison Blanche. Mais il est curieux de constater qu'une fois à Washington, ils s'empressent d'oublier le principe numéro un de leur fonction : équilibrer un budget.

Reagan l'a oublié alors qu'il était encore dans l'avion à destination de la capitale. Et rien n'est venu lui rafraîchir la mémoire.

Le pays devrait être dirigé comme une entreprise, malheureusement ce n'est pas le cas. Un chef d'entreprise résoud les problèmes : un chef d'Etat les prolonge.

Récemment, j'ai dîné avec Howard Baker, le successeur de Don Regan, et la discussion tomba sur ce qui ne tournait pas rond à Washington.

« Je ne sais pas, Lee, me disait Baker. Ce n'est plus comme autrefois. Il est devenu quasiment impossible de gouverner. L'esprit de parti règne à la Maison Blanche, au Sénat, dans les Ministères, et chacun est si crispé sur les protocoles que personne ne se soucie des résultats. »

Il soulevait le vrai problème : personne ne saisit plus les questions à bras le corps pour y apporter une solution. Avant, les parties concernées s'enfermaient dans une pièce, enfumée ou non, et discutaient. Aujourd'hui ce n'est plus possible. Garder un secret, même un jour, entraîne surveillance, enquête — quand ce n'est pas une chasse aux sorcières.

Les querelles, les contentieux ont toujours régné entre les parties en présence. Mais lorsqu'on s'enlisait dans un problème, quelqu'un disait : « Okay. Dehors, ils attendent une réponse. Trouvons une solution et finissons-en. » Maintenant on discute, on discute, on discute...

Avant de me quitter, Baker me demanda si le gouvernement pouvait faire rapidement quelque chose pour aider l'industrie automobile. Ce qu'il m'avait dit sur le fonctionnement de la Maison Blanche m'avait déprimé, mais je n'en répondis pas moins : « Et comment. »

Je suggérai que, pour changer, Ford, General Motors et Chrysler s'unissent contre l'offensive japonaise qui consistait à envahir le pays de ses camions à prix discount. Ils paient vingt-cinq pour cent de taxes, font une ristourne d'un millier de dollars, et le yen est à cent quarante. Pour combien fabriquent-ils leurs camions ?... 49,95 $?

D'après les méthodes en vigueur à Washington, il aurait fallu quatre ou cinq ans aux bureaucrates pour finir par reconnaître le dommage du *dumping* japonais. D'ici là, j'aurai pris ma retraite. Et les Japonais continueront d'écouler leur marchandise à perte sur notre marché.

Considérant que notre industrie est un gros employeur, un gros contribuable, et un gros électeur, il me semblait que le Président devait se pencher sur la question.

Je conseillai à Baker de simplement suggérer au Président de décrocher son téléphone : « Je veux les trois ou les huit responsables dans mon bureau demain matin à huit heures trente. »

Ensuite, il lui suffirait de traiter le problème comme dans les affaires : « Les Japonais font du *dumping*. Vrai ou faux ? Vous avez vingt-quatre heures pour m'apporter la réponse. Et si c'est vrai, je veux que cela cesse immédiatement. »

Je fis mon baratin à Baker, qui promit de s'en occuper. Rien ne se produisit.

Et ce n'est qu'un exemple parmi d'autres. Cela me rappelle

le vieux dicton : les politiciens comme les coqs clament bien haut leurs intentions. Seuls les coqs remplissent leurs engagements.

Je suis abasourdi par la différence qui existe entre les politiciens de nos capitales d'Etats et ceux de notre capitale nationale.

Les Etats ont depuis longtemps développé un programme pour attirer les nouvelles industries et soutenir les anciennes. (Quatre gouverneurs m'ont couvert pour deux cent sept millions de dollars afin que survive Chrysler il y a quelques années ; c'est le genre de service qui ne s'oublie pas.)

Aujourd'hui, les cinquante Etats se battent pour l'emploi mais je ne vois nulle part trace de cet esprit de lutte à Washington. Les cinquante auxiliaires ne reçoivent guère d'aide de la maison-mère.

Chaque Etat applique sa politique en ce qui concerne les relations commerciales avec l'étranger, avec des chargés de mission qui courent le monde pour augmenter l'exportation et créer de nouveaux emplois. J'ai beau y mettre de la bonne volonté, je ne décèle pas pareille détermination à Washington.

Peut-être les gouverneurs sont-ils plus au fait des problèmes. Ils sont aux premières loges de la tragédie humaine quand l'Amérique perd de sa combativité. Ils côtoient les réalités du ghetto ou de la ville dont l'usine vient de fermer. Et ils ont intérêt à s'en soucier, au-delà de la souffrance humaine, pour que le plancher des contributions ne s'effondre pas.

Je n'ai pas pu m'empêcher de remarquer que les idéologues ne courent pas les couloirs des capitoles. Vous n'en trouverez pas à Lansing, Columbus ou Springfield, ou dans tout autre Etat, par contre ils sont kyrielles à Washington. Je n'imagine pas l'un de nos gouverneurs lisant Adam Smith à la lumière de sa lampe de chevet. Les théories économiques du XVIIIe siècle ne les aideront pas à expliquer à leurs électeurs pourquoi l'aciérie locale s'apprête à fermer.

Certains d'entre eux se sont livrés à une bataille bien concrète quand GM Saturn se mit en quête de son implantation. Ils luttèrent comme des tigres, se tirant dessus à coups de terrains gratuits, programmes d'expérimentation gratuits, péages gratuits, énergie au rabais, abattement d'impôts — tout.

Voilà qui est curieux, pensai-je. *Personne à Washington ne se bat pour l'emploi, mais les Etats se bagarrent entre eux.*

Je sais, j'ai l'air de casser du sucre sur le dos du Président, mais jetons un regard sur ce que nous laisse Reagan. Il nous laisse une société polarisée. Il nous laisse la surabondance d'un côté et les crève-la-faim sur le trottoir d'en face. Il nous laisse un jeune diplômé de Harvard en train de réaliser son deuxième million de dollars à Wall Street, et un autre, de la même promotion, en train de se faire licencier d'une aciérie. Il nous laisse le dix-huitième plus gros groupe de toute l'histoire du pays avec une direction qui se demande encore ce qu'il serait bon de faire.

Certes, nous ne souhaitons pas devenir une société socialiste. Mais nous ne voulons pas non plus voir disparaître les classes moyennes. C'est ce qui s'est passé au Brésil et au Mexique. Que sont ces pays où la misère campe devant les palais ? Que sont ces gouvernements qui laissent faire cela ?

Je me suis efforcé de trouver des arguments en faveur de Reagan — et j'ai dû me creuser la cervelle. J'admets que lorsqu'il est arrivé, le budget de la défense avait besoin de quelques colmatages. Il y a mis le prix. Comme on mettrait deux toits neufs à une maison pour qu'il n'y ait plus jamais de fuite. Question Affaires Etrangères, il n'a guère fait bouger les choses. Notre horizon ne s'est pas éclairci. Vous me rétorquerez : « On peut quand même lui donner un bon point. Nous ne sommes pas en guerre. » C'est vrai, mais on a eu chaud.

De la minute où il fut élu, Reagan n'a cessé de parler de sa vision idéale de l'Amérique : un pays fort, prospère et libre. Je partage cet idéal. Comme tout le monde. Il y a cependant une différence de taille : le Président croit que nous y sommes presque. Moi je vois le rêve s'enfuir à la vitesse grand V.

Je ne nierai pas que Reagan fut extraordinairement populaire. Les sondages d'opinion le plaçaient avant le Pape. Il n'a pas cessé d'être le *numéro Un*, l'homme le plus admiré. Mais qui a dit qu'un Président devait être populaire ? La cote de Truman lorsqu'il quitta son bureau était plus basse que celle de Nixon — et nous nous rappelons tous comment partit ce dernier. Aujourd'hui, Truman est parmi les plus estimés.

Reagan était surtout apprécié parce qu'il voulait l'être. Il ne faisait pas un pas sans jeter un œil au dernier sondage. Ce n'est pas le meilleur moyen de diriger, ni même de mettre un pied devant l'autre.

J'ai beau me creuser, je ne comprends pas comment la popularité personnelle de Reagan a pu pallier son manque de résolution et de clarté dans ses positions. Cela n'a pas de sens.

A défaut d'autre chose, Reagan fut fidèle à son parti. La pureté de sa ligne idéologique lui promet certainement une place de choix au paradis.

Comment le qualifieront les historiens qui se pencheront sur son investiture ? L'Homme du Compromis ? Le Grand Emancipateur ? (certainement pas le Grand Economiste, pas avec un tel déficit.) Non — il restera à jamais le Grand Communicateur. Et cela ne le mènera pas loin. Je doute qu'il figure parmi les vingt meilleurs Présidents des Etats-Unis.

Il aura été un chef laxiste, sur la réserve. Je ne crois pas qu'il ait commis de méfaits. Il n'a simplement pas fait son travail.

Il a dit une fois : « J'ai toujours vécu dans le cinéma. On m'a payé pour donner aux gens deux heures de bien-être pendant la grande Dépression. Ils quittaient le monde cruel pour se réfugier dans la chaleur du cinéma. Le film était joli. Le gentil gagnait toujours et il partait avec la fille. C'était ma vie. »

Le problème est que Reagan a traîné trop longtemps sa double vocation. Les pop-corn ont disparu voilà belle lurette mais, depuis huit ans que dure le long-métrage, ils continuent à craquer sous nos pas.

SCANDALE,
SCANDALE PARTOUT

10

MARCHÉ LIBRE OU MARCHÉ DE DUPES

Si vous vous demandez ce que j'ai fait depuis quatre ans que j'ai écrit au sujet des problèmes d'échange, la réponse est : je me suis fait du mauvais sang. Car la situation a empiré.

En un mot, voilà l'affaire : la guerre avec le Japon a duré quatre ans de plus, mais les Japonais ont gagné toutes les échauffourées et toutes les batailles. Nous, nous nous sommes contentés d'agiter le drapeau blanc.

Et ce n'est pas tout. Devant la réussite japonaise, le reste du monde se demande : « Pourquoi pas nous ? ». Voilà donc la Corée du Sud qui submerge notre marché. Taïwan déboule en bande. Le Brésil frappe à la porte. Jusqu'à la Roumanie qui nous achemine ses automobiles. Sans parler de la Yugo de Yougoslavie et de la toute nouvelle Proton de Malaisie. Si vous m'aviez dit voilà quatre ans que la Yougoslavie et la Malaisie allaient nous vendre des voitures, je vous aurais traités d'idiots. Diable, la Russie aussi se met de la partie !

Le monde entier veut venir en Amérique. Sur nos vingt partenaires importants, nous enregistrons aujourd'hui un déficit avec dix-sept d'entre eux. Nous voilà la terre d'élection des marchés internationaux. Le grand bazar turc. Installez-vous donc, vendez votre marchandise, et remportez les gains chez vous.

Vous seriez en droit de penser que nous avons le temps de mettre au point notre revanche à travers le monde. Mais non. Nous n'avons rien fait en quatre ans. Tous les pays établissent un plan pour leurs marchés ; nous, les dinosaures, persistons à croire à la réalité du « libre-échange ». Nous espérons que les choses se disciplineront d'elles-mêmes, que quelque main invisible donnera un coup de baguette magique au marché. On peut toujours parler de la naïveté des autres ! En la matière, nous sommes devenus les plus grands jobards de tous les temps.

Voilà où s'arrête ma compréhension. Il n'y a pas si longtemps, notre gouvernement établissait la liste des domaines où devait s'exercer la protection du marché — il y en avait deux cent quarante pages ! La mention de certains secteurs me donne envie de rire, mais la plupart me feraient pleurer.

En Corée du Sud, un citoyen peut être arrêté pour usage de cigarette américaine. Nous avons le droit de vendre des pommes américaines à la Suède mais seulement après épuisement de leur propre récolte — alors, la nôtre est pourrie. L'Espagne ignore notre calamar, le Portugal notre soja, et Taïwan fait un blocus total sur nos « abats », quels qu'ils soient !

Certes, nous ne sommes pas innocents comme l'agneau qui vient de naître. Nous restons le plus gros marché international du monde mais nous avons aussi des domaines de restrictions à l'importation du sucre aux motocyclettes, en passant par les avocats... s'ils ont des noyaux. (A ma connaissance, il n'existe pas d'avocat sans noyau.)

Mais le champion mondial toutes catégories des restrictions reste le Japon. Sa liste est impressionnante, et elle couvre presque tout depuis les noix jusqu'au hareng congelé. Le plan des Japonais est simple : prendre aux Américains leurs matières premières mais non leurs produits manufacturés, car cela les priverait d'emplois. Aussi importent-ils du bois brut mais pas de contreplaqué ; des peaux mais pas de maroquinerie ; des pommes de terre mais pas de frites surgelées ; des tomates mais pas de concentré.

Pour être d'origine italienne — pasta, pizza et tutti quanti — j'ai l'œil sur la tomate. Voilà que les Japonais viennent de prendre des mesures sévères contre les ravioli. Nous pouvons leur expédier tous les ravioli que nous voulons tant qu'ils sont fourrés au fromage. Mais s'il est question de viande, le quota japonais d'importation du bœuf américain entre en vigueur ; sans doute craignent-ils que nous passions la viande en contrebande dans nos petits carrés de pâte. Rien ne leur échappe.

Je ne tiens pas à taper sur les Japonais — mais ils me fournissent matière à querelle. Ce n'est pas de ma faute !

En 1993, s'ouvrira près d'Osaka l'aéroport international Kansai. Il aura coûté la bagatelle de huit milliards de dollars ; un chiffre qui vous fait saliver si vous êtes dans la construction. Aussi toutes les compagnies américaines se mirent-elles sur les rangs quand le Japon fit connaître son projet. Désolé, s'entendirent-ils répondre, ils ne faisaient pas l'affaire.

La raison invoquée : « Seul un constructeur japonais peut comprendre le sol japonais. »

Ils blaguent, me dis-je quand j'eus vent de l'histoire. Nous avons le sens de l'humour mais c'était jeter le bouchon un peu loin. Car à la même époque une entreprise de construction japonaise effectuait pour deux milliards de dollars de travaux sur le sol américain. Dans tous les domaines, usines automobiles, équipements hydroélectriques, tandis que les travaux américains au Japon se limitaient à quelques *fast-foods*.

Quelques jours plus tard, nos fabricants de skis se voyaient interdire la vente de leurs produits au Japon. Raison : « Notre neige est si différente de la neige américaine que les produits américains ne sauraient répondre à nos normes de sécurité. »

Le sol. La neige. Ils trouveront bientôt quelque chose dans l'air ou dans l'eau. Une chose est certaine : ils se fichent de nous.

Les industries étrangères de cosmétiques doivent tester leurs produits au Japon avant de les mettre en vente car, affirme le gouvernement, la peau japonaise est différente. Il paraîtrait également que le petit estomac des Japonais ne supporte que la mandarine locale. Une belle excuse pour limiter les importations d'oranges américaines.

Lorsqu'un détaillant américain tente d'exporter au Japon

des serviettes de toilette de première qualité, les inspecteurs des douanes les lui renvoient. Vous ne saviez pas que nos serviettes sont si moelleuses que le coin, bien tortillé pour se sécher les oreilles, se révèle trop volumineux pour le délicat conduit auditif des Japonais.

Tandis qu'ils passent leur temps à nous claquer la porte au nez, les Japonais continuent à investir notre marché. Tous les coups sont permis. Le mémorial d'Iwo Jim, commémorant l'une de nos plus grandes batailles contre le Japon pendant la Seconde Guerre Mondiale, figure en carte postale à la boutique-souvenir du Sénat. Et devinez — au dos de la carte : l'estampille MADE IN JAPAN.

Jusqu'au symbole même de la citoyenneté américaine, le passeport, qui ne soit maintenant *made in Japan* — à la rigueur *made by Japan*. Les passeports américains sont fabriqués par une machine japonaise et assemblés par une équipe de Japonais dépêchés à Washington par le fabricant de la machine : Uno Seisakusho Co. Ltd.

Je dois avouer que j'ai reçu personnellement d'assez bonnes nouvelles du front des échanges internationaux. Je suis heureux de pouvoir annoncer que les ventes de Chrysler au Japon ont grimpé de 272 % au cours des quatre premiers mois de l'année 1987. Ce qui veut dire que nos ventes sont passées de dix-huit à quarante-neuf voitures. Qui dit que nous n'y mettons pas de la bonne volonté ?

Le Ministre japonais des Echanges Internationaux et de l'Industrie vient de trouver un nouveau moyen pour éponger ses excédents — un jour, il exportera chez nous ses vieillards pour les installer dans des villages de retraite à financement japonais. Il table sur le coût de la construction et de la maintenance des immeubles, plus sur l'argent que le troisième âge dépensera dans son nouveau pays, pour nous aider à combler notre déficit.

Tout de même une bonne nouvelle : notre industrie touristique a enregistré l'an dernier avec le Japon un excédent d'un milliard de dollars. Pendant que le Japon nous vend des voitures, des téléviseurs, des appareils-photo, nous lui vendons des casquettes, des fanions et de la barbe à papa.

Nous nous sommes bagarrés pendant des années pour des battes de base-ball et des noix. En cinq ans, notre commerce extérieur est passé de quarante milliards de dollars de bénéfice à cent soixante-dix milliards de dollars de déficit. Notre déficit avec le Japon (soixante milliards de dollars) est plus qu'aucun pays ayant toute sa raison n'en saurait supporter — il a doublé par rapport à 1984, quand déjà je poussais de hauts cris.

D'autres deviennent menaçants. La Corée du Sud atteint les huit milliards de dollars. Elle n'en était qu'à la moitié en 1985. Elle prend aujourd'hui le chemin du Japon.

D'aucuns argueront : Okay, mais ils sont nos alliés, non ? La Corée est coupée en deux, aussi nous faut-il laisser la Corée du Sud prouver que notre système est meilleur que celui de la Corée du Nord. C'est comme Berlin-Est et Berlin-Ouest. Montrons-nous tolérants avec nos amis car nous n'en avons pas tant que ça.

D'accord, étudions de près les pays avec lesquels nous enregistrons un excédent. Nous trouvons la Hollande, la Belgique et l'Australie ; mais pour des exportations plus lucratives, il faut nous tourner vers le Paraguay, le Groenland et les Iles Falkland. Nous nous débrouillons pas mal en Tanzanie et au Pakistan, au cas où vous tenez à le savoir. Et, ultime ironie : nous sommes excédentaires avec la Russie, le Viêt-nam, la Lybie. Croyez-le ou non.

Nous pouvons faire des échanges avec nos ennemis tant que nous ne leur vendons pas du matériel de défense. Peut-être est-ce pour cela que ce sont nos amis qui rient de nous.

Regardons les choses en face. Nous allons à contre-courant de la marche du monde. Et ce n'est pas le reste du monde qui se trompe.

Cela me fait penser aux Britanniques qui roulent à gauche et qui estiment que le monde entier roule du mauvais côté. Ne les trouvons-nous pas un peu ridicules ?

Vous savez, le viol n'existe pas chez les porcs-épics. Mais

si vous êtes un porc-épic sans piquants dans un champ, méfiez-vous. Question marchés internationaux, nous avons perdu nos piquants (et notre allant).

Face à notre déficit extérieur, les législateurs se tournent les pouces. Si l'on ose leur suggérer de faire quelque chose, ils s'inquiètent de passer pour des revanchards. En matière commerciale, celui qui se fait pilonner est censé passer aux représailles. Mais les législateurs de Washington préfèrent passer pour des pervers plutôt que pour des protectionnistes.

Ne nous faisons pas d'illusions, le monde peut tourner sans notre acier, nos automobiles, nos céréales, et même sans notre haute technologie. Mais nous avons un atout qui leur dame le pion à tous.

Le marché américain. C'est notre as de pique. Aucune des grandes nations, parmi celles qui exportent, ne peut survivre aujourd'hui sans le marché américain. Plus de 40 % des exportations japonaises y arrivent, 48 % de celles de Taïwan, 40 % de la Corée du Sud, et 32 % de l'exportation globale du Tiers-Monde.

Les perspectives sont encore plus prometteuses. Le plus gros fabricant automobile n'est plus l'Amérique mais le Japon. Or, depuis des années les Japonais tirent la quasi-totalité de leurs profits automobiles mondiaux d'un seul marché — le nôtre. Alors que craignons-nous ?

Nous ne pouvons supporter plus longtemps ce déséquilibre. Les Américains finiront par n'avoir plus de travail. Les chiffres sont parlants : deux cent trente-sept mille travailleurs des aciéries ont perdu leur emploi en six ans ; cent quatre-vingt-deux mille dans la sidérurgie ; quatre cent trente-quatre mille dans le gros outillage ; trois cent mille dans le textile et le vêtement — la liste n'en finit pas. Si vous voulez comprendre ce que signifie le déficit du commerce extérieur, regardez autour de vous. Je sais, je sais, ne meurent que les industries « en perte de vitesse ». D'ici peu nous aurons reconverti ces travailleurs dans les florissantes industries de service. Après tout qui a dit que nous devions fabriquer des voitures quand on peut se contenter de les laver et de remplir le réservoir ?

Nos amis d'Outre-Pacifique ne supporteront pas davantage le déséquilibre. Les Japonais ne nous vendent rien d'indispensable. Nous ne leur achetons pas leur nourriture ni leurs ressources naturelles. Nous aimons bien leurs appareils-photo, leurs téléviseurs, leurs autos, leurs stéréos — mais nous n'en avons pas besoin. Le Japon a parié que l'Amérique continuerait indéfiniment à absorber l'excédent de son industrie. Le pari va tourner à l'aigre, car l'Amérique ne peut continuer.

Il existe deux moyens imparables pour ruiner une amitié : s'endetter auprès d'un ami ou devenir trop dépendant de lui. C'est ce qui se passe entre le Japon et les Etats-Unis.

Nous sommes de mauvaise foi envers nous-mêmes, et envers le Japon, en faisant de notre pays un supermarché mondial. Il est temps de dresser un péage et que le prix d'entrée soit un minimum de réciprocité.

L'an dernier, quand les Japonais passèrent outre notre accord imposant une limite à l'exportation des « puces », notre gouvernement décida de frapper un grand coup en les taxant de trois cents millions de dollars. La belle affaire que cette goutte d'eau dans la mer ! Ces trois cents millions de dollars équivalaient à trois dixièmes d'un pour cent de notre déficit avec le Japon — quelques piètres cargaisons d'automobiles.

Ce n'est pas tout. Après que le gouvernement eut finalement décidé de passer à l'action, la presse américaine nous qualifia de mauvais bougres, ceux qui allaient déclarer la guerre des marchés. Personne ne se souvenait que c'était les Japonais qui avaient brisé un accord. Les journalistes concluaient que nous avions tiré le premier coup d'une guerre perdue d'avance.

En vérité, nous n'en avons pas assez fait. Nous avons pressé la gâchette d'un pistolet à eau. Il aurait fallu un canon.

Je me félicite que l'Amérique ait développé une importante économie de service mais il n'en reste pas moins vrai qu'il manque un chaînon. Comme la chaîne alimentaire, comme la nature, l'économie commence avec la production et la fabrication. Il faut bien que quelqu'un produise pour que les autres ne meurent pas. Et nos producteurs américains sont aujourd'hui dans de beaux draps !

Avec le dépérissement du secteur productif, soixante-seize pour cent de notre force de travail est passée dans le secteur du service. Même si elle travaille dur, que peut-elle pour combler notre déficit ? Le « service » n'est pas exportable. D'un autre côté, ce secteur représente la sécurité de l'emploi puisqu'il ne subit pas la concurrence étrangère. (Les banques sont l'exception qui confirme la règle, et voyez ce qui leur arrive.) Le fait est qu'une économie basée sur le service n'a rien de stimulant, puisque ni la Corée ni le Japon ne sont là pour nous faire de l'ombre.

Nous n'envoyons pas encore notre linge se faire blanchir en Extrême-Orient. Nous ne réservons pas sur Swissair une place pour Chicago. *The New York Times* et *The Wall Street Journal* peuvent toujours adresser à des gens comme moi de longs éditoriaux nous incitant à soutenir la concurrence étrangère, ils ne se sont jamais trouvés face à elle.

Au bout du compte — prenez-en note — même les industries de service viendront grossir les rangs de ceux qui quémandent de l'aide à Washington.

Quatre-vingt-dix pour cent des emplois créés ces seize dernières années sont des emplois de service. Mais prenons garde : très bientôt, il n'y aura plus personne à servir. Qui achètera les hamburgers si le secteur industriel s'effondre ? Qui donnera son linge à laver ?

Je n'aime pas l'admettre mais je n'ai pas la moindre idée de ce qu'est notre politique en matière de marché. Huit entités différentes se penchent sur le problème à Washington — et toutes les huit œuvrent pour des politiques différentes ! Résultat, l'Amérique est le point de mire de ses partenaires commerciaux. Et ceux-ci ont quelque raison d'être inquiets : ils se demandent ce que l'avenir nous réserve.

Mon entreprise et ses travailleurs ont eu davantage à souffrir que quiconque de la politique coup de poing des Japonais, aussi ai-je crié le plus fort que nous avions besoin d'un remède. J'ai acquis la réputation d'un féroce « anti-Japon ». Critique infondée. Je ne suis pas fou aux yeux de Tokyo comme à ceux de Washington, et personne là-bas ne m'a jamais accusé d'être « anti-Américain ».

En mars 1981, au plus fort de la récession, et tandis que l'industrie automobile américaine affichait son record de pertes, l'administration Reagan pria le Japon d'accepter un quota d'importation volontaire de un million six cent quatre-vingt mille voitures. Le chiffre atteignit deux millions trois cent mille en 1985. Entre-temps, les trois géants* de l'automobile avaient recouvré la santé, mais les voitures japonaises continuaient à coûter deux mille cinq cents dollars de moins que les nôtres, principalement à cause des ristournes de taxes consenties par le gouvernement japonais, et à cause du cours du yen à deux cent soixante.

Avec ce genre d'avantages, les Japonais auraient pu submerger notre marché si les quotas avaient été révisés. Nous perdions déjà près de quatre milliards de dollars chaque mois face au Japon, dont un milliard six sur les seuls véhicules à moteur. Aussi n'en crus-je pas mes oreilles quand j'appris que l'administration envisageait de ne plus imposer de quota automobile au Japon.

C'était pourtant vrai. En février 1985, le conseil des ministres votait la levée des quotas à l'unanimité. Il laissait le Japon libre de déterminer le nombre d'automobiles exportées chaque année aux Etats-Unis. Le pays était déjà dans le rouge, et notre gouvernement laissait les vannes grandes ouvertes.

Je me doutais que les Japonais se restreindraient. Ils n'étaient pas assez fous pour risquer un contrecoup. Mais ils ne se priveraient pas d'exporter tout ce qu'ils pourraient. Ils dicteraient, de fait, la politique du marché automobile américain, et je me dis alors que notre politique aurait dû être établie à Washington et non à Tokyo.

(*) General Motors, Ford et Chrysler.

J'envoyai Ben Bidwell, notre directeur des ventes et du marketing, à Washington, histoire de m'assurer que l'administration avait mesuré les conséquences de sa décision. Bidwell prévint le chargé de mission William Brock et son équipe que Chrysler n'aurait pas d'autre choix que suivre General Motors en Extrême-Orient, pour produire plus et avoir plus de débouchés, et que nous allions concourir davantage au déficit. Ils hochèrent la tête : « Vous avez bien raison ! ».

Lorsque les quotas furent levés — un jour d'avril — je fis ma valise pour le Japon et la Corée. Je ne puis que dire : « Ce fut le Diable qui me guida. » Si le gouvernement décidait de plonger, je devais à Chrysler de tirer mon épingle du jeu. A vrai dire, je n'avais pas le choix. Les chiffres étaient parlants. Nous connaissions à l'avance les conséquences d'une importation japonaise sans restriction. Et l'administration nous avait clairement fait comprendre qu'elle ne ferait rien pour arrêter le flot.

Ce qui me blessa le plus fut peut-être que le gouvernement n'obtienne rien en échange du marché automobile qu'elle offrait sur un plateau aux Japonais. Notre déficit bilatéral, cette annéelà, atteignait le nouveau record de cent quarante-huit milliards et demi de dollars. Les producteurs d'agrumes, de viande, suppliaient le gouvernement de faire lever les barrières qui interdisaient leurs produits au Japon. Les sociétés de cigarettes demandaient de l'aide. La haute-technologie demandait de l'aide. Pas une des industries américaines capable de concurrencer efficacement le marché intérieur japonais qui ne soit systématiquement exclue.

L'administration n'aurait jamais une meilleure chance de se faire ouvrir le marché japonais. Le secteur automobile était sa carte maîtresse et elle s'en débarrassa. Je crois que ces garslà n'ont jamais sérieusement joué au poker. Enfin, je compris, avec tristesse, que non seulement le gouvernement Reagan ne lèverait pas le petit doigt pour apaiser la tension croissante des marchés américain et japonais, mais qu'elle n'en avait de surcroît pas l'intention. J'eus le pressentiment que les choses allaient empirer — je voyais juste.

La tension et la confusion montaient aussi au Japon. Certes, on se félicitait là-bas de l'action du Président, mais on sut que le Sénat, quelques jours plus tard, demandait à l'unanimité au Président d'user de représailles envers ce Japon aux portes trop bien fermées. Petit exemple de yin et de yang : le Président dit aux Japonais : « Exportez tout ce que vous voulez », et le Sénat décide à l'unanimité de claquer la porte.

J'ai rencontré à Tokyo quelques sages qui comprenaient fort bien qu'il nous fallait réduire notre déséquilibre commercial pour que le Japon et les Etats-Unis puissent maintenir leurs relations privilégiées. Ils étaient aussi inquiets que moi mais aussi impuissants. Quelques jours avant mon arrivée, le Premier Ministre Nakasone était passé à la télévision pour demander à tous les Japonais d'acheter pour cent dollars de produits américains importés. Incroyable mais vrai : un président américain se tourne les pouces tandis qu'un premier ministre japonais prend un gros risque politique en appelant les siens à « acheter américain ».

Ce slogan sonne désagréablement à mes oreilles. A croire que les entreprises américaines et les travailleurs américains auraient besoin qu'on leur fasse la charité, quand ils ne demandent qu'une chance d'exercer leur compétitivité. Mais l'entendre de surcroît dans la bouche d'un chef d'Etat étranger me mit fort mal à l'aise.

Malgré l'appel généreux de Nakasone, le déséquilibre de la balance commerciale s'accentua le mois suivant. Au Japon, le *lobby* de l'exportation et du protectionnisme est plus puissant que tout ce que nous connaissons ici. En partant, j'avais été prévenu : quoi que vous fassiez, ne touchez pas au riz. Si nous étions réellement dans un marché libre, les producteurs de riz japonais ne pourraient concurrencer le bas prix du riz américain. Bien sûr, rien n'est sacré ici, ni un constructeur automobile, ni un producteur de riz. Par contre, un producteur de riz japonais est sacré. Tous les politiciens japonais savent cela.

Au Japon, je pris la parole devant la Chambre de Commerce Américaine. Elle était constituée en majorité d'Américains mais également d'hommes d'affaires et de politiciens japonais. Je suppose qu'ils étaient venus assister à leur triomphe.

Il se produisit une chose curieuse. Je prononçai les mêmes attaques, les mêmes mises en garde qu'aux Etats-Unis, installé à côté de l'ambassadeur Mike Mansfield, et là, à Tokyo, dans la gueule du loup, le ciel ne nous tomba pas sur la tête. Je citai les chiffres, affirmai que nous ne pouvions continuer. Je jetai sur le tapis le problème des agrumes, de la viande de bœuf, je parlai de toutes les barrières. (Je ne soufflai pas un mot au sujet du riz. Je sais quand même me tenir.)

Je soulignai la responsabilité de l'Amérique puisque notre déficit extérieur surévaluait le dollar mais j'ajoutai que le Japon ne pouvait brandir ce bouclier tant que ses frontières commerciales nous resteraient fermées et qu'il s'entêterait à jouer les prédateurs sur notre marché.

Ma virulence étonna les auditeurs japonais. « Oui, le Japon veut exercer son protectionnisme mais je pense qu'il se trompe de marché. Il protège son marché intérieur quand il devrait protéger son marché en Amérique. C'est là-bas qu'il court un danger, là-bas qu'il risque ses plus grosses pertes. »

Dans la foulée, je donnai une conférence de presse. Jamais je n'avais vu autant de journalistes et d'appareils-photo. Une heure durant ils me bombardèrent de questions. Ni dans les journaux ni à la télévision on ne me taxa de véhémence ou de violence.

J'étais regonflé, à mon retour du Japon. Non que je crusse que les choses allaient changer mais parce que les dirigeants japonais avaient compris le problème et ce qu'il fallait faire pour le résoudre.

Malgré cela, la situation empira de mois en mois. Chaque fois qu'une barrière japonaise était levée, une autre s'abaissait.

J'avais espéré que les Japonais mettraient un terme à leur dépendance vis-à-vis de nous quand, fin 1985, ils approuvèrent l'effort du Ministre James Baker pour abaisser le dollar et élever le yen. Après tout, le déséquilibre des cours était l'une des raisons majeures de la montée en flèche du déficit à l'aube des années 80. Mais le cours des monnaies ne s'aligna pas sur celui du commerce. Un an plus tard, le déficit américain face au Japon s'était creusé de dix milliards de dollars. Le dollar avait pris cinquante pour cent par rapport au yen quand les prix des produits japonais aux Etats-Unis n'avaient augmenté que de dix à quinze pour cent.

Les profits japonais se trouvèrent réduits de moitié, car ils perdaient au cours du change et ne redressaient que légèrement leurs prix en dollars.

Pourquoi ? Parce que leur tête de pont est trop puissante pour qu'ils songent à perdre du terrain.

Les Japonais sont aussi tenaces à garder leur marché extérieur qu'à résister à l'évolution de leur marché intérieur. Ils n'achètent guère, et quand ils achètent, ils achètent japonais. Ils sont également les plus gros épargnants du monde. Leurs partenaires commerciaux et leur propre gouvernement ont bien essayé de leur faire délier les cordons de leur bourse, mais sans succès. On ne peut critiquer leurs valeurs : travailler dur, épargner, et, s'il faut acheter, traiter avec quelqu'un que l'on connaît. Je crois entendre mes parents ! Mais c'est un problème pour un pays qui vit de ses exportations et subit les pressions du reste du monde pour rééquilibrer sa balance.

Le gouvernement japonais est allé jusqu'à créer un « Centre de Développement du Loisir. » Son but : promouvoir le temps libre et la distraction, que les Japonais le samedi aillent faire un tour sur leurs motos plutôt que de les fabriquer, ou simplement qu'ils dorment un peu plus. Les responsables de cette louable institution ont travaillé jour et nuit, six jours par semaine, parfois sept, pour persuader leurs concitoyens de rester chez eux et de se détendre. Ils ont rédigé un rapport où ils se désolaient que les travailleurs japonais ne prennent que soixante pour cent de leurs congés. Ces mêmes responsables n'en prenaient que quarante pour cent !

Au début de l'année 1985, le gouvernement japonais décida de faire passer de six jours à cinq jours le temps de travail hebdomadaire. En fin d'année, les sociétés qui pratiquaient la semaine réduite déclaraient forfait. Le seul changement positif était que le travailleur-type quittait son poste une minute et quinze secondes plus tôt !

Autant regarder le problème en face. Les traditions japonaises sont trop bien ancrées pour qu'un changement puisse survenir de l'intérieur. Nous aurons beau supplier, discuter, menacer, les Japonais resteront sur leur voie — là où se trouvaient les Etats-Unis au lendemain de la Seconde Guerre Mondiale — car ils ne savent tout simplement pas comment en sortir. Il est politiquement impossible à un dirigeant japonais de réduire les exportations ou d'ouvrir son marché de façon conséquente. Ni les réunions au sommet ni toutes les bonnes intentions des politiciens japonais ne changeront cet état de fait.

Rappelons-nous que le problème du marché dépasse nos difficultés avec le seul Japon.

Je frémis en pensant au développement stupéfiant de Hyundai en Corée du Sud. Hyundai a pulvérisé les records en vendant deux cent mille voitures dès ses douze premiers mois sur le marché américain. Une performance qui jette de l'huile sur le feu. Ford nous apporte maintenant une voiture d'une autre compagnie coréenne. La plus importante société coréenne, Daiwoo, appartient pour moitié à la GM : un véhicule de plus importé.

Je sais que les Coréens du Sud sont en bonne place, car chaque fois que je parle d'eux à nos partenaires japonais, je les vois qui froncent le sourcil. L'inquiétude les ronge — et il y a de quoi. Les Coréens sont aussi travailleurs qu'eux, et la Corée du Sud ressemble au Japon d'il y a vingt ans, avide d'aller de l'avant, soutenue par un gouvernement volontaire.

Le Japon nous menace, la Corée du Sud menace le Japon. J'ignore qui inquiète la Corée du Sud. Peut-être la Corée du Nord.

De mes visites en Corée, il m'est apparu que l'éthique du travail était là-bas encore plus forte qu'au Japon. Gymnastique à midi. Pas de déjeuner. Quand vous visitez une usine coréenne, personne ne vous regarde. Ils travaillent comme des bêtes. Leur taux d'absentéisme annuel équivaut à notre taux hebdomadaire ; personne ne veut risquer de retourner dans les rizières. L'enthousiasme des forces de travail laisse le Japon loin derrière.

L'ouvrier sud-coréen moyen gagne un dollar dix-neuf de l'heure, travaille plus de cinquante-quatre heures par semaine, et ne touche pas d'heures supplémentaires. Deux tiers des travailleurs gagnent cinquante-cinq cents de l'heure. C'est ce qui s'appelle gagner sa vie à la sueur de son front.

Et ce n'est pas tout. Là-bas, la plupart des produits étrangers circulent en contrebande. Jusqu'à mon premier livre qui a été piraté — pour cent mille exemplaires. Les Coréens ignorent les lois internationales du *copyright*, sans parler des obligations d'échange. Il est temps de leur crier : « Hé les gars, l'échange est basé sur la confiance et le respect mutuels. Vous auriez intérêt à changer de chanson si vous tenez à ce qu'on continue à acheter vos produits. »

Pendant ce temps-là, Volkswagen et Ford nous apportent leur dernière-née du Brésil. Et Mexico nous achemine quelques cargaisons automobiles. C'est bien connu : tous les chemins mènent à Main Street, USA.

Un autre danger nous guette, venu des nations d'Amérique du Sud, derrière les bannières du Brésil et du Mexique. Ces pays ont contracté tellement d'emprunts avec les banques américaines que celles-ci boiront la tasse si nous mettons le holà à leurs exportations. Ce qui leur donne presque un statut privilégié sur notre marché, mais pour de mauvaises raisons.

Maintenant que nous avons un million de voitures coréennes, trois millions de voitures japonaises, et un autre million en provenance de divers coins du monde, cela nous fait cinq millions de voitures étrangères sur les dix millions du marché américain. Nous perdons la moitié du marché. Et les emplois en conséquence.

Le monde se partage en ennemis, alliés et neutres. Nous, Américains, avons trois grands ennemis : l'OPEP, le Kremlin et la Société Anonyme du Japon. L'OPEP n'a à cœur que ses propres intérêts. Ces pays ne croient pas au libre-échange et contrôlent ce produit de base qu'on appelle pétrole. Ils nous serrent régulièrement la vis. Ensuite, nous avons le diabolique empire de Russie. Nous garder de lui nous coûte la majeure partie des trois cents milliards de dollars de notre budget-défense. Nous ne craignons guère une invasion mexicaine, mais bien une invasion soviétique.

Mais le pire, notre cheval de Troie, est cet ami au sourire constant. Non, il n'est pas moitié-ennemi, moitié-ami. Le Japon est notre dernier allié en Extrême-Orient, me dit-on aux Affaires Etrangères. Voilà pourquoi il nous faut le caresser dans le sens du poil. Il est aujourd'hui la première puissance économique du monde, et il peut faire presque tout ce qu'il veut. En tant qu'homme d'affaires je l'admire, mais il m'inquiète.

Si l'on pousse le déficit commercial à l'extrême, le Japon aura un cartel mondial. Vous savez ce que ça donnera. Je vous propose un exemple. Quand une Toyota coûte mille quatre cents dollars de plus qu'une Chrysler à cause du cours monétaire, le consommateur américain préfère la Chrysler. Mais prenons un magnétoscope. Même pour deux cents dollars de plus, l'Américain optera peut-être pour le « produit-maison ». Or, les Etats-Unis n'en fabriquent plus. Et tant que personne ne s'offre à les concurrencer, les Japonais ont le monopole — ils font la loi des prix. Le consommateur américain peut toujours se dire : « Au diable, Sony, c'est trop cher ! » Mais qu'achètera-t-il ? Panasonic ? En ce cas, essayez encore de me parler compétition et marché international ! Oui, je sais, les puristes du libre-échange pourront toujours dire : « Pas de problème. Les super bas prix coréens ramèneront les prix japonais à la raison. »

Pour moi, la solution du problème est simple : nous devons commencer par geler notre déficit avec le Japon et dire aux Japonais de réduire leurs exportations de façon sérieuse, par exemple vingt pour cent par an, jusqu'à ce que nous ayons rééquilibré la balance. Nous devons leur fixer en dollars les limites du déficit que nous sommes prêts à accepter, et réduire ces limites de vingt pour cent chaque année.

Le déséquilibre du commerce entre le Japon et les Etats-Unis a atteint la somme monstrueuse de soixante milliards de dollars par an. Ces trois dernières années, l'excédent japonais s'est accru de trente pour cent par an ! Pauvre Dick Gephardt qui suggérait que nous priions les Japonais de réduire de dix pour cent et qui s'est fait accuser par la presse d'un protectionnisme outrancier. Les Japonais aiment avoir des objectifs. Il est temps que nous leur en donnions un.

Le Japon étant nation souveraine, il ne nous revient pas de lui dicter la façon d'équilibrer la balance de son commerce avec nous. Mais nous aussi sommes une nation souveraine, et nous avons tout le droit du monde de leur demander de rééquilibrer. Qu'ils nous vendent moins ou qu'ils nous achètent plus — peu importe. Qu'ils choisissent. Un jour nous cesserons d'ergoter, de pinailler sur les ravioli, les pamplemousses. Cela ne nous a pas menés loin, et ne nous mènera nulle part. Tout ce que nous voulons c'est une limite.

L'idée fait frémir les purs et durs du libre-échange, mais à mes yeux elle répond aux deux critères sensés d'une politique de marché : la justice et l'intérêt de chacun. Justice, car il est temps que le Japon paye son droit à être la première puissance économique mondiale. Les Etats-Unis ont acquitté leur part avec le plan Marshall, avec l'aide étrangère massive, et en ouvrant leurs frontières au Japon et aux autres sans exiger la réciprocité.

Le Japon est en passe de devenir le pays le plus riche du monde. C'est déjà tellement criant que l'adhésion au plus prestigieux club de golf japonais se monnayait récemment à deux millions sept cent mille dollars. De quoi aplatir même le portefeuille d'Arnold Palmer.

Le Japon n'a plus besoin de la gratuité que nous lui offrons. Nous payons pour la défense japonaise et nous lui octroyons trente-huit pour cent du total de ses ventes à l'étranger. Nous faisons vivre trois millions de travailleurs japonais. Nous avons donné, il est temps que le Japon s'assume tout seul. Il s'est enrichi en ciblant notre marché et en protégeant le sien. Qu'on le prévienne ajourd'hui que les règles ont changé.

La limite du déficit est également l'un de mes critères, car il n'est pas dans l'intérêt de l'Amérique de devenir une colonie économique du Japon. C'est ce vers quoi nous courons. Mais il n'est pas plus dans l'intérêt du Japon de s'entêter dans sa dépendance quasi-parasitaire du marché américain.

Néanmoins, tout ce que nous faisons pour rajuster la balance commerciale est difficile à admettre pour le Japon. Peut-être est-ce parce que je ne suis pas né dans une île que je suis le premier à admettre que je ne comprends pas tout à fait ce qui motive les Japonais. Mais cette clause de réserve devrait fonctionner dans les deux sens ; or il est évident que la plupart des Japonais ne comprennent rien à l'Amérique ni aux Américains.

Par exemple, un célèbre commentateur de la télévision japonaise déclarait : « Nous avons accepté les frictions du marché comme on subit un changement de temps — une chose naturelle — et nous avons essayé de nous adapter passivement, comme on ploie devant une tempête ou une rafale de vent. »

On voit là une attitude qui pose un problème. Les Japonais n'ont pas sérieusement l'intention de modifier leurs pratiques prédatrices. Ils attendent simplement que la tempête se calme.

Il est décourageant de constater que l'un des plus grands journalistes japonais ne comprend pas l'Amérique, mais pire est l'aveuglement des dirigeants.

Wataru Hiraizumi, qui fut membre de la Diète Japonaise et qui est considéré comme un membre influent du parti libéral démocrate, a trouvé une explication pour le moins simpliste à nos problèmes d'échange : « Le Japon ne va pas changer. Nous aimons travailler dur et les Américains n'aiment pas. »

Certes, les Japonais travaillent dur. Beaucoup de gens travaillent dur, même aux Etats-Unis. Les Japonais ne s'enrichissent pas grâce à leur dur labeur ; ils s'enrichissent par le marché américain grand ouvert et le verrouillage de leur marché intérieur. Et, bien sûr, parce que les milliards de dollars de la défense américaine les protègent. Peu après l'interview de Hiraizumi, trente-sept marins américains périrent dans un tragique accident dans le Golfe Persique en protégeant notre zone pétrolifère. Les Etats-Unis ne tirent du Golfe que cinq pour cent de leurs besoins en pétrole ; le Japon dépend de cette zone à soixante pour cent de ses besoins.

Hiraizumi ne nous a rien caché de ses intentions :

« Nous allons continuer à travailler dur et à amasser les excédents. Et puis nous achèterons votre pays et vous y vivrez en nous payant un loyer. »

Voilà ce que Hiraizumi pense des Américains : que nous allons devenir une nation de locataires, qui cèdent en leasing, morceau par morceau, leur pays aux propriétaires japonais.

M. Hiraizumi a encore beaucoup de choses à apprendre sur nous s'il croit possible la réalisation de ce scénario. Mais je comprends pourquoi il y croit.

Les Japonais ont fait tant d'argent sur notre dos qu'ils ont pu diversifier leurs portefeuilles en rognant jusqu'à nos biens fonciers. Vous pouvez vous réveiller et constater que votre propriétaire ne s'appelle plus Joe Smith mais Joe Akimoto. C'est ce qui est arrivé à des sociétés comme Exxon, Tiffany, et ABC. Toutes trois ont récemment vu leur siège à New York acquis par des investisseurs japonais.

Ceux-ci ne se sont pas contentés d'acheter quelques gratte-ciel à New York, ils sont devenus propriétaires de certains casinos désaffectés de Las Vegas et possèdent maintenant les deux-tiers des plus grands hôtels d'Hawaii. Ils se sont aussi tournés vers la banque. Ils possèdent aujourd'hui six des douze plus grandes banques californiennes, et six parmi les dix plus importantes de Chicago.

Aucun prix ne les fait tiquer. L'immeuble Exxon s'est vendu six cent dix millions de dollars, un record pour une tour à New York. En 1986, ils ont acheté pour six milliards de dollars de biens immobiliers, quatre fois plus qu'en 1985 — et ils continuent.

J'ai dû m'asseoir quand j'ai appris que Kondobo USA Inc. venait d'acheter le centre judiciaire de Washington. La justice paye maintenant huit millions et demi de dollars par an à ses nouveaux propriétaires.

Un conglomérat japonais s'est offert une page entière du *New York Times* l'an dernier pour se vanter de son « année décisive » et d'avoir « intimidé l'industrie américaine en acquérant pour un milliard huit d'immeubles en l'espace de douze mois » (ce qui incluait l'ARCO Plaza à Los Angeles et les locaux d'ABC à New York). Et voilà où le bât blesse : ils affirment avoir en vue de « futurs développements » car « le meilleur reste à venir ».

On peut dire qu'ils ne font pas dans la légèreté ou l'allusion, je leur reconnais ça.

C'est finalement l'idée qui me déprime le plus. Je suis d'accord avec Hiraizumi : nous n'avons pas à nous inquiéter puisque « nous ne nous ferons pas la guerre, nous ne nous détruirons pas mutuellement. Nous sommes *condamnés* à vivre ensemble. » Quoi de mieux en guise de confiance mutuelle ?

Je ne sais dans quelle mesure la pensée de Hiraizumi reflète celle de l'ensemble des Japonais, mais sa place de politicien important me donne à croire que, comme tous les politiciens, il ne dit rien qui ne soit sensé trouver un écho dans les foyers, aussi blessantes que soient ses paroles. Donc, je ne crois pas que nous devions le prendre pour un excentrique. Lui et quelques autres Japonais défendent une vision de leur pays et du reste du monde qui laisse mal augurer des années à venir.

Il nous faudra sans doute longtemps pour comprendre la culture japonaise, aux valeurs et coutumes ancestrales très fortement ancrées. Mais il est évident que Hiraizumi et d'autres ne comprennent goutte à notre société pluraliste, où nous acceptons n'importe qui pour notre égal mais personne pour supérieur.

D'aucuns ont évoqué une guerre de marché avec le Japon. La métaphore me met mal à l'aise, car chaque fois qu'il est question de guerre on a tendance à exagérer les faits. Et puis il n'y a pas si longtemps que nos deux pays se sont réellement fait la guerre.

On trouve indécent aujourd'hui de reparler de Pearl Harbor mais il est important de se souvenir pourquoi il y eut Pearl Harbor : nous ne connaissions pas les Japonais, et eux ne nous connaissaient pas.

Nos deux pays ont payé le prix fort pour avoir été des étrangers l'un à l'autre. Que ce soit poli ou non, il ne faut pas l'oublier.

De part et d'autre du Pacifique.

11

BUDGET PIPÉ

Quand j'étais môme, dans les années quarante, les expressions familières avec des chiffres pullulaient. On disait d'une voiture rapide qu'elle allait « à cent à l'heure », une vie palpitante aussi allait à « cent à l'heure » ; et le « million » voulait dire quelque chose ! Mon expression préférée était : « Chérie, tu ressembles à un million » (*) (J'étais un fan d'Humphrey Bogart.)

Tout ce que je savais, c'était que le million approchait de l'infini. Aujourd'hui, quarante ans plus tard, le mot *milliard* est devenu le plus courant dans mon vocabulaire (ça fait mille millions). Non, je ne dis pas d'une femme qu'elle « ressemble à un milliard » mais j'ai emprunté un milliard deux cents millions de dollars quand Chrysler agonisait — et je l'ai remboursé. J'ai dépensé un milliard pour sortir nos minicars. Et j'ai récemment signé un contrat de un milliard de dollars.

Il m'a fallu quarante ans pour appréhender le milliard. Et à peine ce mot devient-il une réalité que le *trillion* fait son apparition. (Mille milliards !)

A part les astronomes, personne n'utilisait jamais le mot *trillion*. Même notre gouvernement fédéral l'ignorait avant 1981 lorsque, après deux cent six ans, il s'aperçut qu'il s'était endetté

(*) Expression intraduisible en gardant le mot « million ». Equivalent de « Tu es superbe », « Tu es une perle ».

pour un trillion de dollars. De là, parce que la dette doubla allègrement en quatre ans puis, encore trois ans plus tard, atteignit les trois trillions de dollars, plus personne ne se demande ce que signifie ce mot.

Quand nous tentons de faire modifier aux Japonais et aux autres leurs méthodes mercantiles, ils ont beau jeu de nous jeter notre dette au visage : « Si vous n'aviez pas un tel déficit budgétaire, vous n'auriez pas un tel déficit commercial. » Ils ont raison, évidemment. Voilà pourquoi ces deux déficits resteront dans l'histoire comme les scandales jumeaux de notre époque.

Supposons, dans l'intérêt de mieux comprendre le marais où nous nous enlisons, que nous demandions à notre gouvernement de faire un peu le ménage, d'appliquer ses lois et de nous parler franchement. Nous recevrions chaque année, avec notre feuille d'impôt, l'état des comptes. Aujourd'hui, cela donnerait pour une famille de quatre personnes :

Cher et chère Contribuables

Votre part de la dette publique s'élève à 38.928,50 $.

Les douze mois écoulés, cette part s'est accrue de 3.615,58 $.

Votre contribution à la facture totale sera cette année de 2.255,68 $.

Bien à vous.

Voir la dette personnalisée de cette façon justifierait une révolution chez les Américains. Peut-être en avons-nous besoin.

Un beau cadeau que nous faisons là à nos enfants ! Ils habitent un beau manoir sur la colline ; leurs enfants auront de la chance s'ils héritent seulement de la cahute au fond du sous-bois.

Une chose encore, avant d'exiger les manifestations de leur gratitude. Nous ne nous sommes pas préoccupés de payer le château. Je l'ai déjà dit, et je le répète : nous leur laissons le manoir, d'accord, mais nous leur laissons aussi les hypothèques.

Peut-être devrions-nous demander l'avis des chers petits. Peut-être devrions-nous réduire le droit de vote aux moins de trente ans, car ce sont eux qui auront à régler les traites. En plus d'acquitter leurs propres dettes, ils auront le privilège de supporter les miennes.

Sans doute devrais-je dire « merci », mais j'ai honte, en vérité. Quand je suis sorti du lycée, on ne m'a pas tendu de facture et — ne l'oublions pas — c'était au lendemain de douze ans de la plus grave dépression de l'histoire suivis par quatre années de guerre mondiale.

Notre dette était lourde alors, mais rien à voir avec celle, colossale, que nous nous apprêtons à laisser.

Quand nos enfants s'en rendront compte, ils auront de quoi nous balancer dans le port.

Un conseil : n'essayez pas de rembourser *cash.* Il faudrait à l'Institut d'Emission des Monnaies cinquante-sept ans, deux mois et deux semaines pour imprimer les billets. Les seuls intérêts de notre dette augmentent de cent quatre-vingt-douze milliards de dollars par an. Soit vingt-cinq cents pour chaque dollar. Le genre de record dont on n'entend parler qu'à Las Vegas. Et soyez bien persuadés que ces vingt-cinq cents ne paieront pas une seule route, le salaire d'un seul flic, ne serviront pas à éduquer un môme ou à nourrir une famille misérable. C'est de l'argent mort. Comment allons-nous grandir, devenir productifs avec pareil fardeau sur le dos ?

J'aimerais pouvoir dire qu'il y a une fin. Mais si la dette continue à croître au rythme qu'elle a pris depuis 1980 elle atteindra les treize trillions de dollars en l'an 2000 : soit quatorze fois plus qu'en 1980.

Chez Chrysler, nous avons appris où menait ce genre d'hémorragie. On entendra bientôt la sirène d'alarme. Surtout que rien n'est prévu pour résoudre le problème.

Le gouvernement devrait nous montrer à tous comment gérer nos finances, sans oublier de prévoir quelques poires pour la soif. Mais non, il dépense chaque mois dix-sept milliards de dollars de plus qu'il n'en voit rentrer dans ses caisses.

Voilà de quoi briser la paix des ménages si pareil désordre régnait dans les foyers américains.

Comment cela a-t-il pu arriver si vite ? Eh bien, voilà quelques années, quelqu'un a eu l'idée d'une nouvelle façon de gérer les finances publiques de notre pays. On baptisa cette politique « l'économie de l'offre ».

Les partisans de « l'économie de l'offre » affirmaient que si nous réduisions les taxes, nos revenus gonfleraient tellement vite que cette explosion du pouvoir d'achat nous permettrait non seulement d'équilibrer nos comptes, mais aussi de chausser de neuf nos soldats — et même de payer quelques-uns de ces missiles que nous accumulons.

Séduisante, n'est-ce pas, cette idée que la richesse engendre la richesse ? Mais lorsque l'on s'aperçoit qu'il en résulte plus de dettes en cinq ans que le pays n'en avait connu en deux siècles, on frémit pour ceux qui devront acquitter le paiement. A savoir nos enfants, j'en ai peur.

Un fait divers récent reflète assez bien ce sombre avenir : l'an dernier, le fisc prit soixante-dix dollars soixante-seize cents à une fillette de neuf ans — somme qu'elle avait épargnée dans sa tirelire — pour le règlement partiel d'un retard d'impôts de ses grands-parents. La presse ébruita la bavure et le fisc, fort embarrassé, ne put que rendre l'argent. Mais ne comptons pas sur un tel dénouement dans le futur. Le fisc aura besoin du moindre centime récolté. L'économie de l'offre était censée réduire les taxes pour renflouer l'économie, non imposer les enfants et, de ce fait, pénaliser l'épargne.

Malheureusement, les politiciens ne s'inquiètent guère de leur débauche de crédit. « Dépensons aujourd'hui, nous paierons demain. » Ils s'abusent, ils nous abusent, en faisant semblant d'agir contre ce scandaleux déficit budgétaire.

Et chaque année, l'administration doit réviser à la hausse ses petites erreurs de calcul en matière budgétaire. En août 1986, elle a dû admettre que, non, le déficit ne serait pas de cent quatre-vingts milliards de dollars, comme on l'avait annoncé l'année passée, ni de deux cent deux milliards comme on l'avait recalculé en février, mais bel et bien de deux cent trente milliards de dollars. Record de tous les temps. L'estimation de départ n'avait jamais été sous-estimée qu'à cinquante milliards de dollars près.

Tout le monde peut se livrer à ce petit jeu. Au début, sous-estimer le déficit. Prétendre que les coûts médicaux ou les coûts de la Défense ne monteront pas dans les douze prochains mois. Dire également que le recettes indirectes croîtront plus qu'elles ne le feront réellement. Minimiser le déficit afin de prévenir une révolte des contribuables et, au bout de neuf ou dix mois, quand personne ne s'occupe de vous, coller dix milliards par-ci, quinze milliards par-là, partout où vous savez les échéances immédiates.

J'appelle cela « les jeux d'août » car nos politiciens s'y livrent calmement au cours des chaudes journées d'août, quand tout le monde est à la plage, peu soucieux de la course du budget vers le gouffre.

Mais ces gars-là se trompent chaque année et les contribuables se font escroquer. Si vous ne le croyez pas, jetez un coup d'œil aux prévisions erronées de l'administration Reagan en matière budgétaire. Ajoutez ces sommes et vous constaterez que le dépassement des coûts estimés s'élève à deux cent soixante dix-huit milliards de dollars de 1982 à 1986. L'administration a accru notre déficit budgétaire d'un trillion de dollars dans ce même laps de temps, et un quart de cette somme fut une surprise.

En 1981, quand ce programme fut mis sur pied, nos administrateurs prévoyaient d'équilibrer le budget en 1985. En 1986, nous devions enregistrer un excédent de vingt-huit milliards.

C'est fou. Toute la Maison Blanche s'est soumise à des tests d'urine pour prouver qu'elle n'était pas un repère de drogués. Si on leur avait fait subir le test de Reaganomanie dans les grands jours, il aurait été positif !

Quand le Congrès approuva la loi Gramm-Rudman en 1985, Washington cria victoire, assurant que notre problème de déficit était résolu. Cette mesure promettait l'équilibre du budget pour 1991. Gramm-Rudman rimait avec panacée.

Okay, personne ne conteste le but, mais il faudra dire beaucoup de prières. D'abord, la méthodologie est impraticable. En deux mots, la loi dit que nous arriverons à rééquilibrer notre budget en confiant le bébé à quelques ordinateurs et à une poignée d'employés. Voilà ce qui s'appelle reculer pour mieux sauter. Nous chargeons nos élus de définir les priorités. Au lieu de cela, nos incomparables dirigeants décident « d'automatiser » la chose en confiant le problème à quelques robots.

J'en connais un rayon sur les robots. Il n'y a pas longtemps j'en ai acheté une centaine. Nous les utilisons beaucoup en usine, pour peindre, souder, porter de lourdes charges. On leur réserve le sale boulot. Mais on ne leur demande jamais de traiter les priorités ou de prendre des décisions. Nous sommes de la vieille école. Nous préférons les compétences humaines.

Le robot de Gramm-Rudman peut être programmé pour ôter vingt mille dollars au budget, mais il ne peut discerner entre enlever vingt mille ridicules dollars au Pentagone et les vingt mille dollars qui provoqueront le limogeage d'un agent du FBI. Toutes choses se valent pour un robot. Même nos robots les plus intelligents n'ont pas une once de bon sens.

Voilà pourquoi nous élisons des êtres humains, non des robots. Que cela leur plaise ou non, nos élus sont tenus de respecter les priorités, de prendre des décisions, de rendre compte et d'être jugés pour leurs actes.

Et ainsi remonte-t-on jusqu'au sommet la pyramide des responsabilités.

Bref, pour vous donner une idée de la panacée qu'est véritablement le système Gramm-Rudman, la loi précisait qu'en 1987 le déficit budgétaire se réduirait à cent quarante-quatre milliards de dollars. Je vous le donne en mille, le gouvernement l'a porté à cent cinquante-huit milliards de dollars.

Au lieu de se fâcher contre l'administration, le Congrès a tout simplement révisé son barème et repoussé les limites de ses prévisions à venir. Maintenant, c'est en 1993 que le déficit devrait être épongé. Je le croirai quand je le verrai.

En démocratie, bien évidemment, le blâme rejaillit sur tous. « Nous, le peuple ». C'est notre faute si le déficit atteint cette proportion. Nous avons fermé les yeux, parce que nous avons continué à prêter l'oreille aux promesses de nos politiciens, sans jamais les rendre responsables, comptables, d'une année à l'autre, de leurs promesses passées.

Les politiciens sont élus pour nous donner un « mieux », non pour nous l'ôter. Comme Walter Mondale l'a appris à ses dépens, demander le sacrifice équivaut à un suicide politique. Il fut mis hors jeu par quarante-neuf Etats sur cinquante. Aussi pourquoi en voudrions-nous à nos politiques de laisser courir le déficit ? Le suicide n'est pas du goût de tous.

La faute nous incombe donc. Les gens de Washington vivent des scrutins. Ils ne font pas l'opinion publique ; ils la suivent. Le jour où les urnes rapporteront que la majorité des Américains réclame l'austérité pour faire le ménage dans le budget, le déficit se comblera.

Cela doit se passer ainsi en démocratie. Les électeurs doivent diriger leurs dirigeants. La Rue doit dire à ses élus : « Arrêtez les frais. Votre plan n'a pas marché. Trouvez-en un autre. » Il faudrait une véritable coalition pour envoyer à nos politiques un message si clair qu'ils ne puissent contourner le problème.

Je suis convaincu que si les Américains comprenaient dans quel marais nous nous sommes enlisés, et ce que nous nous apprêtons à faire payer à nos enfants, ils ne demanderaient pas le sacrifice, ils l'exigeraient.

En affaires, ce genre de problème trouve vite une solution. Vous convoquez tous les responsables et vous leur dites : « Bon, les gars, les ventes baissent et les coûts montent. Alors, à partir d'aujourd'hui on réduit le budget de dix pour cent. Revenez me dire demain ce que vous décidez de laisser tomber. »

Pas de protestations. Pas de discussions. Chacun s'enferme dans son bureau et commence à dresser une liste.

La technique marche à merveille dans une entreprise. Le patron peut jouer les dictateurs puisqu'il n'est pas occupé à ramasser des voix. Voilà pourquoi beaucoup d'entre nous, à la tête des grosses compagnies, ont la réputation d'être inflexibles. Il le faut quand le budget se met à battre de l'aile. Ni la recherche du consensus ni le volontariat ne sont applicables à ce domaine.

Mais l'Amérique n'est pas une entreprise comme les autres ; c'est une démocratie. Le peuple est responsable, aussi les impulsions doivent-elles partir de lui.

Peut-être devrions-nous dresser la liste de ce que nous attendons d'abord du gouvernement. Protection contre la Russie. La sécurité sociale. Les soins médicaux. Des bourses d'études. La recherche contre le cancer. Une réduction d'hypothèque pour le cottage sur la plage.

Et puis il faudrait se demander : « Que dois-je supprimer pour rééquilibrer le budget ? » Je suis certain que les hommes du Congrès et les sénateurs reçoivent des milliers de lettres dans lesquelles leurs correspondants (c'est vous) donnent leur avis sur la façon de combler le déficit. Je doute que beaucoup d'entre eux écrivent : « Commencez par moi. »

A propos, il existe beaucoup de gens dans le pays qui ne seraient pas en mesure de dresser la liste sus-mentionnée. Je parle de tous les déshérités — les handicapés, les pauvres, les enfants martyrs, tous ceux qui ont véritablement besoin de notre aide. Il ne serait pas juste de les priver de leurs rares soutiens. Mais il en reste encore beaucoup parmi nous à qui l'on peut demander un sacrifice.

Actuellement, les allocations représentent quarante-six pour cent des dépenses fédérales, ce qui doit être exagéré. Un exemple : en 1986, plus de deux mille cinq cents Américains jouissant d'un revenu imposable d'au moins un million de dollars, ont bénéficié de remboursements par la sécurité sociale. Avaient-ils vraiment besoin de ces revenus supplémentaires ? Non. Si nous cessions de rembourser les frais médicaux de tous ceux qui gagnent cinquante mille dollars ou plus, nous économiserions aussitôt six milliards de dollars.

La sécurité sociale fut créée pour les nécessiteux, non comme un luxe pour ceux qui gagnent leur vie. A ce propos, ma mère touche encore un chèque mensuel de quatre cent quatre-vingts dollars. Mieux, elle a bénéficié d'un ajustement selon l'indice du coût de la vie qui porte sa pension sécurité sociale à cinq cent trois dollars. Cela n'a pas plus de sens à ses yeux qu'aux miens. Le problème est que personne ne veut fermer sa porte au Père Noël.

Mais le déficit ne sera pas comblé tant que nous n'ordonnerons pas à nos politiciens de le faire. Ils s'exécuteront — ils s'exécutent toujours, quand nous aurons crié bien haut et bien clair.

Dans toute prévision de budget, quand vous vous apercevez que vous vous êtes trompé, le plus dur reste à venir. On connaît le montant de la colonne dépenses, reste à trouver des recettes. C'est les affaires. Vous avez réduit, réduit au maximum, mais ce n'est pas assez. Il faut faire sonner la caisse enregistreuse. Il faut vendre quelque chose.

Là on devient sérieux, on regarde les choses en face : réduire n'a pas suffi. Il faut des rentrées. Voilà ce que les politiciens refusent de voir. Il n'est nul besoin de courage pour crier : « Je réduis vos impôts. » N'importe quel robot peut le faire. Mais il faut des tripes pour suggérer de nouveaux impôts.

Du moins en public. Dans le privé, le secret le mieux gardé de Washington est que les taxes vont augmenter. Ce n'est qu'une question de temps. Les politiciens se le murmurent comme des petits garçons en train d'échanger des blagues cochonnes.

J'aimerais voir davantage taxer la consommation et moins le capital et l'emploi. Pourquoi ne pas établir un impôt sur les ventes nationales ? Voilà qui donnerait une autre valeur à l'argent. Exception faite de ceux qui gagnent moins de quinze mille dollars l'an ; ils seraient excusés. Mais tous les autres paieraient. Car il est temps de cesser de pressurer ceux qui épargnent. Il est temps de pénaliser ceux qui dépensent.

L'impôt sur la consommation serait gradué, comme l'impôt sur le revenu. Peut-être un pour cent pour tout achat de dix mille dollars et deux pour cent pour cent mille dollars. Néanmoins, si vous voulez acheter un yacht, n'hésitez pas, mais apprêtez-vous à le payer. A ma connaissance, personne n'a besoin d'un yacht d'un million de dollars. Ce n'est pas comme un pantalon ou une robe. Alors pourquoi ne pas hausser la taxe du yacht jusqu'à trois pour cent ? Cela ne vous empêchera pas de l'acheter, mais le gouvernement empochera du même coup trente mille dollars.

Si nous voulons vraiment combattre le déficit, il nous faut aussi modifier l'impôt sur le revenu. Attendez une minute — cela a déjà été fait en 1986 ! (Le premier gros changement en soixante-quatorze ans.) Exact, mais nous l'avons bousillé.

Un impôt sur le revenu doit répondre à trois critères : être juste avec tous ; faire rentrer assez d'argent dans les caisses pour payer les factures ; aider le pays à rester compétitif. Eh bien, voilà un an que nous vivons sous l'ère de l'impôt réformé et il ne répond qu'à un seul de ces trois critères.

Je le reconnais, la nouvelle loi est plus juste. Mais puisqu'il lui faut enregistrer une « recette neutre », elle n'a pas comblé d'un centime le déficit. Et elle a prélevé cent vingt milliards de dollars directement sur le dos des affaires américaines. Nous voilà moins compétitifs. Diable, Toyota se débrouille mieux que Chrysler !

Tous les autres pays émettent des lois fiscales qui encouragent l'exportation. Le nôtre ne fait rien pour cela. J'ai eu le projet d'exporter quelques voitures en Europe. Mais devinez quoi. Je gagne mille cent à mille deux cents dollars de plus par voiture si je les fais partir de nos usines canadiennes ou mexicaines plutôt que du Michigan, de l'Illinois ou du Missouri — simplement en économisant des taxes. Et c'est suffisant pour réussir ou non une affaire.

Je n'ai jamais été pour toutes ces réductions d'impôts sur le revenu personnel. Mon propre exemple est parlant. Il y a vingt ans, mon taux d'imposition marginal était de quatre-vingt-dix pour cent. Il est passé à soixante-dix puis à cinquante puis à trente-huit et demi et aujourd'hui il est à vingt-huit pour cent. Franchement, je n'ai pas besoin de tout cet argent. Pourquoi le gouvernement ne m'impose-t-il pas à trente-cinq ou trente-huit pour cent ?

Je reconnais que quatre-vingt-dix, c'était beaucoup ; cela peut couper l'envie de travailler plus dur et de gagner encore plus. Il n'est guère stimulant, passé un certain plancher, de gagner 10 cents tandis que le gouvernement en empoche quatre-vingt-dix. Le partage ne devrait pas excéder cinquante-cinquante. Il me paraît normal de gagner davantage que mon gouvernement. Après tout, c'est moi qui travaille.

Chez Chrysler, quand nous étions au bord du gouffre, nous nous sommes tous serrés la ceinture. Ceux qui travaillaient avec nous avaient l'honneur de le faire pour un salaire réduit. Il le fallait. C'est dans ces cas-là qu'on demande un sacrifice. On ne se contente pas de faire miroiter de petites gâteries comme la réduction d'impôts.

Ainsi, je souhaite payer davantage d'impôts. Je peux le supporter. Ce que je ne supporte pas, c'est d'accumuler sur les têtes de mes enfants une dette publique qui les étouffera ; et leurs enfants ; et leurs petits-enfants.

En dernier recours, nous pouvons toujours jeter dehors nos législateurs. On peut leur donner le choix : soit vous prenez des mesures radicales pour combler ce déficit, soit on vous éjecte.

A défaut, il nous reste le vote. A l'exception de la Suisse, nous tenons le record du plus bas taux de participation aux élections des pays occidentaux. Ah ! cette bonne vieille et libre Amérique ! Nous croyons en la Constitution, en la représentation. Et pourtant, ces dernières années, seulement la moitié d'entre nous s'est souciée de se prononcer aux élections présidentielles — taux moindre encore aux autres consultations. Les chiffres me font frémir. Il est temps de penser un peu à ce que nous fichons ici ; temps de se rappeler que liberté rime avec responsabilité. Si nous l'oublions, nous risquons de les perdre, et l'une et l'autre. C'est d'ailleurs en bonne voie.

Le choc promet d'être terrible quand les Américains découvriront à qui ils doivent cette montagne d'argent. Beaucoup s'abusent encore : « Inutile de s'inquiéter sur la dette publique

— après tout, c'est à nous-mêmes que nous devons cet argent. Personne ne va nous saisir ! »

Attention, nous ne pouvons ignorer les intérêts annuels de notre dette. Or, il se trouve malheureusement que nous ne sommes pas nos propres créanciers.

Voilà un argument. Ceux qui nous débloquent ces fonds sont étrangers, principalement japonais. Nous nous étions entichés des voitures japonaises, des magnétoscopes Sony. Nous voilà à présent dépendant de leur argent.

Le Japon détient déjà près de soixante milliards de dollars de bons et obligations, et ce prêt s'accroît si vite qu'il devrait atteindre cinq cents milliards de dollars d'ici cinq ou six ans. Voilà la façon des Japonais de nous asservir.

En 1985, histoire d'alimenter notre monstrueuse dette, l'Amérique est devenue nation débitrice pour la première fois depuis la Première Guerre Mondiale. Et nous ne nous sommes pas contentés de nous laisser glisser doucement, nous nous sommes jetés tête la première. On fait les choses en grand. Nous coiffons au poteau le Brésil et le Mexique pour décrocher la médaille de la nation la plus endettée.

En fait, nous payons réparation au Japon. Quand on gagne une vraie guerre, on obtient réparation de la part des pays vaincus. De même dans la guerre économique. Le Japon est le vainqueur de la guerre économique. Et il exige notre tribut. Ainsi, une part de notre richesse part-elle quotidiennement vers le Japon.

Puisque nous sommes si riches, pourquoi allons-nous emprunter de l'argent de l'autre côté du Pacifique ? D'accord, nous ne faisons guère d'économies ici. Nous n'économisons pas assez pour permettre aux banques de nous prêter de l'argent. Les Américains sont de grands consommateurs mais de pauvres épargnants. Plus personne aujourd'hui ne lit *L'Almanach du pauvre Richard* (*) qui nous apprenait qu'un « penny économisé est un penny gagné. »

(*) Almanach publié par Benjamin Franklin en 1732.

Au lieu de cela, nous sommes devenus des drogués de la carte de crédit. Tous azimuts. C'est difficile à croire, mais nous détenons soixante-dix pour cent du milliard de cartes de crédit dans le monde. Cent cinq millions d'Américains portent sept cent trente et un millions de cartes de crédit dans leurs portefeuilles. Sept cartes par individu ! Et personne, je l'ai remarqué, ne quitte son domicile sans elles.

Non seulement cela, mais nous devenons des anti-épargnants. Un exemple de notre consommation frénétique : nous essayons d'épuiser le plus vite possible les réserves pétrolières mondiales. On aurait pensé qu'après avoir fait deux fois en dix ans la queue aux pompes à essence, comme de véritables idiots, nous aurions appris à nous modérer. Non, pas du tout.

Nous voici revenus aux années 60 — tout émoustillés par l'essence bon marché. Nous ne tirons aucune leçon de l'histoire.

Notre importation pétrolière est plus forte qu'elle ne l'était avant le premier embargo. Et l'administration Reagan a jeté par la fenêtre la réglementation d'économie d'énergie pour les voitures.

Je ne comprends pas comment nous pouvons être si aveugles après ce que nous avons connu. Nous ne pouvons être compétitifs sans une source d'énergie sûre et autonome, mais nous avons fermé nos puits — la Oil Patch a été saignée comme il y a quelques années la Rust Belt.

Drogués à l'essence bon marché nous tendons l'autre joue pour de nouveaux coups. Bientôt nous tendrons aussi le chapeau, pour la collecte.

Personne ne veut regarder les faits en face. Nous dépensons comme des fous. Nous ne payons pas. Nous cherchons à nous attabler gratis. Nous voulons tout, et tout de suite. Et je ne parle pas seulement des jeunes générations mais aussi de ceux qui devraient être assez vieux pour faire preuve d'un peu plus de sagesse.

N'est-il pas sage, effectivement, de garder une poire pour la soif ? Chez Chrysler nous avons tout un stock de poires. Vous savez ce que c'est ? Deux milliards de dollars sous le matelas. La plupart des Américains n'ont sous leur matelas que moutons de poussière.

Si nous refusons d'épargner et nous entêtons à emprunter milliards sur milliards aux capitaux étrangers, nous allons tout droit vers la crise et la catastrophe. Je vais vous dire pourquoi.

D'aucuns pensent que si tout cet argent étranger afflue chez nous, c'est parce que nous sommes le « paradis de l'investissement ». Cela n'est plus un mythe. L'argent arrive dans notre bonne vieille Amérique parce que nous vendons aux enchères. Nos taux d'intérêt sont élevés. Nous avons même modifié certaines de nos lois fiscales pour rendre la tâche plus facile aux investisseurs étrangers.

A présent, nous voilà trop dépendants des capitaux étrangers. A présent, nous voilà contraints de maintenir des taux d'intérêt élevés pour que les capitaux étrangers continuent à rentrer, et pour nous assurer que l'argent déjà investi chez nous ne repartira pas. Car s'il repartait dans son pays d'origine, nous serions dans le pétrin. Nous serions incapables de financer notre dette. Certes, nous pourrions imprimer davantage de billets et les distiller sur le marché. Le seul ennui est que notre monnaie chuterait, et dans ces cas-là l'inflation a la mauvaise habitude de montrer le bout de son nez.

Notre dépendance confine à l'habitude de la drogue. Il faut en prendre de plus en plus. On ne peut arrêter sans tomber malade. Tout arrêter signerait notre arrêt de mort et provoquerait dans le monde entier de sérieuses convulsions.

Nous allons jusqu'à soutirer de l'argent aux pays qui en ont besoin pour leur propre développement. Voilà un scandale que j'ignorais jusqu'à une date récente : vingt-deux pour cent des investissements étrangers dans notre pays viennent d'Amérique latine, en majorité d'investisseurs privés. C'est vrai, des pays comme le Brésil, l'Argentine, le Mexique, sont pris au piège par leurs propres dettes étrangères. Tandis que leurs gouvernements s'occupaient de nous emprunter de l'argent, nous leurs renvoyions l'ascenseur en empruntant sur leurs richesses individuelles et leurs richesses d'entreprises.

Nous ôtons le pain de la bouche de quelqu'un. Cela ne tourne pas rond. Franchement. Comment se fait-il que le pays le plus riche du monde pompe le capital des pays sous-développés pour alimenter sa propre dette ? Et qu'arrivera-t-il quand ces investisseurs ouvriront les yeux et réclameront le paiement de leurs factures ?

J'ai commencé à crier gare dans le courant de l'année 1982, alors que notre déficit atteignait cent milliards de dollars. Et je crie, je crie jusqu'à n'avoir plus de voix.

Mais je ne sais plus à qui m'adresser. Je crois avoir un Q.I. plus que potable. J'ai même obtenu un diplôme élevé. Je suis dans les affaires depuis quarante ans, mais je commence à enrager de tirer des plans sur la comète. J'ai toujours pensé que les gens raisonnables finissaient par retoucher terre.

C'est incroyable, au bout de tant d'années ! Le gouvernement s'entête dans son vieux refrain : « Ne vous inquiétez pas, nous verrons le bout du tunnel » — comme s'il s'agissait d'une éruption d'acné. « Un jour ou l'autre, d'une façon ou d'une autre, tout finira par s'arranger. »

De quelle façon ? Dites-le.

Thomas Jefferson a dit un jour : « N'empruntez pas si vous ignorez comment vous rembourserez. » Il trouvait cette méthode aussi nuisible que l'impôt sans représentation. Le message est vieux de cent soixante ans. Aujourd'hui, nul ne souhaite l'entendre.

Une chose est certaine : si nous ne prenons pas très vite ce déficit à la gorge, nous courons à une vraie crise. Alors finies les allocations, finis les remboursements de la sécurité sociale. Fini l'entretien des routes et des ponts. Déjà les trous sur le revêtement des autoroutes menacent de briser nos voitures. A New York les ponts tombent bel et bien dans l'eau.

Il est grand temps de réagir. Et je vais vous dire très simplement par où commencer. Il vous suffit d'éteindre la TV une minute et de déclarer : « Okay, les enfants, venez un peu m'écouter. Je viens de lire ce chapitre et je suis inquiet. Donnez-moi vos cartes de crédit. On va s'en priver pendant six mois. On a engagé trop d'argent. Maintenant on paie au fur et à mesure. »

On peut lire quotidiennement dans nos journaux, à la page prévention : « Vous devez apprendre à dire non au sexe. » Alors pourquoi ne pas apprendre à dire non aux dépenses ? Suggérons-le au Congrès : si vous disiez non à quelques devis ?

J'ai cru que la chute des titres et valeurs l'an dernier nous serait de quelque utilité car, presque aussitôt, l'administration et le Congrès annoncèrent qu'ils allaient, ensemble, réduire le déficit fédéral. Mon optimisme dégringola plus bas que le Dow Jones quand j'appris la réduction qu'ils envisageaient : vingt-trois milliards de dollars.

Vingt-trois milliards de dollars sur un budget fédéral d'un trillion de dollars, soit 2,3 %. Une goutte d'eau dans la mer !

J'aurais un autre chiffre à leur suggérer : cent milliards. Ce serait un vrai premier pas s'ils voulaient convaincre le monde de leur réelle bonne volonté à mettre de l'ordre dans la maison.

Il y a six ans, quand le déficit n'était que de cent vingt milliards, il m'apparut avec évidence, ainsi qu'à quelques autres, que la dette allait devenir faramineuse. Lorsque l'on m'invita à la Maison Blanche pour en discuter, je proposai un plan pour réduire le déficit de moitié, la réduction se répartissant également sur les dépenses et les recettes. Je baptisai mon plan les « quatre quinze » car il consistait à prendre quinze milliards de dollars à la Défense et quinze milliards sur les allocations des classes moyennes, pour une réduction totale des dépenses de trente milliards ; puis, je suggérai d'accroître d'autant les recettes en écumant quinze milliards de surtaxes sur le pétrole importé et quinze milliards sur les taxes d'essence. (Ce qui faisait quinze cents d'augmentation à la pompe.)

Le gouvernement n'aima pas du tout mon idée, car les sondages disaient que les Américains n'était pas prêts au sacrifice. Aussi avons-nous continué à descendre dans le rouge jusqu'au 19 octobre 1987 — le Lundi Noir — quand se produisit l'explosion et que le marché des valeurs chuta de cinq cent huit points

Au moins, maintenant, ils ont compris qu'il fallait mettre un terme au déficit. Mais je crains qu'on ne se retrouve bientôt à se demander ce qu'il aurait fallu faire pour l'homme qui est mort hier !

Il y a six ans, il fallait réduire le déficit de soixante milliards de dollars. Aujourd'hui, ce devrait être cent milliards ; mes « quatre quinze » de 1982 vont arriver à « quatre ving-cinq » en 1988.

Pour rendre la chose politiquement vendable, il faudrait toujours prélever la moitié sur les dépenses et l'autre moitié sur les recettes. Ce qui veut dire vingt-cinq miliards du budget Défense et vingt-cinq milliards des allocations. Côté recette, cela nous coûtera vingt-cinq cents à la pompe. Et un impôt national sur les ventes de un pour cent sur tous les produits — excepté l'alimentation, les médicaments et les produits de première nécessité — constituerait les derniers vingt-cinq milliards de dollars. Il y a six ans, je suggérais de les tirer des importations pétrolières mais la somme à faire rentrer est aujourd'hui trop lourde pour que nous songions à la prendre sur l'énergie. Une taxe sur les ventes nationales répartirait modérément l'effort et resterait assez minime pour ne pas porter un coup aux gouvernements d'Etat qui tirent leurs principales ressources de ces impôts indirects.

Le projet est joli mais connaît ses limites. L'offre ne tient que pour deux ans. Car si nous ne redressons pas la barre dès aujourd'hui, le déficit se creusera au point que ma proposition devra s'appeler les « quatre cinquante » — de quoi décourager les meilleures volontés.

L'heure est venue de la responsabilité fiscale. Voyez comme c'est simple. Nous accumulons tellement de dettes que seules des mesures décisives pourront en venir à bout.

L'option Un consisterait à manquer à nos engagements. Ne pas payer, tout simplement. C'est impensable évidemment. C'est peut-être pratique courante en Amérique du Sud mais pas ici.

Option Deux : céder toute notre terre et toutes nos entreprises. Nous offririons aux Japonais quelques gratte-ciel supplémentaires, plus la Californie, plus un ou deux autres Etats. Mais il y a une limite à cela. Diantre — ils possèdent déjà presque tout Hawaii et une bonne part de la Californie !

Option Trois : nous pourrions lancer les presses à billets et galoper vers l'inflation. Ainsi nous rembourserions nos dettes à cinquante cents le dollar et éviterions, de ce fait, la guillotine. Mais en ce cas le remède est pire que le mal. Souvenons-nous de l'Allemagne des années 20.

Option Quatre : réduire notre niveau de vie pour vendre moins cher que la concurrence. Mon département économique m'assure que si nous abaissons notre niveau de vie de dix pour cent pendant dix ans, nous parviendrons peut-être à combler le déficit. Je parie que même les politiciens de Washington verraient qu'il y a un os.

Voilà les choix. Ah, il y en a un autre ! Commencer patiemment à payer dès aujourd'hui. Se regrouper et s'occuper sérieusement de concurrencer nos rivaux en mêlant la meilleure productivité américaine à notre plus intelligente politique économique — ainsi nous exporterions des biens et des services pour rembourser notre dette.

Je ne connais pas votre avis, mais à mes yeux cette dernière solution est la seule qui ait un sens. Cependant nous ferions mieux de nous hâter car le sable est presque écoulé dans le sablier.

12

LA CRISE AGRICOLE

Il y a un panneau à l'entrée d'une petite ville du Midwest où l'on peut lire : SI VOUS VOUS PLAIGNEZ DES AGRICULTEURS, NE PARLEZ PAS LA BOUCHE PLEINE. Bien, vu que je ne suis pas en train de mâcher quelque chose, j'aimerais dire quelques mots sur la condition de nos cultivateurs.

Récemment j'ai reçu une lettre d'un fermier du Nebraska, une parmi les dizaines du genre que j'ai reçues ces deux dernières années. Cet homme se demandait pourquoi le monde entier lui tombait dessus. « Si rien n'est fait très vite, écrivait-il, cette exploitation familiale centenaire va disparaître. »

Une épouse de cultivateur m'écrivait de l'Iowa : « Le démantèlement de l'économie agricole signe notre arrêt de mort. La santé de mon mari décline à cause du diabète et du stress. Nous avons deux fils, âgés de vingt-cinq et vingt-deux ans, qui ont travaillé dur avec nous depuis qu'ils ont quatorze ans. Ils souhaiteraient prendre des initiatives mais manquent de fonds. Nous ne savons pas quoi faire. »

Voilà seulement deux exemples parmi tous ceux qui hurlent à l'aide. Leur souffrance donne à réfléchir. Ces gens appartiennent à des familles qui ont travaillé la terre pendant trois ou quatre générations. Ils se sont levés à quatre heures tous les matins pour traire les vaches à cinq heures et travailler tout le jour, qu'il pleuve ou qu'il vente. Certaines années étaient pires que d'autres mais, l'un dans l'autre, ils survivaient.

Aujourd'hui, leur vie est aussi dure mais ils meurent. Certains éleveurs n'ont plus que la solution de nourrir leurs vaches avec des pommes ou du pain rassis. Quelque chose ne tourne pas rond. Vraiment pas.

Au cours de la récente prospérité de notre pays, l'industrie automobile et quelques autres retrouvèrent leur allant — tout au moins, affichèrent-elles des résultats meilleurs qu'en 1980 ou 1981 — mais les gens de la terre n'en profitèrent pas. Et la récession n'est pas encore arrivée. Cela me rappelle la phrase du comédien Joe E. Lewis : « Hé, c'est facile de se retrouver ruiné pendant une crise. Moi, je me suis ruiné en plein boom. »

Les agriculteurs ne goûteraient pas la boutade. Le gouvernement leur verse des fortunes pour qu'ils ne récoltent pas, et ce pendant que des gens meurent de faim dans les rues de nos grandes villes. A Washington les législateurs sont tellement occupés à discuter le problème qu'ils en oublient sans doute de manger.

Si nous sommes incapables d'élaborer une politique agricole sensée, au lieu de dire aux cultivateurs de planter une année et non la suivante, que pouvons-nous espérer ? J'ai assisté au déclin du secteur primaire et, franchement, j'ai un peu peur. La situation nous paraît normale, mais cette activité est tellement essentielle que nous ne supporterons pas sa disparition. Comme a dit William Jennings Bryan : « Brûlez vos villes et laissez les fermes : les cités renaîtront, comme par magie ; mais détruisez les fermes et vous verrez l'herbe envahir les rues des cités. »

J'ai fait un discours en 1987 aux *Future Farmers of America*, association qui regroupe des gosses qui espèrent travailler la terre dans les années à venir. J'ai fait de mon mieux pour leur laisser entrevoir une lueur d'espoir. Mais pas un instant je n'ai cessé de penser qu'ils devraient bientôt revoir leur appellation et se baptiser les *Former* (Anciens) *Farmers of America*.

Les jeunes exploitants sont perplexes, et je ne les en blâme pas. L'Amérique qu'ils voient aujourd'hui est bien différente de l'Amérique où ont grandi leurs parents. Certains de ces parents se souviennent sans doute de l'époque où vingt pour cent de leurs concitoyens étaient agriculteurs ou éleveurs. Aujourd'hui ils sont moins de trois pour cent, et l'on murmure que ce serait encore trop. Les terres exploitables sont évaluées au taux le plus bas, environ mille deux cents dollars l'hectare, soit une perte de valeur de trente-trois pour cent dans les quatre dernières années. D'après les estimations du Ministère de l'Agriculture, en 1985 une exploitation cessait son activité toutes les dix minutes. En 1986, c'était toutes les six minutes. D'ici la fin du siècle, certains estiment qu'ils seront deux cent mille de plus à avoir bu la tasse ; d'autres avancent le chiffre d'un million.

Je gage que les parents de ces jeunes agriculteurs se souviennent que l'on appelait leur activité *agriculture*. Aujourd'hui ont dit *agribusiness*. Ils ont vu l'informatique remplacer le vieux *Farmer's Almanach*. Aujourd'hui, ils ne tournent plus le bouton de la radio pour savoir quel temps il fera dans l'Iowa, ils sont aussi tenus de savoir le prix du dollar à Tokyo.

Les marchés monétaires affectent à présent le taux de l'argent qui lui-même influe sur la possibilité d'expédier ou non un boisseau de blé du Kansas. L'agriculteur ignore pourquoi soudain il n'y a plus de débouché pour son blé en Europe. Il y en avait, il y a un an. Sûr, mais le cours s'est modifié.

Même un type de la ville, comme moi, a vu la différence. J'ai été dans le marketing toute ma vie, mais j'ai toujours pensé que c'était bon pour les voitures ou le dentifrice. J'ai failli tomber de ma chaise la première fois que j'ai vu une pub télé pour les œufs.

Je me souviens aussi qu'il y a quinze ou vingt ans on lisait dans les journaux que le seul espoir des peuples affamés était l'agriculture américaine. Eh bien, la Révolution Verte des années 60 et 70 a porté ses fruits. Aujourd'hui la famine est plus rare. Et même, certains de ceux qui mouraient de faim exportent aujourd'hui de l'alimentaire.

Quand j'étais petit, on parlait toujours des millions d'affamés en Chine. Mon père ne manquait pas de me les rappeler quand je laissais quelque chose dans mon assiette. Aujourd'hui, la Chine produit toutes les céréales qui lui sont nécessaires. Elle va jusqu'à vendre son excédent de maïs au Japon, meilleur marché que le maïs de nos agriculteurs. La Thaïlande exporte deux fois plus de riz que les Etats-Unis. L'Indonésie, le plus gros importateur de riz voilà cinq ans, se contente maintenant de sa production. En 1986, l'Inde en produisit tant qu'elle ne sut plus comment l'entreposer. Il y a dix-sept ans on a organisé un grand concert rock au bénéfice du Bengladesh ; à présent le Bengladesh produit toute son alimentation.

En 1986, croyez-le ou non, les Etats-Unis se sont pour la première fois retrouvés déficitaires en produits agricoles. Il serait temps de tirer la sonnette d'alarme, car l'agriculture est bien un domaine où la qualité de notre équipement devrait nous rendre plus compétitifs sur le marché mondial.

Mais comment être compétitif quand on est surprotégé ? Tous les gouvernements que je connais — y compris le nôtre — protègent leurs agriculteurs d'une trop dure concurrence étrangère.

C'est pour cela que les Japonais paient leur propre riz six fois plus cher que le prix mondial : pour être sûrs que les agriculteurs japonais continueront à le planter. Je suppose que c'est là un effet de leur mentalité insulaire. Ils s'imaginent qu'en cas de blocus étranger, ils pourraient toujours se nourrir de riz. Les Japonais pourraient avoir tout le riz américain qu'ils veulent — qualité et bon marché garantis — mais ils le dédaignent.

De toute évidence, la compétitivité implique beaucoup de choses : un travail dur, des cerveaux, de l'ingéniosité, de la technologie, capitaux, éducation — la liste n'a pas de fin. Alors, vous êtes parés. Mais si la politique gouvernementale vous met des bâtons dans les roues, vos talents ne serviront à rien.

Je ne sais pas combien de fois j'ai entendu le sempiternel refrain qui consiste à dire que l'industrie automobile américaine devrait être plus productive pour porter un coup à l'importation. Construisez des voitures plus performantes et vous jetterez les autres à la mer — voilà ce qu'on affirme.

Dans ces cas-là, je rappelle toujours le sort de l'agriculteur américain : « Une seconde. Il est le plus efficace et le plus productif du monde entier. Si la productivité est la solution, comment se fait-il que tant d'exploitants perdent leur terre, quand bien même ils ont bénéficié, année après année, des subsides du gouvernement ? »

Quelle que soit la façon dont on qualifie le problème des agriculteurs, ce n'est pas leur productivité qui est en cause. (Ils sont trop productifs.) Ils ne manquent pas de technologie. (Ils sont les plus mécanisés au monde.) Ils n'ont pas non plus manqué d'investir. (Ils risquent leur exploitation tous les ans.)

Nous ne sommes plus guère compétitifs dans la plupart des domaines mais notre agriculture demeure florissante. Même si nous avons perdu certains avantages au profit des agriculteurs européens, nous continuons à les déborder. Personne à Washington ne peut dire aux cultivateurs : « Retournez travailler et cessez de geindre. »

Ils produisent tant que nous commençons à nous demander comment écouler cette nourriture. A Dubuque, on a entreposé le maïs dans des caves. Sur le Missouri, ce sont des chalands que l'on remplit de grain. Nous n'avons pas besoin de plus. Nous consacrons des milliards de dollars à l'alimentation.

J'ai lu récemment qu'un producteur laitier californien était si productif que le gouvernement lui avait versé huit millions de dollars pour qu'il abatte son troupeau. A ce prix-là je ne sais si nous pourrons continuer à être productifs ! A moins, bien sûr, que nous ne trouvions des ouvertures vers les marchés étrangers.

Je n'ai pas la prétention d'être expert en politique agricole, je parle en observateur, et certaines choses m'échappent.

Par exemple, je ne comprends pas pourquoi les propriétaires étrangers des terres exploitables américaines collectent des subsides fédéraux pour des récoltes impossibles à exporter pour cause de barrières étrangères. En 1986, deux millions deux cent mille dollars de subventions allèrent à un groupe dont faisait partie le Prince Héritier du Liechtenstein. Je n'ai pas l'honneur de connaître le Prince Héritier du Liechtenstein. C'est sans doute un chic type. Mais je ne crois pas qu'il ait des problèmes d'argent. Alors je me demande pourquoi lui et ses amis ramassent plus de deux millions du Trésor Américain, alors que les exploitations américaines se vendent aux enchères.

J'ai entendu toute ma vie parler du système de soutien à l'agriculture, et je n'ai jamais trouvé cela très clair. Même mon père a reçu une fois une subvention. Il possédait deux cents hectares en Pennsylvanie, sur lesquels il avait construit ; pendant un court laps de temps, il fut payé pour ne pas planter de maïs sur sa terre. A réception du chèque, il écrivit une lettre à Washington en demandant pourquoi on le payait pour garder la terre inculte. Il ne reçut pas de réponse. (Les temps étaient un peu durs. Il garda l'argent. Son indignation avait des limites.)

Comme mon père, l'homme de la rue ne comprend pas pourquoi on paye quelqu'un pour ne rien faire. Ce n'est pas très américain.

L'ironie de la chose m'apparut dans toute sa splendeur il y a deux ans quand je sus la somme que déboursait le gouvernement. « Ce chiffre doit être faux », dis-je à Don Hilty, mon économiste chez Chrysler. Je n'y croyais pas. J'avais cherché à réunir un milliard deux cents millions pour que nos usines continuent à tourner, avec des tas de gens qui me hurlaient que le gouvernement n'était pas là pour écoper chez ceux qui ne savaient pas se débrouiller. Là, en douze mois, jusqu'à fin 1986, nous avions versé vingt-six milliards de dollars aux agriculteurs pour qu'ils ne bougent plus. Et ce n'était encore pas assez.

Le montant du programme agricole fédéral sur trois ans, jusqu'en septembre 1988, totalisera au moins soixante-douze milliards. C'est presque quarante pour cent de plus que le coût estimé du projet en 1985, quand la loi fut votée. Ce déversement d'argent n'a pas de raison de prendre fin. Je pose la question : le type qui reçoit cette petite fortune est-il encore agriculteur ? Il ressemble plutôt à un gagnant du loto.

Certaines subventions fédérales se contredisent. Par exemple, les producteurs laitiers ont reçu l'an dernier une prime de deux milliards quatre pour encourager la production et d'un milliard cent millions pour réduire la production, sans parler de quatre cents millions de dédommagement à ceux qui avaient vendu leurs troupeaux aux abattoirs. Voilà près de quatre milliards de dollars consacrés simultanément à décourager et à encourager la production. Il y a peut-être quelqu'un qui comprend le processus, moi pas.

Je ne sais ce que devrait être le projet agricole. Je ne vends même pas de tracteurs. Le problème n'étant pas simple, les solutions ne doivent pas l'être non plus.

Après tout, les agriculteurs ont toujours connu une économie en montagnes russes. A dire vrai, l'Amérique a vécu sa première crise agricole, sous la forme de la *Shay's Rebellion*, en 1786. Nous nous sommes battus contre l'excédent alimentaire pendant plus de cent ans. Deux guerres mondiales, puis la guerre de Corée, puis la guerre du Viêt-nam, nous ont aidés à réduire l'excédent ; enfin une débauche de programmes agricoles a essayé de corriger ce que les guerres n'avaient pas réussi à terminer. Les programmes valsent, vont et viennent, et chacun d'eux perce des brèches assez larges pour y faire passer une moissonneuse-batteuse. Il est évident que le programme actuel ne vient pas à bout du problème. Il aurait besoin d'une bonne révision — cela je le sais.

Je sais également qu'il existe de frappantes similitudes entre l'agriculture et l'industrie auto. Toutes deux ont à faire face à la surcapacité mondiale. Toutes deux se heurtent à une concurrence générale sans précédent. Toutes deux sont durement affectées par les décrets de Washington. Les taux d'intérêts, les politiques de marché, les cours de l'énergie — tout cela se traduit en coûts pour les deux secteurs.

Comme nous, les agriculteurs portent certaines responsabilités. Chrysler et l'industrie agricole ont suivi des voies similaires au cours des périodes d'expansion — elles se sont surendettées. A la fin des années 60 et au début des années 70, à l'heure du boom automobile, Chrysler devint une société mondiale ; elle devint trop grosse et commit quelques erreurs de gestion. L'industrie agricole fit de même à la fin des années 70. Quand les exportations percèrent le plafond, les exploitants continuèrent à s'étendre et s'endettèrent plus qu'ils ne pouvaient l'assumer. Quand vint la récession au début des années 80, ils restèrent en plan.

Beaucoup spéculèrent sur la terre et les taux d'intérêt, payant trop. Aujourd'hui, incapables de rembourser, ils perdent leurs exploitations. Ils ont contracté un mauvais marché, résultat : les voilà trop nombreux endettés jusqu'au cou auprès des banques. Sans doute ont-ils compris que perdre le contrôle de ses dettes c'est perdre le contrôle tout court. Maintenant un cultivateur doit voir son banquier avant même de décider de ce qu'il va planter.

Voilà pourquoi je sympathise avec les agriculteurs. J'ai connu cela. Dans les moments durs, on se demande si on verra jamais le bout du tunnel. La solution n'est pas pour autant de prendre les subventions année après année. Tôt ou tard, les contribuables exigeront que l'on arrête de leur faire les poches. Surtout pour de si désastreux résultats.

Les agriculteurs exercent néanmoins une telle influence politique qu'il ne se trouve pas un sénateur qui ne se déclare leur ami, en particulier l'ami des petits exploitants. Voilà pourquoi les subsides continuent à affluer, même quand rien ne pousse. Voilà aussi pourquoi personne à Washington ne veut faire face à la dure réalité. Mais le bons sens impose que les exploitants les moins performants se recyclent dans un autre métier.

Je sais que cela paraît radical. Je sais qu'aucun agriculteur ne souhaite quitter la terre de ses pères et abandonner une existence qui a plus de sens que les boulots de neuf à cinq. Mais partir n'est pas ce qui les guette forcément ; ils risquent plutôt de tomber dans l'oubli. Je ne connais personne qui travaille aussi dur que les agriculteurs, et c'est une qualité qu'aucun employeur ne manquerait de prendre en compte. Plusieurs Etats déjà se targuent d'organiser des cessions de recyclage en faveur de ceux qui abandonnent la terre pour se lancer dans une nouvelle voie.

Ainsi vingt pour cent de nos exploitants agricoles ont dû laisser tomber, comme nous avons eu dans l'automobile vingt pour cent d'usines fermées. Le chiffre est dur à admettre mais il faudra bien qu'il se passe quelque chose si nous ne voulons pas que tous arrêtent.

Peut-être certains cultivateurs survivraient-ils s'ils apprenaient à diversifier leurs cultures. Le Gouverneur du Massachusetts, Michael Dukakis, a fait quelques pas dans ce sens. Ceux qui cultivent le soja, a-t-il suggéré, pourraient faire un peu de fleurs, de myrtilles et d'endives belges. L'idée n'est pas forcément idiote. Même si ceux du Kansas la trouvent tout juste bonne pour ceux du Massachusetts.

Une chose est certaine : pour mettre fin rapidement à la crise agricole, il faut commencer par couper les subventions. Le robinet fermé, les agriculteurs n'auront pas d'autre choix que de produire en proportion des besoins et des possibilités en papier monnaie. Mais cette solution mettrait si vite les exploitants au chômage que les faillites actuelles sembleraient de la rigolade. La solution est trop cruelle. Il faut donc continuer une forme d'assistance monétaire. Si le gouvernement laissait les agriculteurs livrés à leurs seules ressources — ce serait la bataille pour la survie — nous risquerions de nous retrouver avec deux super-fermes en tout et pour tout. Cargill produirait le blé et Sea brook Farms suffirait à la production de tous les autres légumes. Il existe un mot pour cela : monopole. Il ne resterait au gouvernement qu'à les briser, histoire de raviver un peu la compétition.

Je crois franchement qu'il faut éliminer quelques exploitations — mais ne pas en garder seulement deux. Et planifier, pour une fois, pour que la diminution s'effectue graduellement et avec le moins de douleur possible.

En même temps que nous essayons d'abaisser notre rendement, nous devrions chercher à écouler les excédents. Même si le monde produit assez de nourriture pour tous, il semble que celle-ci ne s'achemine pas vers toutes les tables. Certes, nous ne sommes pas au XVIIIe siècle en France, quand les parents abandonnaient leurs enfants sur les routes car ils ne pouvaient les nourrir. Certes le Bangladesh et la Chine sont capables à présent de se nourrir, mais nous trouvons encore beaucoup d'estomacs vides dans des pays comme l'Angola, le Mozambique, le Tchad.

D'après la Banque Mondiale, trois cent cinquante à sept cents millions d'individus de par le monde ne seraient pas assez nourris quotidiennement pour être capables de travailler ou de continuer à grandir. Et si vous croyez que les ceintures ne se serrent qu'au-delà des océans, jetez un coup d'œil chez nous. Il y a peu, j'ai fait une publicité pour les gens de la rue à Detroit — ceux qui dorment sur le trottoir — afin de solliciter de l'argent pour les missions de secours qui leur viennent en aide. J'ai été horrifié par les dimensions du problème dans ma propre ville

Je n'ignore pas que notre gouvernement distribue de l'épicerie de temps à autre — du beurre rance et un peu de fromage — mais c'est rare. J'ai du mal à comprendre pourquoi les silos sont pleins, pourquoi nous payons des gens pour qu'ils cessent de cultiver, et pourquoi, malgré cela, nous ne trouvons pas le moyen de nourrir les pauvres.

La réponse politique semble être que si vous n'êtes pas prudent vous finirez par distribuer de la nourriture à ceux qui seraient en mesure de l'acheter, et qu'alors vous mettrez plus d'agriculteurs en faillite. George McGovern était cependant convaincu que nous pourrions élaborer un programme d'Alimentation Internationale pour la Paix qui permettrait d'expédier les excédents alimentaires aux nécessiteux sans miner le commerce. Il faut mettre fin à cette outrageante absurdité de voir trop de nourriture marcher de pair avec trop de famine.

Nous avons de la chance d'avoir encore des jeunes gens aux yeux brillants qui ne veulent rien d'autre que continuer à travailler la terre. Le projet est si hasardeux que, pour ma part, je ne me risquerais pas à être agriculteur à plein temps. J'ai déjà beaucoup de soucis avec ma petite affaire de raisin italien et d'olives. L'an dernier, j'ai dû faire face à une semaine de pluies diluviennes, puis j'ai utilisé le mauvais engrais et ma récolte était fichue. J'en ai été malade ; ce n'était pourtant que mon *hobby*.

Dans notre pays s'abat chaque année quelque calamité agricole. Soit des anthonomes (insectes nuisibles) s'attaquent au coton, soit la sécheresse sévit en Géorgie, ou alors le gel brûle les tomates en Californie. Je trouve déjà dur de diriger une affaire où il faut prévoir l'avenir sur trois ans et l'évolution des modes en matière automobile. Au moins les caprices climatiques ne viennent pas s'en mêler.

Nous partons du principe qu'il y aura toujours quelqu'un pour s'aventurer dans de telles conditions et faire pousser notre nourriture. En cas de vrai coup dur, l'individu moyen se dit : *Je pourrais me faire un petit potager dans le jardin. J'ai justement un peu de place. Je planterais quelques graines et je ferais ma petite récolte jusqu'à ce que la situation se rétablisse.* Je crois que nous ne mesurons pas bien ce qu'il faut d'efforts pour que la nourriture se retrouve dans nos assiettes. Les gens savent qu'ils ne seraient-pas capables de tout faire pousser mais ils comptent sur les boîtes de conserve de leur supermarché ; c'est un peu magique, une boîte de conserve. Alors qu'importe ce qui se passe dans les champs de l'Iowa puisqu'on a toujours des boîtes et des ouvre-boîtes.

Au moment de la crise de l'essence, les gens se trimbalaient avec des bidons de dix gallons dans leur coffre et planquaient des réservoirs de cent gallons dans leur cave. J'avais chez moi deux bidons de cinq gallons, au cas où... Avoir de l'essence tant qu'on en voulait nous paraissait normal. Nous avons découvert soudain que les réserves n'étaient pas illimitées.

Un matin nous risquons de nous réveiller et d'apprendre qu'il n'y a plus de métallurgie dans notre pays, ou plus d'industrie automobile. J'ai souvent entendu dire : « Il faut garder la sidérurgie pour nous défende au cas où il y aurait une guerre. »

Eh bien, si nous nous éveillons un jour pour découvrir qu'il n'y a plus de production alimentaire aux Etats-Unis, nous aurons perdu notre principale défense. Sans nourriture, on ne peut payer le prix de la paix. Il est possible de se passer de nouveaux vêtements pendant un temps, en recyclant les anciens. Mais on ne tient pas longtemps le ventre vide. Si nous ne résolvons pas le problème agricole, nous n'aurons plus à nous inquiéter des autres problèmes. Ils disparaîtront en même temps que nous, qui aurons cessé de subvenir à nos besoins alimentaires. Pensez à cela quand vous passerez à table ce soir. Et, je vous en prie, ne parlez pas la bouche pleine.

13

LA CRISE DE L'ENSEIGNEMENT

Quand j'étais gosse, j'avais à cœur d'être un bon élève. Et quand je l'oubliais, mon père était là pour me rappeler combien c'était important.

Mais du temps a passé depuis que j'écrasais mes gommes et que j'effaçais le tableau noir. Je suis le co-président du *Governor's Council for Jobs and Economic Development* du Michigan. Lors d'une récente réunion, nous nous sommes mis à parler de l'éducation d'aujourd'hui. Les faits évoqués donnèrent immédiatement un tour grave à la discussion.

Doug Fraser, l'un des membres du conseil, disait : « Saviez-vous que l'armée s'est livrée à une étude du Q.I. de ses troupes et a découvert que celui-ci avait baissé en dix ans ? Après le boom de la haute technologie en matière d'information et d'instruction, leur Q.I. chute ! »

« Ce n'est rien, renchérit quelqu'un. Soixante pour cent des élèves de quatrième ne savent pas lire correctement. »

Alors Martha Griffiths, notre vice-gouverneur, connue pour son franc-parler, donna son avis : « Le mal vient de la télé. Tous les *sitcoms* et autres idioties devraient être sous-titrés comme s'ils étaient en langue étrangère. Parce que les gosses ne voient jamais aucun écrit. Ils reçoivent des impressions, des voix, des situations, et finissent par ne savoir ni lire ni écrire. »

Puis elle ajouta : « Au McDonald, le menu est en photo

pour que les gosses puissent désigner du doigt ce qu'ils veulent. Lire *double cheeseburger with bacon* n'est pas facile. »

Ce n'est que trop vrai. Les signes d'un langage international sont apparus parce que les langues de par le monde étaient différentes ; *No Smoking* devint un signe rouge, et *School Crossing* un signe jaune. Maintenant, nous sommes contraints d'utiliser le langage des signes avec nos enfants — et ils sont censés parler anglais !

La compétitivité d'un pays ne commence pas dans les usines ou dans les bureaux des ingénieurs. Elle commence à l'école. Nous devrions nous faire les champions de l'éducation — dans tous les domaines — sinon nous serons submergés par l'Extrême-Orient. La situation est assez alarmante. Non seulement nous ne progressons pas mais nous régressons.

Je m'interroge sur l'avenir d'un pays dans lequel deux lycéens sur trois ignorent au cours de quel siècle a eu lieu la Guerre Civile. Je m'interroge sur l'avenir d'un pays dans lequel un lycéen sur cinq croit que le téléphone fut inventé après 1950. Je m'interroge sur l'avenir d'un pays où les sept cent mille gosses qui ont eu leur bac en 1986 ne savaient même pas lire leur diplôme !

Pire, un nombre inquiétant de ceux-là ne songe même pas à poursuivre ses études. Chaque année, près d'un quart des adolescents américains quitte le lycée, ce qui veut dire qu'un million de jeunes sans expérience arrivent sur le marché du travail. Une étude récente sur les jeunes travailleurs a révélé que la moitié d'entre eux n'avaient même pas en lecture le niveau de la cinquième. Autant dire qu'ils ne pouvaient pas lire, puisque tout le matériel dans les lieux de travail est rédigé de façon à être compris du niveau quatrième au niveau terminale.

Trop souvent, ces travailleurs commettent des erreurs qui coûtent cher. Ainsi entend-on parler d'un employé de la métallurgie qui passe une commande en se trompant d'un million de dollars, en défaveur de son entreprise. Pourquoi ? Il n'avait pu lire correctement les instructions. Ou une employée d'assurances qui effectue un remboursement de deux mille deux cents dollars vingt-deux. Pourquoi ? Elle ignorait l'existence des décimales.

Sans doute ne devrais-je pas être surpris. Les dernières estimations portent à vingt-sept millions le nombre d'Américains quasiment illettrés. C'est choquant, en notre fin de XXe siècle. Si cela continue, je n'écrirai plus aucun livre — personne ne pourra les lire.

La situation est grave, au point que trois sociétés américaines sur quatre — Chrysler en fait partie — se voient forcées d'organiser des cessions de rattrapage pour leurs employés, en lecture, écriture et arithmétique. Il est reconnu que la baisse de la productivité coûte la somme mirobolante de vingt-cinq milliards de dollars par an à l'industrie américaine.

Il serait temps que l'on se réveille et que l'on prenne l'enseignement au sérieux. Le gouvernement finance de nombreux programmes — pour l'agriculture en chute libre, pour la défense qui monte et descend à peu près comme un yoyo. Mais il est des domaines auxquels le gouvernement ne devrait pas toucher — sauf pour y apporter des améliorations — et le système scolaire en fait partie.

Or, en 1986, l'administration a proposé de supprimer cinq milliards de dollars sur le budget de l'Education, au moment même où le Président déclarait que nous devions devenir plus compétitifs. De qui se moque-t-on ? Comme disait Derek Bok, le directeur de Harvard : « Si vous pensez que l'éducation coûte cher, essayez donc l'ignorance. »

A mes yeux, l'éducation est le prix d'admission dans notre démocratie. Un long et solide programme éducatif est le garant d'une nation forte. Il faudra du temps pour le développer, mais il ne devrait en aucun cas souffrir des réductions budgétaires. Je suis pour les réductions mais pas dans ce cas-là.

Nous perdons aussi beaucoup de temps à faire des histoires pour des choses périphériques, comme par exemple de décider s'il faut ou non commencer les journées d'école par une prière. Nul ne semble savoir ce que devrait être cette prière, ni même s'il est bon de méditer en silence. Un peu de sérieux ! L'avenir de l'enseignement dépend-il vraiment de cette question ? Réfléchissez-y. C'est la gamine enceinte en quatrième qui hypothèque son avenir. C'est la drogue vendue dans les préaux à des gosses qui ne croient pas en cette vie, mais en l'après-vie.

Comprenez-moi bien. Je ne dis pas que notre système scolaire est une pagaille, mais j'estime qu'il aurait besoin d'un peu plus d'attention. Les normes d'une bonne éducation ont changé, parce qu'il y a des gens dans un bled appelé Japon qui font très bien leurs devoirs du soir.

Les dernières statistiques sur notre éducation sont hallucinantes.

Au niveau international, les étudiants américains se plaçaient dixièmes sur les vingt nations industrialisées et nations du Tiers-Monde, en 1985, en mathématiques. Devinez qui était le premier ? Le Japon.

Les jeunes Américains passent cent quatre-vingts jours par an en classe. Les Japonais en passent deux cent quarante, y compris la demi-journée du samedi. Autant dire que le Japonais, lorsqu'il termine ses études secondaires, a passé entre un an et trois ans de plus qu'un Américain sur les bancs de l'école. Résultat : le niveau de connaissances moyen du jeune Japonais est supérieur à celui du jeune Américain.

Les Japonais sont fanatiques de l'enseignement au point que lorsqu'un enfant est malade, il arrive à sa mère d'aller en cours à sa place et de prendre des notes. Vous vous rendez compte, si l'enfant attrapait les oreillons juste quand ils commencent le calcul différentiel ?

Certains experts affirment aujourd'hui qu'il est impossible pour nous de rester au niveau des Japonais : puisque nous passons soixante jours de moins à l'école par an, nos performances ne dépasseront jamais soixante-dix pour cent des leurs.

Je ne suis pas tout à fait d'accord. La qualité d'une éducation dépend, je crois, davantage des premières bases données aux enfants plutôt que du nombre de jours passés en classe. De la maternelle à la quatrième, voilà la période cruciale. Les Japonais pensent que l'éducation commence pratiquement à l'instant où le cordon ombilical vient d'être coupé. Leurs enfants vont à l'école dès trois ou quatre ans — et la compétition démarre dès la maternelle. J'ignore comment on les évalue alors ; peut-être d'après leurs barbouillages.

Parce que je crois que c'est entre cinq et quinze ans que se structure un individu, il me semble que notre système met par trop l'accent sur l'enseignement supérieur. Les Japonais font exactement le contraire. Là-bas c'est l'école primaire et les deux années suivantes qui comptent. D'ailleurs vingt-neuf pour cent seulement des Japonais vont en faculté, contre cinquante-huit pour cent d'Américains. Mais quatre-vingt-dix pour cent des lycéens décrochent leur bac au Japon, contre soixante-quinze chez nous. Au Japon, quand un enfant quitte le secondaire, il possède les valeurs essentielles.

Ainsi, les étudiants qui intègrent l'Université de Tokyo forment-ils une élite. D'ailleurs il n'existe guère d'autre faculté que celle-ci. Mais quand les compagnies embauchent, elles ne se préoccupent pas des diplômes supérieurs des postulants. Ni même de savoir s'ils en ont eu. Le patron ne regarde pas à ce détail — il s'enquiert seulement du nom de l'école.

Je ne sais si nous pourrions, ou devrions, minimiser ici l'université. Au Japon, après tout, tout le monde œuvre en commun et personne ne se fait renvoyer. Au bout du compte, l'entreprise fait office d'éducation permanente. Il n'y a pas de flottement. Celui qui intègre une société automobile ne se dit pas au bout de trois mois : *Tiens, je vais peut-être essayer de trouver un job dans le bowling.* On ignore la crise de l'âge mûr au Japon.

Je ne dis pas qu'il faudrait les rabaisser, mais nous connaissons un peu une surestimation de nos universités. Certains grands patrons n'engagent personne qui ne sorte de la *Business School* de Harvard. Les autres sont des ratés. Quand j'étais chez Ford, le chef du service financier passait son temps à compter nos diplômés d'Harvard. Il avait le chiffre sur un petit carton dans la poche de sa chemise — non pas celui des ventes ou des profits : le nombre de diplômés. Le groupe financier en son ensemble semblait croire qu'avec un doctorat on était capable de fabriquer des voitures dans sa cave avec des cure-pipes.

Fort heureusement, cette attitude tend à s'atténuer. Les gens commencent à comprendre que l'ultime étape d'une éducation ne se fait pas à Harvard, mais derrière un bureau ou sous les moteurs de Chrysler et de Toyota. Peu à peu, on admet que la seule façon d'apprendre est de se salir les mains.

Après tout, on continue à apprendre en cours de carrière. Les Sud-Coréens sont les grands promoteurs de cette philosophie. Samsung, par exemple, fait un boulot fantastique avec ses employés. Celui ou celle qui change de poste suit un stage de formation intensif. Même un vice-président, s'il est transféré, va à l'école des vice-présidents. Ils ont une semaine pour comprendre le pourquoi de leur promotion et se préparer à leurs nouvelles fonctions.

La méthode coréenne me rappelle un mot d'esprit : « Les études universitaires font rarement de mal à un homme s'il veut apprendre vaguement quelque chose après le bac. »

Malheureusement, la crise de l'enseignement dans nos écoles pose une question primordiale : Quel genre d'enseignement reçoit-on ? Vous pouvez aller à l'école tous les jours ; si on ne vous enseigne rien d'intéressant, à quoi bon ?

Au Japon, les élèves sont complètement focalisés sur leurs études. Leur société ne tolère pas plus les distractions que l'indulgence. La plupart des lycéens ne conduisent pas, ne sortent pas et n'aident pas à faire la vaisselle à la maison. Ils filent dans leur chambre et ouvrent leurs bouquins. Au cas où l'envie leur prendrait de s'amuser un peu, les professeurs leur donnent du travail pour occuper leurs quarante jours de vacances d'été. Je me suis même laissé dire qu'un gosse qui s'est teint les cheveux reçoit une punition aussi sévère que s'il avait donné un coup de pied au proviseur.

Pendant ce temps, les petits Américains, de retour au foyer, regardent en moyenne la télévision quinze mille heures entre six et dix-huit ans. Soit deux mille heures de plus que le temps passé à l'école. Tandis que les petits Japonais apprennent les math et l'économie, nos enfants retiennent les noms des personnages du *Cosby Show* et les intrigues emmêlées de *Cheers* et de *My Sister Sam*.

Tout enfant atteint un point crucial quand il se demande : « Serai-je avocat, ingénieur ou collectionneur de papillons ? » Quand j'allais au collège — en quatrième, je crois — nous avions un cours appelé « orientation », qui consistait à nous guider vers une carrière. Le professeur nous parlait des universités et de leurs programmes, sans omettre de préciser : « N'oubliez pas que si vous souhaitez devenir médecin, vous en aurez pour plus de quatre ans. Ce sera au moins le double, et vous serez appelé jour et nuit. Vous verrez des choses terribles : beaucoup de sang, de la douleur, de la souffrance. (Et vous ne pourrez jouer au golf que le mercredi après-midi.) C'est un métier difficile. » Ou bien il disait : « Certains d'entre vous doivent aimer le grand air. Je vais vous parler des gardes forestiers. »

A la fin d'un cours, le professeur m'appela : « Pour commencer, me dit-il, tu dois réfléchir à ce que tu feras après la troisième. »

« Je n'en ai pas la moindre idée », répondis-je, comme la plupart des gosses.

Il consulta mon carnet. « Tu es bon en math, tu devrais continuer. » Ainsi fut-il décidé que je m'orienterais vers les sciences et techniques. J'étais bon aussi en latin et en anglais. Il est tombé sur les math. Devinant que je ne savais pas trop ce que je voulais, il ajouta : « Si tu es bon dans beaucoup de domaines, choisis une voie formelle, comme la technique et les math car, à défaut d'autre chose, ces matières disciplineront ton esprit. »

« Oui, fis-je. Je peux toujours apprendre l'histoire et la littérature chez moi, ou jouer du saxophone, mais il vaut mieux acquérir des bases scientifiques. »

Aussi pris-je technique et math. En dernière année de lycée, je me dis : « Rien n'a changé. Je n'ai pas la plus petite idée de ce que je veux faire, alors autant faire une école d'ingénieur. »

J'allai donc à Lehigh University pour étudier l'ingénierie mécanique. A l'issue de la seconde année, non seulement je commençais à trouver les cours ardus, mais je songeais à me lancer dans les affaires. Pour cela, je le savais, je devais diversifier mon *cursus*. J'aimais les sciences, mais j'avais aussi envie de les voir en application. Aujourd'hui, je pense que la connaissance est inutile si on ne peut la mettre en pratique. C'est ce que défendent les Japonais : « Vous, vous inventez, mais nous vous prenons vos inventions, et nous les développons, nous les appliquons et les utilisons pour ces charmantes petites choses que sont la vidéo et les voitures. » C'était mon sentiment en... 1943.

Je me découvris assez bon en gestion, aussi quittai-je l'université avec une carrière qui s'ouvrait devant moi.

Voilà où je veux en venir : l'enseignement ne devrait pas être hautement spécialisé. A mon époque, on essayait de faire de nous des spécialistes. Assez ignorant, je croyais que c'était la chose la plus intelligente. J'étais de ces snobs qui regardent de haut ceux qui étudient les lettres. Pourquoi lire des livres d'histoire et écrire des poèmes ? C'est ridicule.

J'ai finalement compris que c'était eux qui avaient raison. Aujourd'hui, nous voyons des gosses tellement spécialisés qu'ils connaissent un domaine sur le bout des doigts mais rien du monde où ils vivent. Ils peuvent avoir toutes les informations à leur disposition, cela ne les aide pas à penser. Pour construire un avenir meilleur, il vaudrait mieux connaître les erreurs du passé. Aujourd'hui, je lis plus de livres d'histoire que je n'en ai jamais lu.

Une des spécialisations qui me rend le plus sceptique est l'informatique. Ces dernières années, une houle de vivas a accueilli les ordinateurs dans les classes. Franchement, je ne suis pas persuadé que la capacité à se servir d'un ordinateur soit essentielle pour l'avenir de notre monde. Après tout, qu'est-ce qu'un ordinateur ? Une sorte de cerveau pourvu de boutons sur lesquels on appuie pour obtenir une information. Mais que faites-vous des informations une fois que vous les avez amassées ?

Certains des enfants de mon entourage sont fous des ordinateurs. A douze ans, ils maîtrisent un Macintosh. Jour après jour, ils se ruent sur cette machine comme si elle était vitale. Mais tout ce temps passé devant l'écran leur apprend-il à réfléchir ? J'en doute.

Certes, je ne discute pas l'importance de l'informatique. Ma secrétaire utilise un ordinateur pour le courrier et, de ce fait, a plus de temps à consacrer aux choses importantes. Chez Chrysler, l'utilisation des ordinateurs a grimpé en flèche. Même si ceux qui insistent sur leur nécessité sont ceux qui aiment s'amuser avec — justement les gars du service financier.

Ils sont venus me trouver pour m'annoncer que si nous dépensions vingt-cinq millions de dollars dans le nouveau matériel IBM, tous nos systèmes se trouveraient connectés les uns aux autres.

« Formidable, ai-je dit, mais quel bénéfice en tirera la société ? Comment serons-nous plus productifs et fabriquerons-nous de meilleurs produits ? »

« Ce programme va nous faire économiser le travail de vingt-deux employés, m'ont-ils répondu. Facile. »

Alors, nous avons investi dans les ordinateurs et dans la formation du personnel — des millions de dollars, des milliers d'heures — mais impossible de vérifier si nous avions épargné le travail d'une seule personne — je ne parle pas des vingt-deux prévues. J'ai signé tellement de projets d'allègement ou de concentration des tâches que je ne devrais plus avoir un seul employé. Le nouveau système était censé nous fournir plus de données, et de meilleures analyses de ces données. J'ignore toujours en quoi il a apporté un « plus » à nos décisions — ou à nos véhicules.

Je suis déjà submergé d'informations, paralysé par les analyses. Chaque fois que je prononce un mot, on me sort des kilomètres de listings. Mes types peuvent me dire combien d'adolescents achètent des voitures à huit mille dollars le mardi après-midi à Albuquerque. Et je ne sais toujours pas ce que je devrais faire de ces informations.

Malheureusement, l'ordinateur ne peut prendre une décision à ma place. Il peut seulement me présenter rapidement l'alternative. Les experts appellent cela des « scénarios », et j'ai parfois l'impression de patauger dans les scénarios.

La plupart des gosses japonais se servent très tôt d'un ordinateur mais je ne crois pas que leur succès vienne de là. Ils sont intelligents et très disciplinés. Ils sont mieux organisés que nous. Cela n'a rien à voir avec les ordinateurs.

Il est des choses essentielles qui président à l'habileté technique. L'une des meilleures habitudes que devraient adopter les étudiants est l'amour de la lecture. Il faut lire des choses diverses pour se forger une opinion. Ensuite, vous savez comment communiquer ces opinions. Et, au bout du compte, vous avez appris à rassembler vos idées et vous êtes capable d'écrire — au moins avec un talent modeste. Certains enfants ne savent pas écrire une lettre à leurs parents car ils sont incapables d'orthographier ou d'aligner deux phrases. Le niveau d'orthographe et de grammaire des enfants d'aujourd'hui me tourmente. Leurs compositions pourraient être rédigées par l'homme des cavernes. Du genre « Moi, Tarzan. Toi, Jane. »

J'ai toujours conseillé à mes filles de lire autant qu'elles le pouvaient. Inutile d'être un lecteur boulimique mais une journée sans lecture ne vous a rien livré de cette somme des connaissances accumulées par l'humanité en plus de deux millénaires. Vous avez entendu votre secrétaire clamer en passant : « Belle journée, non ? ». Voilà tout ce que vous avez appris aujourd'hui. Et, à bien y réfléchir, cela ne vous a guère renseigné sur le temps.

Certaines personnes lisent sans lire vraiment. Parce qu'elles ne se souviendront pas de ce qu'elles ont lu. Elles parcourent un texte et rien ne retient leur attention.

Je n'oublierai jamais ce qui m'est arrivé quand j'étais au cours élémentaire. Nous étudiions les Grecs, et l'instituteur demanda : « Qui connaît le nom du chien d'Ulysse ? » Je ne sais pourquoi, j'étais le seul à m'en souvenir. Le maître me félicita et mes petits camarades nourrirent à mon endroit une crainte respectueuse — pendant un jour au moins.

Cela ne devait pas m'aider plus tard, car aujourd'hui je n'ai plus la moindre idée du nom de l'animal. Mais le fait d'avoir appris par ma propre lecture quelque chose, quelque chose qui avait échappé aux autres me motiva. De là, je voulus retenir tout de ce que je lisais, même les petits détails. En affaires, ils sont souvent plus importants que les grands axes.

Avec un de mes amis, Bill Kaneham, qui entra au collège en même temps que moi, nous nous livrions à un petit jeu de vocabulaire des plus stimulants. L'un de nous entamait une conversation en utilisant un mot particulier dans une phrase. Puis l'autre devait troquer ce mot contre un synonyme. Nous continuiions jusqu'à être à court de synonymes.

Ce qui donnait par exemple :

« Tu es causant. »

« Non, non, tu n'est pas causant — tu es bavard. »

« Non, tu n'es pas bavard — tu es loquace. »

« Non, tu n'es pas loquace — tu es volubile. »

Bill était très fort, c'était rageant ! Il n'était jamais à court. Il rajoutait toujours un synonyme. A défaut d'autre chose, cette gymnastique mentale avait fait de moi un as des mots croisés...

Voilà quelques années, la femme de Bob MacNamara, Margie, me mit en contact avec *Reading is Fundamental* (Lire est Fondamental), association qui a pour but d'apprendre à lire aux enfants. Je fis une publicité pour cette association ainsi qu'une affiche destinée aux librairies. Le message était : « Si vous voulez être en avance, vous feriez mieux de lire, de lire, de lire. » Je le crois.

Facile à dire, mais pour savoir quoi lire, il faut avoir de bons conseillers — c'est-à-dire de bons professeurs.

Il est curieux de constater le temps qu'a passé notre pays à débattre de ce qui n'aurait pas dû être débattu : le salaire des enseignants. Ils sont tellement importants qu'ils devraient être payés beaucoup plus qu'ils ne le sont. Ce n'est rien de dire qu'ils sont roulés.

Le salaire moyen d'un professeur américain est de vingt-six mille sept cents dollars par an, soit juste en dessous des vingt-sept mille quatre-vingt-neuf dollars que gagne un postier. J'aime recevoir rapidement mon courrier, comme tout le monde, mais je me soucie un peu plus que mes enfants, ou les gens que j'engage, sachent montrer le Nicaragua sur une carte ou lire le formulaire de leur déclaration de revenus. (Tout bien réfléchi, c'est trop demander.)

Même un chauffeur du Bureau Pédagogique de Detroit gagne mille six cents dollars de plus qu'un instituteur débutant. Le sondage Harris de 1985 alors ne nous étonne pas, qui révèle qu'un professeur américain sur quatre quittera la profession avant cinq ans à cause du salaire trop bas et des piètres conditions de travail.

Déterminer la juste rétribution d'un enseignant n'est pas chose aisée. Mais nous pourrions nous y prendre comme pour fixer les salaires chez Chrysler. Définir un degré de difficulté pour un poste et y faire coïncider un barème salarial. Sans ce barème, essayez un peu de pousser les employés au maximum de leurs possibilités !

Certes, cela pose une question d'importance. Par rapport à cette ressource vive qu'est l'enfance, comment estimer l'importance d'un instituteur comparée à celle d'un professeur de faculté ? Je ne sais pas qui devrait répondre à ce genre de question. Mais il est sûr que l'argent est une motivation. Autant commencer par là. Les enseignants ont des enfants eux aussi, et ils aiment prendre des vacances en famille, comme nous tous. Entre-temps, ils enseignent des journées entières et rentrent chez eux avec des paquets de copies à corriger le soir. Ce n'est pas comme un paisible neuf à cinq.

Au Japon, le professorat est dans les dix pour cent des professions les mieux rétribuées. Pas étonnant alors que les jeunes gens les plus brillants deviennent éducateurs. Chez nous c'est l'opposé. Seulement douze pour cent de nos bacheliers orientent leurs études supérieures vers l'enseignement ; ils étaient vingt pour cent en 1970. En 1990, il pourrait bien nous manquer cinq cent mille professeurs. Qu'est-ce que cela entraîne pour nos enfants — et pour nous ?

L'an dernier, le district scolaire de Kansas City créa six écoles de langues étrangères pour apprendre le français, l'espagnol et l'allemand aux enfants du primaire. Ils fouillèrent tous les Etats-Unis pour trouver des professeurs de français qui accepteraient de venir à Kansas City. Ils n'en trouvèrent pas un seul. Finalement, ils firent venir quatorze enseignants de Belgique. Et, pour couronner le tout, le Service d'Immigration et de Naturalisation refusa de les laisser entrer.

Les choses vont mal dans nos écoles : une étude a prouvé que la moitié de nos professeurs de sciences et de mathématiques étaient incompétents pour enseigner leur matière. Notre réservoir de professeurs de sciences s'appauvrit si rapidement qu'il nous faudra bientôt confier les postes à des entraîneurs de football. Ceux-ci sauront sans doute quelque chose sur les chocs résultant de la rencontre d'objets mobiles et immobiles, mais je ne leur fais guère confiance pour manier les éprouvettes dans les labos.

Les enseignants passent un temps incroyable avec nos enfants. Quand il a de zéro à cinq ans, vous consacrez de nombreuses heures à votre enfant, mais au-delà, le professeur qu'il rencontrera dans cette vaste loterie qu'est l'école aura sur lui plus d'influence que vous. A la maison, généralement, l'enfant dort, regarde la télé, ou embête sa sœur ; son maître, lui, l'aura à l'école pendant six ou huit heures continues.

Evidemment, il est essentiel de donner à l'enfant un bon départ quand il est à la maison, et de lui inculquer les valeurs primordiales. Mais ces valeurs peuvent être déformées par les enseignants, au lycée ou dès l'école maternelle.

Professeur, vous risquez toujours d'avoir des fruits gâtés parmi vos élèves. Ce n'est pas grave. Mais, enfant, vous avez tout intérêt à ne pas avoir de fruits gâtés parmi vos professeurs. Leur impact est trop grand. Une mauvaise pomme au milieu de quarante gosses peut engendrer vingt petits contre-révolutionnaires en moins de temps qu'il ne vous en faut pour crier « A bas le capitalisme ! »

J'ai eu de la chance. J'ai connu, année après année, des enseignants fantastiques. J'ai rarement rencontré des incapables. Ils s'inquiétaient de nous, prenaient soin de nous, se montraient exigeants — et nous apprenaient la discipline. Les classes étaient peu nombreuses, personnalisées. Nos maîtres s'efforçaient de tirer le meilleur de nous. Je suis persuadé que chacun a quelque don en lui. Le rôle d'un professeur est de mener ce don au jour ; les miens ont fait tout leur possible.

Ils nous motivaient en transformant toutes les choses ardues en compétition. En septième, par exemple, je me souviens que nous devions rendre tous les lundis un essai de cinq cents mots. On recevait les félicitations du maître pour un devoir brillant. Durant l'année, ceux qui avaient reçu trois fois la distinction décrochaient la timbale : ils étaient dispensés du devoir. Croyez-moi, chacun travaillait sur sa rédaction jusqu'à ce que ses yeux le brûlent et que ses doigts lui fassent mal. J'ai fait alors plus de brouillons que je n'en rédige aujourd'hui pour mes discours ou mes articles.

Mais les distinctions (les Etoiles d'Or) étaient difficiles à obtenir. Jimmy Leiby, l'un de mes meilleurs amis, fut le premier à en totaliser trois. Il s'agissait sans doute d'un talent familial ; son père était journaliste. Son succès ne me laissa pas en repos jusqu'à ce que j'y arrive, moi aussi. Malheureusement, je l'obtins la dernière semaine de l'année scolaire. Il n'y avait plus de devoir à faire. Un sale tour.

J'ignore si ce genre de méthodes stimulantes dure encore. Mais je sais que ces dernières années une douzaine de sociétés ont été tellement atterrées par le faible niveau de leurs nouveaux employés qu'elles ont décidé de remédier aux carences de l'éducation. On estime à cent le nombre des compagnies — y compris Eastman Kodak, AT&T(*), Polaroïd — qui offrent

(*) American Telephone & Telegraph Co.

aujourd'hui des formations pour l'obtention de diplômes agréés. Les entreprises américaines dépensent ainsi quarante milliards de dollars par an pour instruire huit millions d'employés. Nos lycées et nos universités, pendant ce temps, dépensent seulement soixante milliards de dollars pour éduquer à peu près le même nombre de gens.

Certaines sociétés ont orienté leurs efforts vers une validation de leurs propres diplômes : vous pouvez maintenant décrocher le *Arthur D. Little M.S.* en gestion, ou le doctorat du *Rand Graduate Institute* en stratégie.

Mais je ne pense pas que les entreprises américaines devraient usurper la place de notre école. Je refuse de voir Chrysler enseigner les fractions ou la géographie. Nous avons déjà organisé des cours de gymnastique et la formation d'une équipe de football.

Ce que les entreprises peuvent faire, c'est soutenir les écoles et s'assurer que nos enseignants restent en prise avec le monde réel.

Le 6 novembre 1986, je reçus deux lettres des présidents de deux universités — Lehigh et M.I.T.(*) Je les lus et me demandai si ces missives ne deviendraient pas quelque jour des documents historiques, car les deux présidents parvenaient à des conclusions similaires. Ils constataient que leurs institutions avaient formé beaucoup des professeurs du pays. M.I.T. à elle seule avait formé onze pour cent du total des enseignants en sciences et techniques aux Etats-Unis. Le chiffre est important. Et aujourd'hui, ces écoles s'aperçoivent que leurs professeurs enseignent mal.

En gros, le message qu'ils ont donné à nos enfants était : lancez-vous dans le monde et gagnez rapidement de l'argent. Personne n'était assez stupide pour conseiller aux jeunes d'aller dans le monde pour se salir les mains et aider à la productivité du pays. Seuls les idiots sans éducation feraient cela. Si vous

(*) Massachusetts Institute of Technology.

avez le sens des affaires, leur dit-on, foncez à Wall Street et faites un malheur ; si vous êtes un génie de la technique, on vous envoie en Californie du Sud travailler pour la Défense — rien qui ait à voir avec la productivité.

On me dit que vingt-trois mille de nos meilleurs cerveaux américains travaillent à Hugues Aircraft sur la « guerre des étoiles » et autres projets du genre. De l'autre côté, vingt-trois mille cerveaux japonais s'attachent à améliorer l'image télévisuelle, les crosses de golf, et les instruments électroniques des tableaux de bord automobiles. Ils n'ont rien d'autre à faire, puisque nous ne leur permettons pas de travailler à un quelconque matériel militaire un tant soit peu sophistiqué. Ce gâchis des cerveaux me stupéfie. Nos plus brillants éléments s'appliquent à concevoir des silos à missiles. Les Japonais fabriquent des denrées pour les besoins et la joie des consommateurs.

Essayez un peu de recruter un diplômé de la *Business School* de Harvard ou de M.I.T. pour une compagnie automobile. Il répondra : « Travailler comme analyste financier chez Chrysler ? Vous perdez l'esprit. Je vais à Wall Street. » Et nous ne lui offrons pas de cacahuètes. Il débute à cinquante mille dollars.

Idem avec les ingénieurs. « Quel intérêt y a-t-il à essayer de fabriquer une voiture plus performante ? C'est une industrie à l'agonie. Maintenant c'est dans le rayon laser que ça bouge. »

L'ironie est que ces types payés par le Ministère de la Défense en Californie sont les mêmes que ceux qui achètent les voitures japonaises, en arguant que les véhicules américains sont moins au point techniquement.

Beaucoup d'enseignants ont suivi le flot de l'argent pour conseiller les étudiants. Que ce point de vue mine le pays et sape la base de l'industrie, ils s'en moquent. Je ne crois même pas qu'ils aient sérieusement réfléchi au problème. Leur discours ne varie pas : « Je vous ai appris tout ce que je savais, jeunes gens. Je veux que vous réussissiez. Vous allez faire un tabac dans la banque (ou les lance-roquettes). » Après tout, à quoi reconnaît-on le succès dans ce pays ? D'abord, et toujours, l'argent.

Pour vous donner une idée du changement, il y a dix ans Lehigh demanda à ses étudiants en maîtrise qui ils voulaient pour orateur à la remise de leur diplôme. Ils choisirent Walter Cronkite, Bill Cosby, et moi, dans cet ordre. Cronkite et Cosby déclinèrent l'invitation, j'acceptai. Je commençai mon *speech* en disant : « J'ai appris que j'étais votre troisième choix. Alors ne vous étonnez pas d'avoir un discours de troisième choix. » L'an dernier, quand Lehigh demanda à ses étudiants qui ils voulaient, ils choisirent Clint Eastwood, Steven Spielberg et Donald Trump : le cinéma, le faux-semblant, et l'argent facile.

Les institutions scolaires vivent leur grand *mea culpa.* Elles s'aperçoivent qu'elles ont enfanté un monstre. Elles ont compris que les priorités étaient passées à l'as : nous devons préparer les gens à tous les métiers, pas seulement à la finance. Le secteur productif a été tristement négligé, il est aujourd'hui grand temps de lui tendre la perche.

M.I.T. comme Lehigh concluaient qu'il leur fallait élaborer un nouveau programme d'études pour résoudre notre problème de compétitivité sur les marchés internationaux. Lehigh me vouait un intérêt particulier, affirmant que j'avais inspiré cette idée. Le président d'université Peter Likins m'écrivait : « Le lieu ne serait-il pas idéal pour passer le reste de vos jours ? Vous êtes devenu le champion de la nouvelle productivité américaine. Pourquoi ne pas donner le coup d'envoi chez nous ? Nous ne lancerons pas seulement un nouveau *cursus* mais une nouvelle université. »

Oui, Lehigh a créé l'Institut Iacocca.

A présent, chacun a son mot à dire sur le problème, mais personne ne sait exactement quel est le problème. Dans sa nouvelle section, Lehigh veut partir de ce qui fait la puissance industrielle d'un pays. Que veut dire préserver la base de notre industrie ? Quelles industries devraient être développées et quelles autres démantelés ? A quoi ressembleront nos entreprises dans cinq ans ? Dans dix ans ? En instaurant sur le campus une coopération entre les entreprises, l'académie et le gouvernement, Lehigh espère apporter quelques réponses à ces questions.

La situation géographique de l'institut est l'ironie du siècle. Le campus de Lehigh se trouve au sommet d'une montagne. Il y a vingt ans, sur ce même sommet, la vénérable Bethlehem Steel Corporation avait construit un centre de recherches qui devait conserver à la compagnie sa première place dans l'industrie métallurgique. Apparemment, le centre de recherches ne fit pas son boulot. La Bethlehem vivote aujourd'hui, une parmi les autres dans la saga de notre industrie sidérurgique déclinante.

Alors qu'elle s'écroulait, l'une des mesures de dernière heure de la Bethlehem fut de se défaire de son centre de recherches et développement. C'est ce qu'on abandonne en premier quand le bateau coule. Cela soulage les entreprises à court terme mais ne résoud pas leur avenir.

L'Etat de Pennsylvanie et Lehigh versèrent vingt millions de dollars pour acheter le centre — et c'est là que se trouve mon institut aujourd'hui. Bien sûr, j'ai également accepté d'y aller de quarante millions de dollars pour les jolies installations qu'ils avaient prévues. C'est drôle, quarante millions suffisent à faire écrire votre nom au fronton d'un immeuble — ou d'une faculté.

L'histoire de cet institut pourrait être le premier sujet d'étude. Certains étudiants seront peut-être curieux de savoir qu'ils travaillent dans un centre de recherches construit puis abandonné par la Bethlehem Steel Company. Il y a une leçon à en tirer.

Si l'institut fait ses preuves, j'aimerais voir l'idée reprise par une vingtaine d'universités, pour que nous sachions un peu ce qui fait la compétitivité. Si chacun apprend, nous pourrions bien tenter une percée, comme on sort d'une maladie. Car, ne vous y trompez pas, notre déclin industriel sera fatal si nous n'y portons pas remède — et vite.

14

A LA RECHERCHE DE LA QUALITÉ

Nous avons tous eu une expérience dans le genre : la cafetière qui met six heures à réchauffer le café. Le four à micro-ondes qui explose quand vous mettez les pommes de terre dedans. Le poste de télé qui ne reçoit qu'une seule chaîne — la plus nulle évidemment. La voiture neuve dont les roues déjantent avant que le client soit arrivé chez lui. (Je n'y suis pour rien, promis !).

Le dénominateur commun de ces incidents ? La baisse de la qualité.

L'une de mes motivations pour aller chaque jour travailler est de m'efforcer de hausser la qualité des automobiles. Je l'ai répété cent fois à mes responsables : la sécurité de l'emploi pour quiconque dans cette compagnie vient de la qualité, de la productivité, et des clients satisfaits. Voilà nos armes. Sans elles, fini notre gagne-pain.

La vérité est que nous avons perdu la qualité depuis les florissantes années 50 et 60, quand *Made in U.S.A.* voulait dire « meilleur produit au monde ». Et cela se ressent bien au-delà des cafetières et des téléviseurs.

Un profond changement est intervenu dans notre comportement national. Je suis convaincu qu'intérieurement ma génération connaît un complexe de culpabilité. Même si nous avons accompli maints grands projets — nous avons réussi à enrayer quelques maux et envoyé un homme sur la lune — le sentiment grandit en nous que nous avons gâché quelque chose, qu'il nous faut recommencer, que tout est devenu pire. Le tuyau fuit sous le lavabo et le plombier, qui arrive trois jours trop tard, doit enfiler ses grandes bottes de caoutchouc pour patauger jusqu'au lieu du sinistre. L'électricien vous quitte avec deux cents dollars en poche, et au moment où vous allumez votre lampe de chevet, c'est le four qui se met en route. Pas étonnant que les ménagères deviennent des as en électricité ! Elles n'en peuvent plus. Et pour couronner le tout, les gosses hurlent, le chien n'a pas eu sa pitance ; c'est l'enfer !

La fierté n'existe plus, même chez les professionnels, de bien accomplir sa tâche. Les vendeurs sont aussi trop occupés ou trop indifférents pour vous aider. Ou alors ils sont si incompétents qu'ils passent la journée à retourner la boutique sans trouver le rouge à lèvres carmin. Si vous rencontrez un vendeur aimable, vous pensez que c'est un drogué. Le personnel, plus rare à bord des avions, devient maussade. Le temps qu'on vous serve votre repas, une voix annonce l'atterrissage et vous avez perdu tout appétit. Quant au repas en question ? Autant ne pas voyager aux heures du déjeuner ou du dîner.

Il y a des années, les détaillants soignaient vraiment leurs clients. Les marchands de disques possédaient du matériel de qualité pour vous faire écouter les morceaux avant achat. Aujourd'hui vous avez beaucoup de chance si vous mettez la main sur le disque que vous cherchez. Et, le cas échéant, vous avez encore plus de chance s'il n'est pas rayé.

Le film *Retour vers le futur*, dans lequel Michael J. Fox voyage dans le temps, comporte une scène amusante et parlante. Fox s'arrête à une station-essence des années 50, et il est fort surpris de voir quatre gars souriants s'affairer pour emplir le réservoir, nettoyer le pare-brise, vérifier l'huile et même polir les chromes. Aujourd'hui, vous faites vous-même le pompiste, et le factotum a l'air de vous accorder une faveur quand il prend votre argent.

Penchons-nous sur le problème de qualité que connaît la NASA. Qui aurait cru que nous perdrions une navette spatiale à cause d'un boulon ? Du genre de ceux qu'on n'utilise même plus sur les voitures. Tout le projet vola en fumée pour une monumentale erreur de conception.

Il est déplorable que nous ayons régressé à ce point, car l'Amérique avait inventé la qualité et le service. AT & T, IBM, Federal Express — ces sigles sont synonymes de confiance et de service. (J'admets néanmoins qu'en décidant la dérégulation d'AT & T nous nous sommes débrouillés pour bousiller le meilleur système téléphonique du monde.)

Que s'est-il donc passé ? D'accord, on ne peut pas tout mettre sur le dos du Viêt-nam et du Watergate mais je crois que la succession de ces deux tragédies a contribué au déclin de la qualité. La guerre du Viêt-nam était une guerre immorale. Elle fut vite suivie par une présidence immorale. Face à la tromperie et au mensonge des dirigeants, les gens se dirent : « Tant pis. Tout le monde s'en fiche. »

Minute ! me répondrez-vous. Essayez-vous de dire que le Viêt-nam et le Watergate sont causes du fait que je ne peux faire réparer mon téléviseur ? Eh bien, il est un peu abrupt de sauter à une telle conclusion, mais il existe un lien. Le pays a complètement perdu sa fierté. Le sentiment général est : « Nous avions une belle et fière armée qui ne perdait jamais une guerre, et voilà ce qu'il lui est arrivé. J'avais un gouvernement, et regardez ces types... des escrocs. » D'aussi lamentables événements devaient affecter l'image que le pays se faisait de lui-même.

De surcroît, la forte inflation des années 70 contraignit beaucoup d'entreprises à réduire la qualité et le service pour continuer à pratiquer des prix décents. Et puis la dérégulation entraîna encore plus de réductions. Pire encore, les employés du service trouvèrent moins d'embauche à cause de la baisse de l'emploi un peu partout dans le pays. Ensuite, les ordinateurs, les distributeurs automatiques, les stations d'essence self-service supprimèrent encore des emplois, le contact humain se faisant rarissime.

Beaucoup d'entreprises s'illusionnent en croyant faire grimper leurs profits par une baisse de la qualité. En fait, maintes industries, y compris l'industrie automobile américaine, se sont aperçu qu'elles ne gagnaient pas mais perdaient des marchés à cause de leurs produits médiocres. Et s'il restait un doute quant à savoir si la perte de la qualité inclut ou non une perte d'argent, jetons un coup d'œil aux statistiques : un ouvrier d'usine sur quatre ne produit rien. Il passe le total de sa journée de travail à réparer les erreurs des autres.

Quand votre société dépense un quart de son budget de fonctionnement à pallier les à-peu-près des autres, la conclusion est évidente : la seule façon d'être rentable est de fabriquer de meilleurs produits.

Le concept de qualité est certes un concept flou. Il ressemble un peu à l'art moderne — difficile à définir parce qu'il signifie des choses radicalement différentes selon les gens. Cependant, réduite à sa plus simple expression, la qualité correspond à des produits qui marchent bien et longtemps. La qualité c'est un grille-pain qui grille les deux côtés du toast et une machine à laver qui rend des chemises propres.

Pour beaucoup de gens, la qualité c'est aussi la commodité. Témoin l'afflux des catalogues de vente par correspondance et d'achats par l'intermédiaire de la télévision. La qualité, c'est un avion qui vous mène à destination avant le prochain solstice. C'est aussi l'espoir qu'un jour vous finirez par retrouver vos bagages en débarquant.

C'est aussi le service avec le sourire ; c'est également, en cas de panne, la responsabilité du fabricant. C'est la raison pour laquelle les Américains sont devenus les champions de la garantie. Le consommateur sait que la réparation couvre sa dépense. C'est ce que l'on appelle dans l'industrie le service après-vente.

Je suis très sensible sur la question de la qualité car j'ai évolué toute ma vie dans un secteur très décrié (aussi bien que félicité) pour la qualité de sa production. Nos clients travaillent pour vivre et nous leur prenons une bonne part de leurs revenus en échange d'un produit qui, nous leur affirmons, leur donnera satisfaction pendant des années. Alors si le véhicule ne répond pas à leur attente...

Dans l'immobilier, on dit que trois choses seulement importent : l'emplacement, l'emplacement et l'emplacement. Chez nous c'est la qualité, la qualité et la qualité.

Nous savons qui décide de notre cote — c'est le client. Il ou elle est notre point de référence. Pesonne d'autre. *Le Magazine du Consommateur* peut avoir son opinion sur qui est le meilleur. Nous avons notre propre opinion. Mais le seul qui ait voix au chapitre est le client — car c'est lui qui allonge les billets. On a tout intérêt à lui prêter l'oreille si l'on ne veut pas sombrer.

Le client ne connaît pas forcément les composantes de la qualité, mais il est à même d'en estimer les résultats. Il ne sait peut-être pas à quoi sert la courroie de transmission d'une dynamo, mais il sait ce qu'*ajuster* et *finir* veulent dire. Il sait à quoi ressemble la qualité quand il claque sa portière. Comme il sait ce qu'est la fiabilité. C'est simple : « J'espère que la voiture va démarrer ce matin. »

Et, l'on peut en être sûr, le client n'est jamais neutre en matière de qualité. C'est une bonne voiture ou un tacot. Pas de moyen terme.

Après tout ce que nous avons traversé chez Chrysler, j'aimerais lâcher du lest et acheter une police d'assurance pour notre avenir. Mais devinez quoi ? Personne n'est vendeur. Je peux m'assurer contre le gars qu met le feu à l'usine. Je peux m'assurer contre le gars qui me poursuit en justice. Si j'y mets le prix, je peux même m'assurer contre les catastrophes naturelles. Le seul contre qui je ne puisse m'assurer est le client. Cette police-là, nous la contractons avec nous-mêmes.

Comment ? D'abord en admettant que la qualité est un ensemble. Cela n'a ni début ni milieu. Et il vaudrait mieux que cela n'ait pas de fin. La qualité d'un produit et son processus de fabrication doivent devenir un état d'esprit chez un employé.

Tout repose sur les épaules humaines. Certes, nous avons besoin des coûteux robots et du laser, mais ce ne sont que des outils. La qualité ne s'achète pas, elle s'acquiert — grâce aux gens. Elle n'existe que sur le papier tant que les êtres ne s'y impliquent pas.

Cela paraît un peu poussé, mais tout le monde dans une société doit croire que son gagne-pain dépend de la qualité du produit qu'il fabrique. Chacun doit penser que la qualité est sa seule monnaie pour acheter de l'épicerie, payer les traites et envoyer ses enfants en fac. Et cela doit devenir aussi fort que la ferveur des convertis à une nouvelle religion — vous voyez ce que je veux dire. (Je ne connais pas de ferveur égale à celle de l'alcoolique avec sa bouteille, ou celle de celui qui vient de découvrir Dieu.)

Au Japon, le sens de la qualité confine à l'hygiène de vie. Nous devrions acquérir ce même automatisme : que la notion de qualité soit si étroitement liée à nous-même que nous n'y pensions même plus.

Pour ce faire, le patron doit se montrer implacable face à toute négligence. S'il laisse chuter la qualité, s'il continue à produire même quand quelque chose ne va pas — alors l'exemple se répand comme une traînée de poudre. « Si le patron s'en fiche, pourquoi pas moi ? » pensent les employés à tous les niveaux.

L'idée paraît assez simple pour fonctionner, mais un bon manager vous dira qu'il est incroyablement difficile d'insuffler foi en la qualité aux forces de travail. Il ne suffit pas de rassembler les troupes et de leur faire un petit numéro.

Le problème vient peut-être de ce que la route vers la qualité dans notre culture passe par les épreuves et les erreurs, par le tâtonnement. Aussi les cibles sont mouvantes — et ce qui bouge dans le noir m'a toujours inquiété.

La qualité, après tout, dépend d'éléments aussi bêtes que la valeur personnelle de chacun. Un gars qui s'est engagé dans une branche peut ne rien connaître à son job. Ou n'être pas assez entraîné. Il peut aussi s'être crevé le week-end et arriver le lundi matin seulement préoccupé de tenir debout.

Comme dit le vieil adage : N'achetez pas une voiture fabriquée un lundi ou un vendredi car ce sont les pires jours sur la chaîne de montage. C'était assez vrais dans nos grosses usines. Ça ne l'est plus.

L'individu qui s'apprête à faire du bon travail sera content d'aller travailler. *Aujourd'hui je vais contribuer à produire quelque chose de bien*, se dit-il quotidiennement.

J'aime aller travailler le matin. Au bout de quarante-deux ans, je suis aussi enthousiaste qu'au premier jour. Pourquoi ? Suis-je né ainsi ? Est-ce grâce à mes professeurs ? Suis-je loufoque ? Je suppose que c'est dû à beaucoup de choses.

A moins d'entretenir cet enthousiasme, on ne peut comprendre le rôle que nous jouons dans la fabrication d'un meilleur produit.

Chaque jour en Amérique, deux cent quarante-deux millions de gens s'éveillent ; si chacun se disait qu'il va faire aujourd'hui quelque chose de bien, quelque chose de meilleure qualité que ce qu'il a fait la veille, nous serions les meilleurs du monde. Dommage : la plupart des gens se lèvent, bâillent. *Oh, zut, encore une journée de corvées à tirer.* C'est-à-dire qu'ils feront ce qu'on leur a dit, et rien de plus. Comment peut-on progresser dans ce cas-là ?

Tout le temps que j'ai passé dans l'automobile, j'ai entendu les gars des usines se plaindre parce que les stupides dessinateurs concevaient des voitures impossibles à construire. Il faut les faire en huit morceaux, disent-ils, quand on pourrait se contenter de deux. Et les designers de geindre à leur tour : « On leur a fourni un modèle formidable. Ils sont trop stupides pour savoir l'assembler. C'est le problème. »

Et cela à l'intérieur d'une entreprise : chacun estime que « c'est de la faute de l'autre ». Pour la direction, la priorité est de faire comprendre que la qualité d'un produit fini est la tâche de tous. Chacun, à chaque maillon de la chaîne, en est responsable. Jusqu'au type qui remplit le réservoir et nettoie la voiture. Car s'il laisse couler de l'essence à l'extérieur, il massacre la peinture qu'un autre a soigneusement appliquée. Le produit qui sort porte l'empreinte de tous ceux qui y ont travaillé, et je ne fais pas allusion à la marque des pattes graisseuses.

Ne nous voilons pas la face, l'amélioration de la qualité n'est pas à l'honneur aujourd'hui. Les journalistes nous tombent dessus comme la grêle tous les dix jours pour obtenir l'état des ventes, mais aucun ne nous demandera : « Dites, comment a progressé la qualité, ces dix jours ? »

C'est un travail que nous avons à accomplir sans tambours ni trompettes, sans meneurs, et sans gloire. Au long de mois, d'années d'une discipline de fer et d'un dur labeur. Pour fans nous n'avons que l'ensemble des travailleurs, qui doivent se refuser à la médiocrité.

Pensez-y. Voilà seulement vingt ans, le label *Made in Japan* signifiait toc et bon marché. Même leurs feux d'artifice étaient mauvais. A présent *Made in Japan* rime avec qualité, solidité. Un jour, dans le *New York Times*, j'ai lu les résultats inquiétants d'un sondage d'opinion publique. Les Américains décernaient aux Japonais la palme des meilleurs travailleurs. Quelqu'un disait : « Nous, nous attendons midi et cinq heures (l'heure du déjeuner et l'heure de partir) au lieu de faire notre boulot. » Une autre personne déclarait : « Beaucoup d'Américains ne s'avanceront pas dans leur tâche si ce n'est pas spécifié dans le contrat de travail. » Ou encore : « Je suppose que les Japonais sont plus déterminés à aller de l'avant. » A propos, si j'entends un type de plus me dire « Ce n'est pas mon boulot, » je crois que je deviens fou.

Voilà donc ce que les Américains pensent des Américains. Où est passée notre fierté ? Il est des choses qu'on ne dit pas à voix haute — même si on les pense. Où courons-nous, si nous nous jugeons réellement ainsi ? Comment nous battrons-nous si nous déclarons d'entrée de jeu : « L'autre est meilleur que moi » ?

Le pire est que personne ne s'inquiète véritablement. Vous imaginez le désastre à Washington si, par sondage, les Américains affirmaient que les Russes sont de meilleurs soldats ?

Nous devons nous départir de cette méfiance nuisible envers nous-mêmes. Les Japonais achèteront des produits plus chers et de moins bonne qualité si ce sont des produits japonais. Nous faisons exactement le contraire. Nous croyons que tout ce qui est étranger est mieux. Quelqu'un un jour m'a écrit pour me dire qu'il ne comprenait pas pourquoi tant de ranchers texans conduisaient des camionnettes Toyota alors que le Japon nous imposait de si stricts quotas sur le bœuf texan.

C'est une chose que d'adorer le vin français ou le chocolat suisse. Mais nous avons inventé la production de masse. C'est d'elle qu'est née la classe moyenne. Cela nous a donné un niveau de vie sans équivalent dans le monde. Et maintenant, les Américains affirment que les Américains n'en sont plus capables !

Je ne tiens pas à trop m'étendre sur le sujet mais le consommateur américain semble mettre la qualité en tête de la liste de ses exigences. Peut-être devrait-il nous dire ce que signifie vraiment « qualité » pour lui.

La bonne nouvelle est qu'un peu partout dans le pays des signes d'amélioration se font sentir. Il existe maintenant des douzaines de conseillers en qualité qui, pour une somme coquette (je le sais, j'ai consulté l'un d'eux), offrent leur avis aux entreprises sur les moyens d'améliorer la qualité de leurs produits et de leurs services.

En échange de mon argent, nul ne m'a mieux parlé de la qualité que Phil Crosby, conseiller éminent qui a même fondé en Floride une école de la qualité. Nous avons réfléchi après l'avoir rencontré jusqu'à créer, sur son modèle, notre propre Institut de Qualité Chrysler. Vingt mille de nos employés reviennent là sur les bans de l'école, à raison de deux mille élèves par mois — et je dois admettre qu'ils repartent marqués de l'estampille QUALITE sur le front.

Nous n'avons pas le droit de ralentir, car nos concurrents appuient sur l'accélérateur. Ils ne s'endorment pas au volant. Eux aussi courent à la qualité, et avec succès. En 1980, quand Detroit s'aperçut des performances des voitures japonaises, les trois géants multiplièrent les efforts pour arrêter l'invasion. Les études démontrent à présent qu'une voiture construite en Amérique égale quasiment une voiture construite au Japon. Pas tout à fait mais presque. Pourtant, les erreurs passées donnent encore au public une image plus médiocre de notre qualité, en-deçà de la réalité. Si celle-ci n'avait pas grimpé en flèche, Chrysler n'offrirait pas une garantie de sept ans, pour soixante-dix mille miles, la plus longue dans le secteur. C'est tout dire.

Le bond en avant de la qualité se manifeste aussi dans le domaine électroménager. L'an dernier, GE (*) a offert de rembourser entièrement le prix de tout gros appareil dans un délai de neuf jours si le client n'était pas statisfait. Whirlpool alla plus loin et promit de remplacer sans frais tout gros appareil dans un délai d'un an si le client n'était pas complètement satisfait.

En vérité, chacun pousse si loin les exigences de qualité que cet idéal que nous appelons « sans défaut » pourrait bien un jour devenir la norme.

Jusqu'aux villes et aux municipalités qui se mêlent de qualité. A Miami, les cinq mille chauffeurs de taxis sont tenus de prendre un cours de politesse de trois heures baptisé « Miami gentil » (*). Résultats plus que probants. Les plaintes des clients ont diminué de quatre-vingts pour cent depuis l'instauration de ce cours. (Savoir si le principe fonctionnerait avec les taxis new-yorkais est une autre histoire.)

L'un des aspects agréables de la qualité est l'accueil que lui font les Américains quand ils sont contents. Je n'oublierai jamais ce dentiste de Detroit qui amena sa New Yorker jusqu'à notre usine de Jefferson Avenue et se gara près d'un groupe d'ouvriers à l'heure de la pause. Il alla vers eux : « C'est vous qui avez fabriqué cette voiture ? » leur demanda-t-il. Ils ne savaient pas trop s'ils allaient recevoir un coup de barre à mine sur la tête ou une décharge de chevrotine — en tout cas, ils avouèrent. Le dentiste répliqua : « Je tiens à ce que vous sachiez que c'est la meilleure voiture que j'aie jamais eue de ma vie, et vous devez être fiers de l'avoir construite. » Sur ce, il leur serra la main à tous et tourna les talons. Un dingue ? Non. Sim-

---

* General Electric.

* Jeu de mots intraduisibles entre « Miami Nice » et la série TV « Miami Vice ».

plement un client américain reconnaissant — et un type qui vous remonte le moral.

La qualité importe essentiellement par le fait qu'elle détermine notre compétitivité.

Nous devons nous battre dans cette économie mondiale que nous avons si largement contribué à créer. Nous ne sommes plus les rois. Nous ne pouvons dicter les règles. Nous ne sommes plus les tenants de la technonologie ou des idées nouvelles. Nous sommes un joueur parmi les autres. Il ne nous reste donc qu'à retrousser nos manches comme l'ont fait nos pères et nos grands-pères.

Après tout, la compétitivité commence par la capacité à produire une meilleure qualité que les autres dans le monde et à un prix qui séduise les clients. Tout le monde veut le « mieux », au plus bas prix possible. C'est ce qui fait la valeur. Croyez-moi, si vous êtes capable de donner aux gens une valeur honnête, vous serez toujours compétitif.

En 1986, nous avons montré à tout le monde — y compris à nous-mêmes — ce que signifiait travailler ensemble. Nous l'avons fait avec de petites voitures américaines (des modèles de douze ans) : la Dodge Omni et la Plymouth Horizon. Oui, nous avons surpris tout le monde quand nous les avons mises en vente pour cinq mille quatre cent quatre-vingt-dix-neuf dollars, c'est-à-dire moins cher que n'importe quelle voiture américaine ou japonaise. Nous n'avions pas perdu l'esprit et nous n'inventions pas la vente à perte. Nous avions l'intention de gagner de l'argent avec cette somme, et ce fut fait.

Nous y sommes arrivés parce que nous avons travaillé en équipe. Nous sommes parvenus à baisser le prix de fabrication de l'Horizon de sept cent dix dollars puis à lui ajouter pour six cent quatre-vingt-neuf dollars d'équipements, ainsi personne ne pouvait prétendre que nous ne vendions qu'une carrosserie. La corporation automobile se mit d'accord sur des méthodes de travail plus productives. L'Etat de l'Illinois nous concéda quelque argent. Nos fournisseurs baissèrent leurs prix de dix pour cent.

Et nos revendeurs se mirent de la partie en se contentant d'une moindre marge bénéficiaire.

Nous avons travaillé tous ensemble, et voyez le résultat : depuis qu'il se vend des voitures américaines, notre présence sur le marché de la « subcompacte » a quasiment doublé d'importance. Le fait parle de lui-même, et prouve aussi que les Américains achèteront américain si on leur propose la qualité au plus juste prix.

Il est un autre aspect de la qualité dont personne ne veut parler. Moi qui suis un homme de dollars et de cents, je n'hésite pas à le dire : la qualité n'est pas gratuite. Je sais reconnaître un produit de qualité, et le prix affiché est en conséquence.

Certains — en particulier les militants des associations de consommateurs — estiment que les entreprises américaines ne progressent pas assez vite en qualité. Ils oublient seulement que la rapidité a un prix.

Et puis il faut s'arrêter et réfléchir à la qualité dont on a véritablement besoin. Certaines femmes s'achètent des robes à cinq mille dollars qui ne sont jamais qu'un vêtement. J'ai noté que les cravates Countess Mara se vendaient maintenant deux cents dollars. Ce n'est pas pour moi. J'ai une fâcheuse tendance à éclabousser mes cravates de sauce, et elles finissent généralement à la poubelle.

Aussi quelle qualité sommes-nous prêts à payer ? Je pense que nous pourrions construire la voiture parfaite, mais elle coûterait cent mille dollars au lieu de dix mille. Je ne suis même pas certain que Rolls-Royce propose une voiture parfaite pour plus de cent mille dollars.

Si vous y tenez vraiment, je gage qu'un tailleur vous confectionnera un costume qui dure vingt ans. Bien chaud, aussi raide qu'une armure, anti-accrocs. Ah, un détail : cela vous coûtera huit mille dollars. Ne vaut-il pas mieux acheter quarante costumes à deux cents dollars — ne serait-ce que pour varier un peu sa garde-robe ?

Malheureusement, beaucoup de gens pensent : « J'exige la qualité mais je refuse de la payer. »

Tant pis. Vous ne pouvez pas avoir les deux. Et si nous tenons réellement à être compétitifs sur le marché mondial, il faut en accepter le prix.

Tout ce qui doit être fait — que ce soit réduire notre déficit budgétaire ou améliorer l'enseignement — coûtera son prix, ce qui entraîne le sacrifice. Si notre nation continue à se dérober à cette réalité, toutes ces grandes phrases que nous entendons sur la compétitivité ne sont que du vent.

A propos, il y a une seconde question à se poser : jusqu'à quel point souhaitons-nous être compétitifs ?

Le Japon est montré comme le modèle en la matière, et nul doute que les Japonais ont payé cher leur médaille. Leurs banques regorgent d'argent mais leur économie sévère avec sa philosophie du « exportez mais n'importez pas » entraîne qu'une ménagère paie cinquante dollars la livre de bœuf premier choix, et six fois le prix mondial pour un bol de riz.

Les pays récemment industrialisés comme la Corée et Taiwan bouleversent le marché avec leur exportations haute technologie, mais les ouvriers d'usines qui fabriquent ces produits gagnent deux ou trois dollars de l'heure, ce qui est loin de leur permettre un mode de vie « haute-technologie ».

Ce ne sont pas seulement nos salaires qui font monter les prix des produits américains et les désavantagent par rapport à l'Extrême Orient. Nous faisons aussi payer au consommateur des « coûts sociaux » qui ne pèsent pas sur le prix des produits importés.

Nous faisons partie des quelques nations qui ont le temps de débattre de la qualité de la vie et de ce que nous en attendons matériellement. D'autres nations n'ont pas même trente secondes à consacrer à la question. Des problèmes plus vitaux les préoccupent, comme manger tous les jours, avoir un toit sous lequel dormir, aussi doivent-elles renoncer au luxe de la qualité et du service-sourire.

C'est pour cette raison que le Brésil a fait une offre mirobolante à notre industrie du papier. Les lois sur la protection de l'environnement privent quasiment les Etats-Unis de leurs papeteries. Alors le Brésil nous dit : « Venez donc chez nous. Installez vos fabriques de papier. Polluez notre atmosphère. Salissez notre pays. Nous ne pouvons pas nous en inquiéter pour l'instant. Nous avons besoin d'emplois. Nous avons besoin de manger. Quand ce sera réglé, nous nous pencherons sur les problèmes de qualité de la vie qui vous tourmentent tant. »

Nous ne raisonnons pas de la sorte. Par exemple, le prix d'une Chrysler neuve comprend davantage que les salaires, le métal, le caoutchouc et le verre. S'y niche aussi le prix de notre niveau de vie.

Ce n'est pas écrit sur l'étiquette, mais une partie du coût va à la protection médicale des employés. Aux Etats-Unis, les employeurs paient la majeure partie de la facture de la protection médicale. Dans d'autres pays, elle incombe principalement au gouvernement. Je préfère notre système mais il met un handicap à la compétitivité de nos produits. Actuellement, le seul coût de la santé s'élève à six cents dollars sur le prix d'une voiture.

Nous avons pris des mesures pour que ces coûts baissent, mais ils restent et resteront élevés, car la qualité des soins médicaux est dans notre pays une contrepartie des affaires. Mais j'aimerais préciser que la gratuité des appareils dentaires pour les enfants et les prescriptions de lunettes doivent être compensées par un meilleur travail de la part de tous.

Dans chaque voiture est également inclus le prix des retraites pour les travailleurs. Dans maints autres pays, ceci incombe également aux gouvernements. Et dans les pays les plus « compétitifs » du monde (traduisez : les pays à main-d'œuvre bon marché), les pensions n'existent pas. Un travailleur américain ne gagne pas seulement son salaire au cours de sa période d'activité, mais aussi sa retraite. Le consommateur doit en supporter le coût. Voilà encore deux cent soixante-quinze dollars de plus pour une voiture.

Ajoutez ceci : il a été décidé que la propreté de l'air et de l'eau relevait de la responsabilité des employeurs. L'EPA (Agence pour la Protection de l'Environnement) a fixé des normes pour nos usines et veille à ce qu'elles soient respectées, mais le coût de ces installations incombe en majeure partie au consommateur de produits américains. Certes, nous pourrions discuter sur le détail des lois pour l'environnement mais personne n'a envie de s'empoisonner juste pour nous voir aligner nos prix sur ceux de l'étranger. Ajoutez quatre-vingt-dix-neuf dollars au prix d'une voiture.

L'exploitation des travailleurs n'est plus légale dans notre pays. Les compagnies dépensent des milliards chaque année pour faciliter la production par de meilleures conditions de travail et accorder plus de temps libre. Il est impossible de comptabiliser exactement le coût des normes sécuritaires mais il n'est pas insignifiant — probablement cinquante dollars par véhicule sorti de l'usine.

Parfois, je l'admets, je m'interroge sur ce que nous obtenons en échange de ce que nous payons. L'an dernier Chrysler s'est fait poursuivre à grand fracas de publicité par l'Administration de la Sécurité et de la Santé Professionnelles, ou OSHA. Nous étions redevables d'un million et demi de dollars pour infractions dans l'une de nos usines, bien que nous n'ayons pas admis notre culpabilité.

En ce qui concerne les accidents du travail, l'industrie automobile est au premier rang, loin devant les autres, quant aux conditions de sécurité. Et Chrysler n'a rien à envier à General Motors ou à Ford. En dépit de cela, l'OSHA décida d'inspecter notre usine de Newark. C'est une vieille usine — ce qui n'est pas une excuse, je l'admets — mais aucune installation de ce pays ne peut raisonnablement obéir à la liste illimitée des normes émises par l'OSHA. Il existe même des règles pour les sièges des toilettes et la hauteur des urinoirs. Quand les inspecteurs débarquent avec leurs gants blancs, ils découvrent des entorses à la législation dans n'importe quelle usine des Etats-Unis, même dans une installation récente.

Eh bien, ils en trouvèrent quelques-unes à Newark. L'OSHA découvrit des fuites dans le toit. Bien. Nous déclarâmes à l'agence que nous mettions des bassines en dessous jusqu'à l'année suivante où nous aurions l'argent pour refaire toute la couverture. « Oh ! non, rétorqua l'OSHA. C'est une violation des règles sécuritaires de première importance. Réparez tout de suite. »

Je ne suis pas spécialiste des toits qui fuient mais je trouvai qu'ils nous laissaient vraiment un délai ridicule.

Autre exemple : nous n'avons pas beaucoup de robots dans cette usine, mais quelques-uns. La norme impose de placer une barrière de métal autour de chaque robot afin que personne ne vienne réveiller la bête par inadvertance et se fasse dévorer. Or, dans une vieille usine, nous n'avons guère d'argent à dépenser pour des clôtures d'acier, aussi avions-nous placé des délimitations en cordes qui remplissaient fort bien leur fonction. Personne n'a jamais été blessé. « Et alors ? dit l'OSHA. Violation — réparez cela tout de suite. »

L'OSHA a également découvert une « faute » que je ne lui pardonne pas. Newark est, avec une autre de nos usines, la dernière à utiliser la soudure à l'étain. Nous avons dépensé des millions de dollars pour exclure ce procédé de nos usines et les deux dernières ne feront pas d'étamage dès cette année. Le soudeur est exposé aux effets nocifs de l'arsenic et du plomb. Le code de l'OSHA spécifie donc que tout soudeur sera soumis à des analyses de sang régulières.

Nous avions envoyé les prélèvements sanguins aux labos de Detroit et le bilan avait pris deux semaines parce qu'une machine là-bas était en panne. Deux de nos ouvriers avaient un taux élevé de saturnisme. Ils ne furent pas prévenus à temps et furent pris de malaise sur leur lieu de travail. Je souhaite que nous agissions plus efficacement à l'avenir.

Mais l'OSHA déclara ce triste fait typique des centaines d'entorses à la législation qu'elle avait repérées. Elle ne daigna pas préciser que les autres infractions étaient insignifiantes.

Pour ne pas endurer le même traitement dans nos autres

installations, nous avons constitué des équipes de pseudo-inspecteurs de l'OSHA. Les gars prennent le règlement et en quatre semaines visitent toutes nos usines en corrigeant toutes les entorses à la norme. Vous pouvez parier qu'il n'y a plus rien à redire.

Malgré tout, je gage que les inspecteurs de l'OSHA se mettront à quatre pattes avec des microscopes pour dénicher encore une ou deux violations.

Je ne me fais certainement pas le défenseur des infractions qui mettent en danger la sécurité ou la santé de quiconque. Si nous avons fait preuve de négligence, exceptionnellement, nous réparons et nous payons. Mais toutes les infractions ne se valent pas. Il serait temps de cesser d'assimiler un risque minime avec le fait de jeter sa mère dans le feu. Ni moi ni personne ne souhaitons que les ouvriers soient blessés ou vieillissent prématurément. Mais n'allons pas prendre les moindres normes au pied de la lettre.

L'année dernière, les trois géants ont fait quelque chose d'inusité. Pour la première fois, ils ont signé conjointement une lettre qui protestait avec véhémence contre une décision de l'EPA qui allait sans raison augmenter nos coûts. Dans quelques villes du pays comme Detroit et Los Angeles, l'EPA avait decelé un brouillard polluant (smog) créé par des émissions volatiles. Quand vous prenez de l'essence à la station-service du coin, cette odeur familière n'est autre qu'une « émission-volatile » qui pollue l'air et l'ozone.

Voilà des années que, dans l'industrie automobile, on installe une petite boîte sur toutes les voitures destinée à collecter les émanations au moment du remplissage. L'EPA nous demande maintenant de tripler la taille de cette boîte. Ils soutiennent qu'il nous en coûtera dix-neuf dollars par véhicule. Les autres constructeurs et moi avons estimé le coût entre soixante et cent vingt dollars. Mieux, il faudra dix à quinze ans pour que toutes les voitures soient équipées de la grande boîte, le temps que les voitures actuelles, non équipées, disparaissent de la circulation.

Nous avons suggéré que ce genre d'installation soit placée au robinet de chaque pompe à essence. En vain. L'EPA affirma que cela coûterait trois fois plus. Et alors ? Le problème ne serait-il pas réglé en un an au lieu de quinze ? Et ce système ne serait requis que dans les zones fortement touchées par la pollution des émissions volatiles, aussi le coût total pour le pays serait-il bien moindre. Nous continuons à nous bagarrer sur la question.

La vérité est que la vie n'est pas parfaite et ne le sera jamais. Une société se doit d'être vigilante quant aux atrocités infligées à son environnement. Malgré cela, il restera toujours des vapeurs nocives dans l'atmosphère et des saletés dans les rivières. Certains croient que si quelques règlements apportent quelques améliorations, plus de règlements apporteront plus d'améliorations. Mais le mieux est l'ennemi du bien. Les règlements finissent par nous étrangler.

Au-delà de ces coûts sociaux, nous payons également la maintenance de quelques droits légaux. L'un d'eux, je l'ai déjà dit, est le droit de poursuivre quelqu'un en justice. Si les Américains veulent conserver leur droit de porter plainte contre le médecin, leur pharmacien ou leur constructeur automobile, ils doivent payer le prix fort.

Chez Chrysler, nous avons à répartir le coût de tous ces avantages sur le prix de chaque voiture. Les firmes japonaises n'ont pas ce problème. Elles ne se poursuivent pas mutuellement en justice (bien que lorsqu'elles vendent leurs produits ici, il nous arrive de porter plainte contre elles !)

La morale de l'histoire est : l'Amérique doit devenir plus compétitive. Mais jusqu'à quel point ? Et à quel prix ?

Voulons-nous concurrencer le Japon en adoptant son sytle de vie, ou la Corée en réduisant les salaires à deux dollars l'heure et en se fichant de l'environnement, de la sécurité ? Souhaitons-nous réviser à la baisse notre niveau de vie ?

Je ne le crois pas. Si la compétitivité devait se résumer à « produire meilleur marché », le plus compétitif ne serait autre que celui qui vend à perte.

LE REDRESSEMENT

VINGT ET HUIT

La vie est ponctuée par toutes sortes de cycles. Certains sont prévisibles — la nuit succède au jour ; l'automne vient après l'été ; les marées obéissent à la lune. Dieu règne sur ces cycles-là. Les hommes régissent les autres : les cycles d'affaires, d'énergie, les cycles automobiles. Ceux que nous transformons en nuisances.

Il serait formidable de pouvoir effacer ou chasser certains cycles inventés par l'homme, mais le mieux que l'on puisse faire est de les circonscrire pour qu'ils ne nous explosent pas au visage. C'est une raison pour laquelle nous plaçons des hommes à la tête de notre gouvernement — pour qu'ils élaborent une politique modérée, qui dise non aux extrêmes. Il est des cycles où l'on ne peut laisser la nature suivre sa course.

A la tête de Chrysler, je dois me demander, que les choses aillent bien ou mal : « Que se passe-t-il ensuite ? » Eh bien, il est du devoir du citoyen de s'enquérir des lendemains de son pays.

Pour répondre, je cherche des modèles. Aussi loin que je m'en souvienne, j'ai toujours été sensible à l'importance des cycles. Ils ponctuent notre temps, parfois notre chance. Je me suis même permis d'échafauder ma petite théorie, que j'ai baptisée « Vingt et huit ».

En deux mots, la théorie consiste à dire que le pays passe de vingt ans de désordre et d'action à huit ans d'un calme relatif.

Après avoir récupéré son souffle pendant ces huit ans, il se jette à nouveau dans la danse pour vingt ans. Et cela recommence.

La théorie ne doit pas être prise au pied de la lettre. Il ne s'agit pas de prétendre que pendant les huit années de calme n'apparaît aucun problème. Mais les grands troubles semblent intervenir pour servir de charnière aux deux périodes. Bien sûr, on connaîtra des périodes d'apaisement au cours du cycle le plus long — il ne s'agit pas de vingt ans de malheurs non-stop.

Permettez-moi d'illustrer ma théorie par le déroulement de ma vie.

Je suis né en 1924. Calvin Coolidge était alors Président et le pays était au plus fort d'une période de calme. Lorsque je commençai à réfléchir à cette théorie, je lus davantage sur cette époque car, je l'avoue, en 1924 Coolidge n'était pas l'objet de toutes mes attentions. Après tout, je vagissais dans mon berceau et mes parents n'interrompaient pas mes repas pour me raconter ce que Cal fabriquait à Washington.

Lorsque Coolidge prit ses fonctions, après les années pénibles de la Première Guerre mondiale et le début des années 20, le pays aspirait à la tranquillité. « Le silencieux Cal » ne désirait évidemment pas être Président ; mais Warren Harding mourut et Cal le remplaça.

Coolidge dirigea le pays avec ce même optimisme naïf qui fut l'apanage de Ronald Reagan. Il aimait à dire : « Si vous voyez dix pépins venir à vous sur le chemin, vous pouvez être certain qu'au moins neuf d'entre eux tomberont dans le fossé avant de vous atteindre. »

Jusqu'à une date récente, je n'avais pas compris pourquoi Ronald Reagan avait, à sa victoire aux élections, accroché une photo de Calvin Coolidge à la Maison Blanche. C'était plutôt bizarre. La plupart des Présidents républicains affichent leur admiration pour Dwight Eisenhower. Mais Coolidge ? Connu pour s'être tourné les pouces durant tout son mandat ! Oui, Coolidge était le mentor de Reagan. Reagan l'a admiré plus qu'aucun autre Président et l'a imité à la perfection. Après Reagan, Coolidge mérite la médaille du plus grand Président inactif de l'histoire.

Cal était homme de peu de mots — la phrase était chez lui une performance. On raconte que Channing Cox, qui lui succéda comme gouverneur du Massachusetts, lui demanda un jour comment il se débrouillait pour recevoir tous ses visiteurs et quitter néanmoins son bureau à cinq heures quand lui, Cox, s'en allait rarement avant neuf heures du soir. Cal rétorqua : « Taisez-vous. »

Une autre fois, une de ses voisines dans un dîner avoua à Cal qu'elle avait fait le pari de lui tirer plus de deux mots avant la fin de la soirée. Il répliqua : « Pari perdu. »

Quand Cal ouvrait la bouche, c'était pour conseiller à chacun de se débrouiller. A ses yeux, moins le gouvernement intervenait, mieux c'était. Là-dessus arrivèrent les années folles, les garçonnes et tout le bataclan. Après la récession de 1920-21, les gens avaient besoin d'un Cal pour leur offrir un peu de répit. Il remplit parfaitement le contrat.

Dommage : son laxisme semait les graines du grand krach de 29. A la fin des années 20, déjà, les roues de la voiture s'en allaient une à une. Abus de toutes sortes. Valse sur le marché des valeurs. Scandales dans le gouvernement. En 1929, quand les murs se mirent à trembler autour de lui, Cal quitta son fauteuil présidentiel.

Alors Herbert Hoover arriva pour essayer de colmater quelques brèches. Il était ingénieur des mines — le seul scientifique que nous ayons eu à la Présidence avant Jimmy Carter — car en ces temps précaires les électeurs appelaient au poste suprême un homme de terrain, un homme de logique. Oui, mais Hoover devait rester dans les livres d'histoire comme un Président bien faible, si ce n'est un fumiste. En fait, tout s'en allait à vau-l'eau et je crois que le pauvre Hoover paya les pots cassés par Coolidge.

Hoover promit d'œuvrer pour ce qu'il baptisa « Le Nouveau Jour », un avenir de prospérité économique et sociale à la lumière des sciences appliquées (c'est ce que nous appelons aujourd'hui la haute-technologie). Il tenta des réformes au sein des lois antitrust, du marché boursier, des banques, et dans la régulation de l'énergie électrique. Malheureusement, son absence d'expérience politique (on n'avait pas vu cela depuis le Président Ulysse S. Grant) fit qu'aucune de ses tentatives n'aboutit. Comme il l'écrivit un jour : « J'avais peu de goût pour les épreuves de force avec le Congrès, ou pour engager des combats critiquables. » Hoover avait sans doute oublié l'équilibre des pouvoirs prôné par la Constitution.

Bien qu'il fît de son mieux, c'était trop que d'attendre de lui un miracle. Les colmatages ne tiennent jamais longtemps.

L'économie s'était fissurée jusqu'au krach de 29 qui l'avait fait voler en éclats. Les gens commencèrent à vendre des pommes au coin des rues, à sauter par les fenêtres de Wall Street. Le taux de chômage atteignit vingt-cinq puis vingt-huit pour cent. Dix millions de gens se retrouvèrent dans une misère noire. Le monde entier était submergé par la dépression dont nul ne semblait connaître la cause. Des doigts accusateurs se levèrent, en majorité pour désigner Hoover. Un nul, jugeait-on. Et à travers le pays, le mot « républicain » devint une insulte.

1930, 31, 32 passèrent. La nation saignait. Ils étaient nombreux à crier qu'il fallait virer Hoover. Quelques plaisanteries à son sujet devinrent très populaires : « Il dit que la prospérité est au coin de la rue, mais il oublie de préciser quel coin. »

Hoover écarté, on se mit à chercher partout un chevalier blanc. On le trouva en la personne de FDR(*).

Mon premier souvenir net de ce qu'était la présidence date de cette époque. A Allentown, où nous vivions, le voisinage était fort modeste, aussi y était-on démocrate et aspirait-on au changement. L'élection de FDR suscita grand intérêt — et grande émotion.

Ce fut à l'école que j'entendis pour la première fois les noms de Hoover et Roosevelt. (Jusqu'à ce jour, Hoover était pour

(*) Franklin D. Roosevelt.

moi la marque de l'aspirateur.) Trois copains et moi étions assis sur les marches d'Allentown. Je me souviens que je portais des culottes courtes en velours côtelé. Nous chantions une comptine pour nous amuser : « Deux, quatre, six, huit, qui haïssons-nous ? Hoover. Hoover. Deux, quatre, six, huit, qui apprécions-nous ? Roosevelt. Roosevelt. ».

J'avais mêlé ma voix à celles de mes camarades sans comprendre. Nous étions tous au cours élémentaire, et plus qu'élémentaires étaient mes connaissances en sciences politiques. Mais ce jour marqua ma première prise de conscience de ce qu'étaient un Président, un système politique. J'ignorais jusqu'alors que nous vivions dans un système bi-partite.

Comme tout le monde dans le quartier, mon père militait activement pour FDR. Sans avoir beaucoup d'éducation, il écrivait toujours des lettres, au directeur du journal, au Président des Etats-Unis, pour donner son opinion. (Je sais, j'ai de qui tenir.) Il me déclara que Roosevelt était l'homme qu'il nous fallait à Washington. Etant un peu jeune pour raisonner et juger par moi-même — tout ce qui m'intéressait c'était de manger des sucres d'orge et personne ne se battait pour « plus-de-sucres-d'orge-pour-les-enfants » — je répétais dehors ce que j'avais entendu à la maison.

FDR n'était pas un pauvre — il était né dans la soie — mais il arriva et affirma à brûle-pourpoint que les choses devaient changer. L'élection de FDR marqua le début du New Deal, période d'intense activité et de dirigisme gouvernemental — que cela plaise ou non.

Dans la tourmente, FDR n'avait pas d'autre choix que de foncer. Le monde entier était noyé dans la dépression. N'étant pas historien, je ne me risquerai pas à en analyser les tenants et les aboutissants, mais l'inflation s'installa dans l'Allemagne nazie des années 30 ; la dégringolade économique crée des vacances politiques sur lesquelles fondent les méchants. L'Europe de ces années-là eut plus que sa part de vermine — Adolph Hitler, pour ne nommer que lui.

Roosevelt se mit en devoir de rétablir un peu l'ordre sur

les marchés financiers. Comme il l'avait formulé au cours de sa campagne en 1932 : « Il est de bon sens d'adopter une méthode et de l'essayer. Si elle échoue, l'admettre franchement et en essayer une autre. Mais, par-dessus tout, essayer. »

Durant nos « Cent Jours » — ces semaines tumultueuses de mars à juin 1933 — Roosevelt essaya beaucoup. Il délivra quinze messages au Congrès, et fit promulguer quinze lois primordiales. S'il ne l'avait pas fait, le pays aurait coulé à pic. Les spéculateurs se livraient avec abus à toutes sortes de trafics de valeurs, comme ils le font aujourd'hui. FDR créa l'agence fédérale *Securities and Exchange Commission* (*). Il déclara qu'une société devait s'occuper de ses citoyens âgés. Il créa la Sécurité Sociale. Il fut à l'origine de la *Tennessee Valley Authority* (**). Au cours de ces Cent Jours, il prit les mesures les plus radicales, pour maintenir le pays debout.

Le régime fut tel pendant deux ans que même mon père, grand partisan de Roosevelt, faillit devenir républicain. Il digéra particulièrement mal le National Recovery Act. A l'époque, il tenait un petit restaurant de hot dogs, et ce décret de relance nationale lui imposait de payer le salaire minimal à une serveuse à laquelle il devait de surcroît garantir quarante heures de travail — quand les affaires marchaient à peine. Plus tard, cette façon de créer des emplois devait être connue sous le nom d'amorçage. C'était très bien pour la personne qui décrochait le job mais parfois fatal pour un employeur qui versait un salaire sur des bénéfices inexistants.

Roosevelt créa également la très rusée WPA (*Work Progress Administration*) destinée à orchestrer un programme d'ouvrages d'utilité publique. Les dessinateurs de l'époque montraient généralement les gars appuyés sur leur pelle et tombant de sommeil.

(*) La SEC est chargée de surveiller les émissions d'actions et d'obligations de firmes commerciales et industrielles, et de protéger ainsi le public contre d'éventuelles escroqueries.

(**) La TVA, créée dans le but de rendre navigable l'affluent de l'Ohio, produit de l'énergie électrique, des engrais chimiques et s'occupe de reboisements.

Cela n'empêche que le WPA nous a donné des routes, des ponts, des parcs. Et il avait l'avantage d'éviter à bon nombre de gens les humiliantes « aides » — euphémisme obsolète pour qualifier les assistances en tous genres. A l'époque, il semblait indigne d'accepter la charité. Je ne veux pas être classé parmi les avocats du travail d'utilité publique mais lorsque je vois aujourd'hui la détérioration de nos routes et de nos ponts, je commence à penser que nous aurions besoin d'un nouveau programme de ce genre.

Quand revinrent les élections en 1936, j'étais un peu mieux renseigné sur le sujet. Roosevelt et Alf Landon étaient en lice. J'avais douze ans et j'étais en sixième. Miss Allen, l'un de mes professeurs, était républicaine à vous rendre malade. Elle arrivait tous les matins avec un tournesol sur la tige duquel était fixée une photo de Landon (tout cela parce que Landon venait du Texas, l'Etat du tournesol). Elle fit campagne auprès de nous, nous expliquant *ad nauseam* pourquoi un républicain devait aller à la Maison Blanche, mais malgré l'influence professorale certaine (Dieu, que les temps ont changé !) la kyrielle de mômes d'immigrants que nous étions ne se laissa guère impressionner.

Evidemment, Roosevelt fut réélu. Il avait encore du pain sur la planche. L'économie se restructurait lentement mais bredouillait encore. Pendant deux ans, l'horizon fut un peu plus clair, mais très vite, en 1938, les choses tournèrent au pire. En 1939, les nuages plombés de la guerre s'amoncelèrent et nous fûmes contraints d'orienter notre industrie pour gagner la Seconde Guerre mondiale. Je pense que cette guerre est la dernière guerre « juste » que nous ayons livrée, car FDR nous avait convaincus que nous bâtirions un monde plus « sûr » pour la démocratie. Pas mal comme lavage de cerveau, non ?

Nous nous battîmes jusqu'en 1945, avant de nous dire qu'il fallait arrêter à jamais cette folie. Deux bombes atomiques, et la guerre était finie.

Nous avions souffert pendant vingt ans et nous retrouvions notre beurre, notre essence (et nos bas nylon et les galons sur les manches des soldats). La fumée se dissipait. Il nous fallait reconstruire le monde avec notre philanthropie, notre générosité, ce qui nous coûterait beaucoup d'énergie et d'argent. Début du plan Marshall et de la reconstruction du Japon.

Nous avons eu la chance d'avoir des Présidents extraordinairement actifs entre 1932 et 1952. L'un resta trop longtemps et mourut en poste. On disait souvent que Roosevelt était trop libéral. Il fit beaucoup de bricolages. Certains marchèrent, d'autres pas, mais, Dieu merci, il allait de l'avant. S'il avait été un tant soit peu idéologue, la république s'effondrait. L'important pour un Président est qu'il ait raison par rapport à son temps et, que l'on aime FDR ou non, on ne peut lui dénier qu'il ait eu raison.

Après lui, nous eûmes le bonheur d'avoir Harry Truman, l'un des meilleurs Présidents que nous ayons connus. Petit mercier d'Independence, Montana, ce vieil Harry fut l'une de mes idoles parce qu'il disait les choses comme elles étaient. Il ne souffrait guère les imbéciles. Et il parlait clairement, un anglais des plus compréhensibles. « Le dollar s'arrête là », déclara-t-il d'entrée. Puis : « Tenez-moi pour responsable. Les décisions radicales relèvent de ma fonction. » Et encore : « Si vous ne supportez pas la chaleur, sortez de la cuisine. » Il correspondait merveilleusement à cette phrase qui courait partout : « Montre-leur l'enfer, Harry. » Je me souviendrai toujours qu'il répliqua : « Je ne propose pas l'enfer aux gens. Je me contente de leur dire la vérité, et eux croient que c'est l'enfer ! »

Quand les journalistes actuels comparent Reagan à Truman, cela me donne la nausée. Truman devint une victime de l'histoire quand FDR mourut, exactement comme Coolidge à la mort de Harding. Mais, diable, quelle différence ! Harry n'était pas capable de s'asseoir paisiblement en prêchant : « Laissez faire les événements, tout s'arrangera. » Truman eut une guerre mondiale à terminer, et il s'acquitta de cette tâche. C'était un fonceur — et nous devons tous lui en être reconnaissants.

J'avais vingt-huit ans en 1952. Mes études terminées, j'étais depuis six ou sept ans dans la vie active. Quand je regarde ces vingt ans de ma vie d'être de raison, je me dis que ce furent bel et bien vingt années où l'Amérique s'éprouva — ploya mais ne rompit point. Les tempêtes avaient été si nombreuses que les gens étaient harrassés.

Ma théorie veut qu'en démocratie, le peuple finisse par se retrancher de l'action. Il ne peut endurer que vingt ans de tourmentes, puis il a besoin d'une période calme pour se réorienter, savoir s'il est devenu fou ou non. Il n'est pas possible de signer la paix en 1945 et de repartir en guerre en 1950. C'est un trop plein d'émotions pour tous.

Arriva Ike(*), le héros conquérant, notre grand-père emblématique. Le Plan Marshall était en place et le ménage était fait. En 1952, nous n'avions pas besoin d'une nouvelle catastrophe, qu'elle soit humaine ou naturelle ; nous aspirions à un peu de paix. Les charmes de la croisière d'agrément. La période sabbatique.

Tant qu'Eisenhower occupa la Maison Blanche, de 1952 à 1960, nous connûmes une grande période de repos. Les deux dernières années, le cycle fut brièvement interrompu par la guerre de Corée et la Guerre Froide, mais, dans l'ensemble, ces années furent d'un calme remarquable.

Nous ne connûmes ni l'inflation ni le chômage. Je crois que le taux d'inflation fut un demi pour cent sur huit ans ; le rêve ! Sur les marchés mondiaux — notez-le bien — nous n'étions débiteurs de personne. Il était même difficile de trouver des partenaires commerciaux. C'est incroyable comme nous nous sentions de nouveau bien.

Alors, nous commençâmes à goûter cette sérénité comme un droit, un dû. Nous nous bercions paresseusement au coin du feu. Le repos était bien mérité, et que l'austérité aille au diable ! La vie est belle, nous disions-nous.

Jusqu'à nos voitures qui symbolisaient notre état d'esprit. Nous voulions des véhicules qui « en jettent », qui foncent, alors nous construisions ces longues automobiles aux ailerons acérés. Finies les années où l'on ne s'achetait pas de voiture neuve, où

(*) Diminutif du prénom du Président Eisenhower (Dwight)

les vieilles tenaient avec de la ficelle et du Scotch. J'en ai eu une comme ça, elles étaient vraiment dangereuses à la moindre accélération. Il était temps, nous disions-nous, de nous céder à nous-mêmes quelques caprices, de faire preuve d'un peu d'indulgence. Apparut alors la seconde voiture par famille. Pourquoi pas ? Nous étions les rois. Même Elvis Presley et sa musique rock-and-roll reflétaient parfaitement l'humeur du temps (du moins pour les jeunes aux tympans solides). C'était l'heure de se détendre, de goûter les plaisirs de l'existence. On ne s'en est pas privés.

Commença le cycle suivant. Après huit ans de ciel bleu revinrent les nuages noirs. Chacun eut l'impression que le pays avait dormi depuis huit ans et qu'il était temps de se réveiller. L'étonnant Jack Kennedy bondit sur la scène. A tort ou à raison, il allait personnifier le nouvel élan de la jeunesse. Il déclara qu'il était temps de se remettre à bouger. Il y avait de nouvelles frontières à explorer.

Ceux d'entres nous qui dormaient trop profondément reçurent quelques coups de pieds bien placés qui les tirèrent de leur torpeur. Il y eut bien sûr l'estocade avec Cuba. La secousse fut suivie par le succès du programme spatial russe et du sentiment croissant que nous étions devenus des citoyens de seconde classe. La gifle nous poussa à investir des tonnes d'argent dans l'espace pour coiffer les Russes au poteau en envoyant un homme sur la lune. Nous revenions à un gouvernement énergique. Se produisit alors le pire choc — celui qui tua notre Président.

Nous étions entrés dans un nouveau cycle de vingt années, de 1960 à 1980. Je ne crois pas que nous ayons connu auparavant une période aussi dure que ne le fut celle qui courut de 1932 à 1952. Une dépression, une guerre mondiale, Adolph Hitler, et la bombe atomique ne nous laissèrent pas le loisir de courir au bonheur. S'il me fallait envisager de revivre semblable époque, je crois que je changerais de planète. Et encore, je ne suis guère à même d'estimer ce que fut le malheur en ce temps car la vigueur des toutes jeunes années protège de bien des maux.

Les années 60 à 80 parurent vouloir battre ce record de

marasme. La crise de Cuba. L'assassinat de Kennedy, l'ignoble guerre du Viêt-nam, guerre que nous avons essayé de planquer sous le tapis comme si elle n'avait pas eu lieu. Un LBJ(*) déçu et éteint qui ne se représente pas aux élections.

Arriva Nixon, qui assura qu'il allait mettre un terme à tous nos maux. Pendant un moment, il parut faire un travail très correct. Il instaura le contrôle des salaires et des prix et se montra très actif. Jusqu'à ce qu'il manque à sa parole avec le Watergate. Nixon tomba en disgrâce, et le pays dans la consternation. C'était déjà affreux d'avoir eu un Président tué pendant son exercice par un individu louche au Texas, mais qu'un Président soit contraint de démissionner, voilà de quoi nous faire douter des fondements mêmes de notre société.

Nixon désigna Jerry Ford pour Président intérimaire. Ce n'était pas si mal, nous aurions pu nous retrouver avec Spiro Agnew — sauf qu'il était occupé à Baltimore. Puis nous nous frayâmes un chemin jusqu'aux dernières années du cycle sous un Jimmy Carter qui voulait nous enseigner le sacrifice, la pérennité des valeurs et les droits de l'homme, au moment où, très las du malaise des années 60 et 70, nous aspirions à nous sentir bien de nouveau.

Cela nous conduisit jusqu'en 1980, date à laquelle nous accueillîmes une vedette de cinéma à la Maison Blanche. Nous étions prêts pour huit ans de récréation, et qui pouvait mieux nous guider qu'un maître du faux-semblant ? A défaut de plus, nous pouvons mettre une chose au crédit de Reagan : il nous avoua tout net son but. D'entrée, il déclarait : « La vie ne doit pas être ainsi. Nous pouvons revenir au bon vieux temps — peut-être les années 50, ou les turbulentes années 20 ; c'était encore mieux. »

Il promit de nous forger une nation plus forte et en même temps de réduire les impôts. Il ignorait qui paierait les factures que nous accumulions mais il affirma que flottait quelque part

(*) Lyndon Baines Johnson.

une dénommée Courbe Laffer (quelle affaire !) qui d'une façon ou d'une autre allait veiller au recouvrement des factures.

Le pays l'écouta parler, le regarda sourire et lui donna deux fois une victoire écrasante. Non que nous ayons réellement cru à ses prévisions, nous avions besoin d'une longue pause-café (de huit ans, vraiment ?). Nous avions besoin d'un homme comme Reagan, exactement comme nous avions eu besoin du silencieux Cal et d'un homme comme Ike. Nous avions besoin d'une révision et d'un graissage du moteur.

Je suppose que nous avons eu ce pour quoi nous avions payé. Nous ne pouvons pas en vouloir à Reagan de n'avoir pas su ce qui se passait. De toute façon, l'avions-nous jamais senti impliqué ? D'ailleurs, nous ne le lui demandions pas. Il avait dit qu'il laisserait à chacun la bride sur le cou. Il nous permit de nous sentir bien à nouveau. Malheureusement, nous n'avions pas encore expérimenté la gueule de bois.

La réélection de Reagan vint à point alimenter ma théorie du Vingt et Huit. Quand j'ai réfléchi à ce vote de confiance que lui donna le pays, j'ai pensé intérieurement : *Mais il n'a suggéré aucune solution à nos problèmes.*

En quatre ans d'exercice, Carter avait fait ce qui lui semblait bien. Il avait parlé des droits de l'homme, essuyé deux embargos pétroliers, essayé de récupérer les otages en Iran. Les années avaient été assez sombres pour que nous soyons prêts au virage des Vingt et Huit, prêts à écouter Reagan : « Je veux que notre Défense soit assez forte pour que nous n'ayons pas à nous sentir menacés par l'Iran, ni par quiconque au monde. Et tant que j'y suis, je baisserai vos impôts. » Nul n'avait envie de discuter sa stratégie.

Quand il se mesura à Walter Mondale au cours de deux débats télévisés, Reagan ne prononça pas un mot sur la crise du budget. Il n'y eut pas une allusion au déficit du commerce extérieur. Pas un mot du Japon. Et ce silence sut ne pas lui nuire. *Le public ne veut pas en entendre parler,* me dis-je. *Cela ferait trop de mauvaises nouvelles. Le type qui regarde la télé assis dans son salon a déjà assez de problèmes.* Alors, je compris que nous réclamions la sérénité. Que ce fût vrai ou non, nous voulions croire que tout allait pour le mieux. Et le tour était joué.

Malheureusement, les deux dernières années du règne de Reagan furent assez lamentables. J'avais espéré qu'il réparerait un peu mieux notre jambe boiteuse — mais nous vacillons aujourd'hui sur deux jambes débiles. Et c'est dans cet état d'aigreur et d'affaiblissement que nous nous apprêtons pour le cycle suivant.

Fête ou famine sont ces cycles, et le temps de la famine est revenu. J'ai baptisé « douleur » le cycle qui commence. Si ma théorie se tient, il devrait durer jusqu'en 2008. Je ne suis pas certain de durer jusqu'à mes quatre-vingt-quatre ans pour voir l'aube d'une nouvelle période de calme — mais qui suis-je pour me plaindre ? Après tout, je devrais m'estimer heureux : ma théorie tient debout, non ?

Je pense que les années 1988 à 1992 constitueront la période charnière, critique, car elles détermineront indubitablement l'humeur des vingt années à venir. Si l'on en croit le présent, ce nouveau cycle devrait être une petite merveille. Nous voguons droit vers des eaux inexplorées. Ce cycle de vingt ans sera pire que tous ceux que nous avons connus. Réfléchissez. Nous n'avions jamais été nation débitrice. Nous n'avions jamais été une société aussi polarisée. Nous n'avions jamais eu tant de sans-abri.

Chaque cycle noir se fait en vérité plus noir et plus insoluble que les précédents. Cela signifie-t-il que nous allons assister à la mort de notre république ? Aurons-nous une autre grande guerre ? J'espère que non mais je n'en suis plus si sûr. Je frémis à l'idée que notre équilibre de plus en plus précaire ne suscite un jour la méfiance de nos partenaires/créditeurs : « Hé, ne prêtons plus d'argent à ceux-là. C'est trop risqué. »

Si ma théorie est juste, les temps durs frapperont vite et fort. Ce qui veut dire que les années à venir pourraient bien voir une crise ou un krach. J'ignore si ce seront les banques qui exploseront ou la guerre, mais le coup sera rude. Qui sait si le ferment de la discorde n'existe pas déjà entre nous et les

Japonais ? La Chine s'engagera peut-être aux côtés du Japon pour croiser le fer avec nous. Ou peut-être s'allieront-ils à la Russie. Ou encore, l'Europe de l'Ouest ira-t-elle à la dérive ? Tout ce que je sais, c'est que la pression monte dans la marmite.

Mes amis m'encouragent à plus de sérénité, mais je deviens un peu cynique avec l'âge. Mes proches affirment que nous ne pouvons connaître une nouvelle dépression car nous contrôlons bien les mouvements financiers. Une grande guerre est hors de question puisque nous avons les armes nucléaires dissuasives. (C'est un peu comme d'affirmer que le SIDA ne deviendra jamais un problème de santé puisque nous sommes si avancés dans la recherche médicale.) Okay, mais si Mike Deaver, Ivan Boesky et Ollie North s'arrangent pour être aux commandes, je ne suis pas très en confiance.

Si l'on en croit Felix Rohatyn et si l'on se penche sur le montant total des prêts, les banques sont au bord de la faillite. Notre système bancaire est hors service. Nos agriculteurs ont de gros ennuis. Notre école ne se sent pas très bien. Mais non, voyons, il n'y a pas de quoi s'inquiéter !

Je crois cependant qu'avant que la fièvre tombe, elle doit encore monter d'un degré ; sinon le patient ne se remettra pas. Il mourra tout net. Le dernier degré pourrait bien être atteint à la fin 1988. Puis, de 1989 à 1992, ce sera la chute libre. Je sais, tout cela paraît affreusement pessimiste, mais plus vite nous prendrons nos problèmes en main, plus vite nous freinerons la dégringolade.

Et notez cela : notre entrée dans une nouvelle zone de tempêtes ne signifie pas forcément un Président assassiné, ou un gros scandale, ou une déclaration de guerre. Le passé nous offre ses leçons, et nous pourrions trouver des dirigeants capables de prendre les problèmes à bras-le-corps et nous épargner une crise comme celle de 1931-1932.

On assiste déjà à un lent glissement. Les Américains se refusent à invectiver leur gouvernement et à marcher contre Washington, mais nous voilà prêts de nouveau à payer un peu de nos personnes. Pas nécessairement à consentir aux sacrifices qu'ont représenté les politiques de LBJ ou de FDR, mais nous demandons à sortir de notre apathie. Notez que nous prenons nos distances avec le républicanisme ultra-conservateur. Non que nous aspirions au radicalisme du New Deal mais nous commençons à ouvrir les yeux sur nos sans-abri, nos pauvres, nos malades. L'action revient à la mode, ne serait-ce que dans nos consciences coupables.

Si nous traversons cette période sans nous écraser contre un platane, le gouvernement aura à jouer un rôle de premier plan. Il nous faudra planifier davantage (Oh, le vilain mot !) et contrôler le redressement de la barre. Le Président à venir devra modérer la polarisation, car nous ne sommes plus tout à fait les Etats « Unis » — seulement cinquante petits Etats vaquant à leurs occupations personnelles. Nous vivons à l'heure des montagnes russes. Un jour la Oil Patch grimpe en flèche ; le lendemain elle se retrouve à terre les quatre fers en l'air. La Rust Belt s'était rouillée et la voilà qui renaît de ses cendres (enfin, je crois). La Farm Belt est bien mal en point et nous formons des prières pour qu'elle connaisse des temps plus cléments. Nos industries de haute technologie au nord-est et en Californie ont conclu d'importants contrats avec la Défense mais cela ne les a pas empêchées de réduire considérablement leur personnel.

Ces problèmes sont nés à Washington. La politique commerciale, la politique agricole, la politique de l'énergie et la politique de défense influent davantage sur nos vies que nous ne sommes prêts à l'admettre. En bien ou en mal. Une bonne politique est censée atténuer ces hauts et ces bas. Mais notre passivité des huit dernières années a exacerbé les problèmes. Les décisions devront être violentes et courageuses dans les quatre années à venir.

Les inégalités sont si graves qu'il nous faut un Président démocrate des plus énergiques. Je ne crois pas que les républicains puissent agir. Les gens réclament le changement et je pense qu'ils voteraient démocrate même si ce parti présentait Mickey

Mouse (ou même Minnie). Mais si nous nous trouvions avec un homme faible à notre tête, comme le serait Gary Hart, nous n'aurions plus qu'à filer à l'église et à prier pour que sa tâche le grandisse.

Les dirigeants forts s'affermissent encore par leur fonction. Lors de la première élection de Roosevelt, les sceptiques se demandaient : « Qui est ce type ? Un aristocrate... il ne devrait pas être démocrate. Il faut le virer. » Ceux-là affirmaient que Roosevelt ferait un affreux Président. Mais l'époque le modela, l'affermit. Je ne pense pas qu'il ait eu une stratégie de prime abord. Tout ce qu'il savait et tout ce qu'il nous dit se résumait à cela : « Il y a le feu, faites venir les pompiers. »

Notre administration actuelle a refusé de s'adapter à l'époque. C'est le problème quand l'idéologie supplante la réalité. Les gens de Washington auraient eu besoin d'une lentille microscopique, or ils adoptèrent le genre de verre dont on se couvre les yeux pour regarder une éclipse. L'éclipse pourrait bien être la nôtre.

Le temps exige l'action. Le prochain occupant de la Maison Blanche a tout intérêt à se caparaçonner s'il veut tenir plus d'un mois. Ou peut-être élirons-nous un nouvel Hoover, qui fera ce qu'il peut avant d'être débordé. Le cas échéant, ne doutez pas qu'en 1992 nous ayons un nouveau Roosevelt — ou un genre de dictateur, bienveillant ou non, qui mettra un terme brutal à toutes ces absurdités.

Si ce que je raconte commence à vous déprimer, vous pouvez aisément décider que je ne sais pas de quoi je parle, et passer votre chemin. Je ne suis pas historien, mais ce déroulement cyclique a toujours existé. Il n'a pas été inventé à ma naissance ; je n'ai pas été désigné par quelque puissance divine pour ouvrir une polémique et écrire sur le sujet.

En vérité, le grand historien Arthur Schlesinger Jr. (et son père avant lui) affirmait que les cycles existaient depuis la naissance du pays. Dans son ouvrage récent *The Cycles of American History*, il conclut que le modèle a perduré deux siècles durant.

Son point de vue est légèrement différent du mien. Il définit les cycles comme la balance entre l'élan vers « l'intérêt général » et le repli vers « l'intérêt privé ». Il souligne l'existence d'une explosion de l'action gouvernementale tous les trente ans, qui ponctue les restaurations conservatrices des années 20, 50 et 80.

Quel que soit le cours des événements, je doute que nous puissions l'arrêter — il est un peu tard pour changer la mise et recommencer la partie. Ma génération a au moins appris à travailler avec le système, à l'intérieur du système. Notre seule possibilité est de tenter de maîtriser ces cycles, mais n'espérons pas les révolutionner ou les faire disparaître.

Je m'assieds et je tire les tarots. Le meilleur avis que me donnent les cartes est que chacun s'active et s'implique.

N'oubliez pas ce que nous enseignent les annales de l'histoire : trois choses motivent les gens : la panique financière, la guerre, ou la peste. Savez-vous que ce même 19 octobre 1987 qui vit le marché boursier s'effondrer, ce même jour nous bombardions une installation pétrolière iranienne, ravivant la tension dans le Golfe Persique, et que la toute récente commission chargée de l'étude du SIDA pataugeait au point de déclarer qu'il n'y avait qu'à attendre et voir qui mourait ? S'il est exact que les Américains ne réagissent que face à une vraie crise, diantre ! nous aurions dû nous remuer. Nous avions les trois facteurs réunis ce même jour !

Ne comptons pas nous reposer sur nos lauriers pendant les quatre ans à venir. Chacun a intérêt à bouger. Pas seulement à voter. Demandez à siéger dans une commission, qu'elle soit locale, d'Etat ou nationale. Participez aux dialogues et aux débats. Allez dans les stations télé locales et parlez-y des problèmes qui vous tourmentent. Ecrivez à la presse. Ne restez pas assis à gémir et à vous tenir la tête. Si votre candidat ne remporte pas la prochaine élection, offrez votre appui au gagnant.

Ne sous-estimez jamais l'influence d'une collectivité en éveil — surtout s'il s'agit d'Américains. Combien de fois avez-vous entendu — ou dit : « Mais je ne suis qu'un individu sans importance. Quel pouvoir ai-je ? Qui m'écoutera ? » Vous êtes seul, vous n'êtes peut-être pas « quelqu'un » mais, ensemble, vous avez une force capable de faire et défaire les démocraties. Alors n'hésitez plus à vous jeter à l'eau. Essayez de faire bouger les choses. Pour ma part, c'est bien mon intention !

16

SI J'ETAIS PRESIDENT

J'ai grandi dans un milieu où l'on apprenait que n'importe quel petit Américain pouvait un jour devenir Président. Je crois que c'est encore vrai — mais à condition de compter aussi avec les petites filles.

La sagesse veut que si un vendeur de cacahuètes ou un acteur de cinéma peuvent y arriver, tout le monde le peut. Même un cadre de l'industrie automobile ou un vendeur de voitures d'occasion. Mais je crois aussi que ce ne sera pas toujours facile pour eux.

J'ai reçu plus de dix mille lettres qui m'enjoignaient de me présenter à la présidence. Deux Roosevelt et un Rockefeller m'en ont fait la prière. J'ai reçu des demandes de la part de la NAACP, du UJA (*) et de tous les groupes italo-américains possibles et imaginables. Edgar Bronfman, de la Chambre Maritime, m'a invité à déjeuner pour m'offrir son soutien. Il m'a beaucoup touché en m'avouant que ses enfants désiraient plus que lui me voir briguer la présidence.

Deux groupes se sont constitués pour lancer une campagne en mon nom et j'ai dû recourir à la Commission Fédérale des Elections pour leur demander d'arrêter. Un gouverneur

(*) NAACP : *National Association for the Advancement of Colored People* / UJA : *United Jewish Appeal.*

républicain sortant décida de s'opposer à moi, en tant que démocrate, dans le New-Hampshire. L'attorney général du Maryland me mit sur sa liste de candidats républicains. J'ai vu des badges où était écrit : « Prenez rendez-vous pour 88 avec Iacocca » et « J'aime I ». Je n'ai pas vu moins de six autocollants publicitaires destinés à promouvoir ma candidature dont l'un, orange vif, annonçait le glorieux jour qui verrait associés les deux noms « Iacocca/Nunn » pour 88. (Ce dernier venait de Georgie — pas étonnant). J'ai même une photo de Mario Cuomo arborant sur son revers un badge à mon effigie.

Comme je l'ai dit voilà quatre ans, je suis très flatté, et j'aurai beaucoup de souvenirs à raconter à mes petits-enfants. Mais il faudra que je leur explique pourquoi je n'ai pas répondu à cet appel à la plus haute fonction. Ce n'est pas faute d'avoir entendu tous les arguments possibles en faveur de ma candidature. « Vous le devez au pays qui vous a tant donné » ; « Nous avons besoin d'un homme d'affaires pour changer » ; « Nous sommes en situation de revirement, et vous en connaissez un rayon sur la question » ; jusqu'à : « C'est votre destinée ».

Je croyais avoir déjà tout entendu quand je reçus un coup de fil d'un médium-guérisseur du Kentucky qui me déclara que son incursion dans le futur, la nuit précédente, lui avait révélé que je briguerais la présidence. Le cas échéant, me précisa-t-il, je me trouverais en lice avec George Bush et gagnerais haut la main.

Bref, je me dois de répondre à ce plébiscite. D'abord, je n'ai aucun désir de changer de profession à mon âge. Et la politique est un vrai métier. Un métier qui se vit, se respire. Je suis assez compétent dans ma partie mais c'est le résultat de quarante ans d'expérience. Je suis aussi de ceux qui croient dur comme fer que les talents ne sont pas interchangeables. En un mot comme en cent, il faut vraiment avoir souhaité très fort quelque chose pour le bien faire, ou le bien mener. Or, la politique ne m'intéresse pas assez.

Second point, ma mère, mes enfants et la plupart de mes amis m'ont conseillé de m'abstenir. Ils me connaissent bien.

Je suis d'un tempérament inquiet. Et le futur Président aura de quoi se faire du mauvais sang, croyez-moi.

Ne concluez pas pour autant que j'ai pris le problème à la légère. J'ai couché sur papier les pour et les contre avant de décider irrévocablement de ne pas saisir cette opportunité de servir mon pays.

Ma décision prise, j'ai dû répondre à des milliers de lettres, par des discours dans des réunions et j'ai essayé de satisfaire la curiosité de la presse.

Au début, plus j'exprimais les causes de mon refus, plus on me conseillait de me présenter. J'ai tout essayé, à commencer par la phrase du General Sherman : « Choisi, je refuserais ; élu, je ne servirais pas. » Nombre de caricaturistes me représentèrent assis sur le char auquel on a donné le nom du général, en train de le citer. Alors, je fis savoir que j'aimerais beaucoup être Président à la seule condition d'être nommé d'office. L'argument ne porta pas davantage. J'essayai : « La seule chose qui me fasse courir, c'est ma vie. » Nouvel échec. Je commençais à m'enliser. Je répondis alors que je n'étais pas un politicien. Le public devant lequel je m'étais exprimé se leva pour applaudir. Justement, ils ne voulaient pas d'un politicien ! Je me débarrassai prestement de l'argument. De guerre lasse, j'optai pour la plaisanterie. Passant dans la même émission que le Dr Ruth, je déclarai que nous allions briguer ensemble la fonction suprême. Nous ferions une équipe formidable — je dirais à la doctoresse *ce qu'il fallait faire,* et elle me dirait *comment* il fallait le faire !

Après, je redevins sérieux. Je dis que la fonction même connaissait trop d'adversaires. Le Congrès est quasiment indirigeable (c'est là, je présume, sa qualité première ; les heurts et les fragiles équilibres sont compris dans le programme pour de très bonnes raisons). Le monde de la presse peut se montrer lamentable (mais sans doute est-ce sous-entendu par le Premier Amendement). Ces antagonistes-là, je saurais encore m'en débrouiller. La véritable force occulte n'est autre que la bureaucratie. C'est une autre paire de manches. La Constitution ne parle guère d'elle mais elle est si énorme, si puissante qu'on ne peut l'attaquer. J'en ai un petit échantillon chez Chrysler et je sais ce qu'elle me coûte quotidiennement de nerfs et de sang-froid.

Pour conclure, j'ai recueilli l'opinion de ceux qui étaient les mieux placés pour juger. Ecoutez :

Thomas Jefferson : « Je suis fatigué d'une fonction où je ne puis mieux faire... Je n'en tire rien d'autre qu'un sentiment croissant de corvée. »

John Adams : « A mi-chemin de mon premier et unique mandat, je trouvais la fonction si oppressante qu'il me semblait difficile de la supporter deux ans encore... Aurais-je été de nouveau Président que je n'aurais pas vécu une année de plus. »

James Garfield : « Quatre années de cette dissipation intellectuelle pourraient bien me paralyser pour le restant de mes jours. »

Woodrow Wilson : « La somme de travail qu'est censé effectuer un Président est absurde... L'homme qui brigue la présidence des Etats-Unis est un fou. »

Warren Harding : « La Maison Blanche est une prison... Je suis derrière les barreaux... Je savais que la tâche serait trop lourde pour moi... Dieu, quel métier ! »

A entendre ces plaintes, j'ai dû conclure que soit la tâche était réellement trop lourde, soit elle devait être accomplie par Superman. (Evidemment, Reagan a si peu fait qu'on aurait envie de se dire : « C'est du gâteau ! » Avec tous ses problèmes, Reagan a l'air aujourd'hui plus jeune que lorsqu'il est entré en fonctions.)

Mais je suis pour ma part trop actif et impliqué, aussi ai-je jugé la situation ingouvernable. Je deviendrais fou dès les premiers mois. Car le bon sens n'est plus la force de notre gouvernement.

Cela ne m'a pas empêché, tandis que je rêvassais à cette possibilité, de formuler quelques suggestions. Et je ne serais pas fâché que ceux qui briguent la présidence me prêtent une oreille attentive.

Si j'étais président, je m'attellerais en tout premier lieu à réunir une équipe autour de moi. C'est de mauvaise politique mais de bonne administration. Je m'enquerrais de ce que la nation a de meilleur à offrir comme cerveaux. N'est-ce pas le plus important ?

Dans le système actuel, vous faites campagne pour votre nomination à l'intérieur de votre parti jusqu'à plus soif. Ensuite, vous débattez avec le candidat de l'autre parti trois mois durant. De là, vous restez debout toutes les nuits pour savoir si Dan Rather et l'ordinateur CBS vous ont donné vainqueur ou perdant. C'est l'époque du dîner en famille de Thanksgiving ; vous avez deux jours pour acheter vos cadeaux de Noël puis c'est le Bal Inaugural. Nous avions l'habitude d'offrir au pauvre élu un répit jusqu'au 4 mars, mais le Vingtième Amendement a avancé la date d'entrée en fonctions au 20 janvier. Comment, en si peu de temps, mettre une équipe en place, en état de marche, et dresser la liste des priorités pour les cent premiers jours ? Car, ne l'oublions pas, le public tolère à peu près tout dans ce seul délai — cent jours.

Plus j'y réfléchis, plus je pense que nous devrions exiger d'un candidat qu'il nous donne des exemples de l'efficacité de ceux dont il s'entourera pour servir la nation. Voici quelques hypothèses.

Avant de faire nommer un vice-président à la convention, je présenterais Sam Nunn comme mon coéquipier (pas seulement à cause du stock d'auto-collants déjà imprimés !) Il est le plus avisé en affaires étrangères et sur les problèmes de la Défense ; il sait aussi manier le Congrès.

Puis, je préparerais la liste de mes « champions » pour tous les postes clef. Pour se qualifier, ils devraient avoir déjà fait leurs preuves. Je choisirais des gars comme Don Rumsfeld pour les Affaires Etrangères, Jack Welch, de GE, pour la Défense, Felix Rohatyn ou Paul Volcker pour les Finances, Peter Ueberroth pour le Commerce, Doug Fraser pour le Travail — ou mieux : Fraser comme négociateur pour le commerce. (Il sait négocier, je vous en donne ma parole.) Tous ceux-là renonceraient à leur salaire mirobolant mais je pense qu'ils le feraient avec joie.

A la Communication, un nouveau poste, j'appellerai Tom Brokaw. Avant de devenir riche et célèbre il couvrait l'événement à la Maison Blanche. Aujourd'hui, je lui ferais couvrir Sam Donaldson. Sérieusement, à l'ère électronique nous avons besoin d'un reporter concis pour nous aider à communiquer clairement avec le peuple américain.

Il existe, je pense, encore une vingtaine de postes cruciaux. J'y placerais le dessus du panier de ceux qui ont prouvé qu'ils savaient diriger de grosses opérations, pas des ringards.

Même une fois toutes ces compétences en place, je m'assurerais quelque aide extérieure. J'enrôlerais Nixon, Ford, Carter et même Reagan pour filer un coup de main.

J'organiserais une conférence de presse tous les premiers du mois pour dire aux Américains comment vont les choses. Je demanderais à Gorbatchev un sommet annuel. Je ferais de même avec les nouveaux dirigeants de la Chine. Le Japon est si important que notre sommet aurait lieu deux fois l'an. Si l'OPEP voulait bien m'ouvrir la porte, j'aimerais assister à l'une de ses réunions, histoire de savoir ce qu'ils me concoctent. Je rencontrerais les leaders du Congrès pour débattre des priorités nationales et de nos actions conjuguées, également une fois par mois. Je dormirais quasiment avec le président du Federal Reserve System (*) car j'ai lu qu'il est l'homme le plus puissant en second des Etats-Unis — et j'aurais à cœur de m'assurer qu'il reste à sa place. Il conserverait son indépendance, mais jusqu'à un certain point.

Après m'être sérieusement penché sur les dossiers, je rédigerais, en vingt-cinq mots ou moins, la définition de chacune des politiques de notre nation : politique étrangère, politique de défense, budgétaire, monétaire, fiscale, commerciale, politique de l'énergie, et politique de l'environnement. Je les bap-

(*) Organisation bancaire américaine comprenant douze Banques Centrales, connues sous le nom de « Federal Reserve Banks ».

tiserais « Les Huits Points ». Si vous croyez que la tâche serait aisée, essayez donc de définir ce qu'a été la politique de notre dernière administration — en huit ans !

Resterait le gros morceau : la liste des priorités nationales. Non seulement difficile à dresser mais changeante d'année en année. Elle est pourtant essentielle. Dans ma vie d'affaires, je ne me suis jamais départi d'une liste brûlante de dix priorités, que je m'adressais personnellement. J'ai agi ainsi chez Ford puis chez Chrysler. Au niveau national, les priorités seraient plus nombreuses. Mais commençons par les points les plus critiques.

En tant qu'homme d'affaires, j'ai toujours parlé franchement des problèmes qui touchaient mon entreprise et ses travailleurs. Le prix de l'essence et les taux d'intérêts sont le nerf des affaires dans ma partie. La différence entre un dollar le gallon d'essence et deux, entre dix pour cent et quinze pour cent de taux d'intérêts sur les prêts consentis pour les automobiles, ces différences peuvent me faire vivre ou me briser. Les années 1980 et 1981 l'ont prouvé. Le cours du change détermine la compétitivité de mes véhicules face à la concurrence étrangère sur le marché mondial, aussi est-il, lui aussi, vital. Ceci, comme les déficits jumeaux du budget et de la balance commerciale sont les seuls sujets sur lesquels je me sois permis de m'exprimer haut et fort. J'ai mes propres vues dans d'autres domaines mais je les garde pour moi. Si je donnais mon avis, on en déduirait que je cherche à briguer quelque fonction, alors je me surveille.

Mais voyez-vous, je suis moi aussi un père, un contribuable, un consommateur et — je crois même — un bon citoyen. Puisque j'ai dissipé tout doute quant à ma candidature à la présidence, j'aimerais vous faire connaître mon avis sur les grands problèmes du jour. Je les classe en deux catégories : les problèmes de vie ou de mort, et les problèmes de qualité de la vie. Certains sont des problèmes lointains ; d'autres se vivent dans la rue même où vous habitez.

La première priorité de tout dirigeant du monde libre doit

être de ralentir la course à l'armement nucléaire. Ceci est un vrai problème de vie ou de mort — pour la planète entière.

C'est drôle, de ma vie dans le monde des affaires, je n'ai jamais côtoyé le nucléaire — même pas une voiture à énergie nucléaire. (Si, l'un de mes amis avait un *pacemaker* nucléaire dans la poitrine.) Et voilà que l'an dernier, trois incidents coup sur coup m'ont donné à réfléchir.

En route vers l'Italie, je remarquai une caisse de poudre de lait à bord de l'avion. J'en demandai la raison à la personne qui la transportait, qui me répondit que c'était pour la belle-sœur d'un ami. Elle était enceinte et, depuis Tchernobyl, était terrifiée à l'idée de consommer le lait du pays. Les vents avaient porté le nuage de Tchernobyl d'U.R.S.S. en Italie, aussi les habitants du pays craignaient-ils que leurs vaches n'aient été soumises aux radiations.

Une fois en Italie, je me rendis dans un magasin-coopérative à Sienne. Je choisis quelques légumes verts pour le dîner quand l'une des vendeuses exprima sa surprise, me prévenant que personne n'achetait de légumes en ce moment.

« Pourquoi ? » demandai-je.

« Tchernobyl », dit-elle.

Le troisième incident me frappa. En Toscane, cette ravissante région où commença la civilisation voilà des milliers d'années, je commandai un soir au restaurant un met délicat appelé *Cingali*, une saucisse sèche faite avec de la viande de sanglier sauvage. En m'entendant passer commande, plusieurs clients du restaurant me dirent que personne ne mangeait de saucisse cette année.

« Vous plaisantez, leur répondis-je. C'est mon plat favori depuis toujours. Que voulez-vous dire ? »

« Tchernobyl », fut leur réponse.

Mon Dieu, non ! pensai-je. Ces clients étaient chasseurs et m'apprirent que les sangliers avaient la tête enflée et se conduisaient de façon curieuse, sans doute à cause des retombées nucléaires. Ces hommes-là et leurs ancêtres chassaient dans les montagnes toscanes depuis très, très longtemps. Ils étaient aussi vieux que les oliviers, et rien ne les étonnait. Et voilà qu'ils prenaient peur pour un accident nucléaire qui s'était produit presque à l'autre bout du continent.

La panique de ces gens me fit comprendre l'urgence que les dirigeants du monde se mettent d'accord sur l'armement atomique. Car même si l'humanité ne se détruit pas elle-même, ce sera la terreur qui nous rendra fous à mourir.

Nous devons réduire les réserves d'armes nucléaires, nous devons abandonner les essais, nous devons veiller à ce que les autres ne trichent pas, et nous devons mettre fin à la prolifération de ces armes pour qu'un homme comme Kadhafi ne ruine pas l'ensemble du plan. Je ne puis croire à la fois que Gorbatchev ou un autre continue à fabriquer des missiles, à les stocker dans des silos, et que le monde s'achemine vers la fin des excès de production. A moins que Gorbatchev ne soit idiot. Tout bien réfléchi, il faut rencontrer Gorby deux fois l'an.

Voyez combien je suis peu idéologue ; je suis un pragmatique. Vous allez me demander ce que cela veut dire. Je vous réponds. Reagan, le type même de l'idéologue, pense en termes de combattants de la liberté au Nicaragua, et d'empires du diable, et de communistes cachés derrière les arbres. Il croit aux marchés parfaitement purs et libres. Il souhaite le retour au bon vieux passé.

Mais est-il vraiment indispensable de s'asseoir autour d'une table avec les Russes et, malgré nos philosophies radicalement différentes, d'envisager des relations plus détendues ? Peut-être pourrions-nous commencer à commercer avec eux. Peut-être leur montrer comment nous avons aidé l'Allemagne et le Japon à se développer après la guerre. Après tout, ceux-là étaient aussi des ennemis. Est-il réellement impossible de réduire de vingt pour cent le budget de la Défense tout en continuant à préserver la sécurité du monde libre ? La Commission Grace estime à trente pour cent le gaspillage du budget de la Défense. Et l'ancien secrétaire à la Marine John Lehman m'a dit que ce chiffre était un minimum.

Alors pourquoi ne pas réduire ? Ce ne sont pas les six cents dollars de nouveaux sièges pour les toilettes et de cafetières qui nous ruinent. C'est le coût croissant du personnel au sein de notre grand complexe militaro-industriel. Nous avons trop de chefs, trop de généraux et d'amiraux.

Serait-ce un crime que de demander au Japon et à l'Allemagne, dans notre propre intérêt, de participer davantage au paiement de la facture défense ? Il serait temps de se partager le fardeau. Exactement comme ce que j'appelais « l'égalité du sacrifice », que nous avons tenté de mettre en pratique chez Chrysler. Je ne comprends pas pourquoi personne ne veut faire le lien entre la guerre du marché et la Guerre Froide.

Le député du Colorado Pat Shroeder, qui se présenta aux élections présidentielles, est considéré comme un radical pour avoir suggéré un plan très simple qui taxerait la différence entre ce que nous dépensons et ce que nos alliés dépensent pour la défense. Pour conserver ouvertes les voies maritimes et l'efficacité de l'OTAN, l'Allemagne consacre trois pour cent de son Produit National Brut à la Défense ; le Japon, un pour cent — et les Etats-Unis, sept pour cent. Aussi Pat Shroeder suggérait-elle que l'Allemagne, si elle voulait exporter une Mercedes à cinquante mille dollars aux Etats-Unis, paie les quatre pour cent de différence, soit deux mille dollars. Idem pour le Japon. Vous voulez nous envoyer une Toyota à vingt-cinq mille dollars ? Payez mille cinq cents dollars de taxes, soit la différence entre un et sept pour cent. Ensuite, tous ces revenus seront alloués au budget de défense commun.

Le déséquilibre est criant dans le Golfe Persique. J'ignore comment nous en sommes arrivés là, mais je trouve franchement comique l'idée du spectre de la marine US veillant sur les pétroliers koweïtiens pour leur permettre d'acheminer en toute sécurité l'or noir jusqu'au Japon à quinze dollars le baril. Il en coûte probablement aux Etats-Unis cinq dollars par baril, et cela afin de permettre à l'industrie japonaise de tourner assez bien pour exporter ses produits manufacturés aux Etats-Unis. Le bon sens en voit de toutes les couleurs.

Peu importe combien l'on dépense, ou gaspille, pour

l'armement ; celui-ci n'a de valeur que soutenu par la force économique. Il est impossible d'être à la fois une puissance militaire de premier rang et une puissance économique de second ordre. C'est pourtant ce vers quoi nous nous acheminons.

Par conséquent, l'emploi est la seconde priorité. Sans emploi, pas de croissance. Et sans croissance, pas d'argent pour payer les fusils — ni le beurre. Sans croissance, nous ne pouvons nous offrir et offrir à nos enfants un niveau de vie décent, ce qui est primordial même par rapport à l'éducation. Car si nous éduquons nos enfants sans pouvoir leur offrir de travail, nous allons les décevoir, peut-être les jeter à la rue.

Alors comment créer des emplois ? La seule façon que je connaisse est de stimuler la croissance : stimuler l'invention ; stimuler l'investissement, par exemple grâce à l'avoir fiscal ; stimuler la production et ne pas se contenter de consommer : intensifier l'épargne, ne pas seulement dépenser. Nous avons un besoin urgent d'un impôt sur la consommation. Non pas seulement pour augmenter les recettes de l'Etat mais pour être compétitifs sur le marché mondial. Pourquoi continuons-nous à imposer le revenu et l'investissement ? Nous avons fait un pas dans la bonne direction en 1986 mais nous ne nous sommes pas encore attaqués aux recettes et à la concurrence mondiale.

Laissez-moi vous donner un seul exemple de la pourriture de l'actuel système. En 1982, je fis un discours que j'intitulai : *Pour l'égalité sur le terrain*. Depuis, la phrase a pris une multitude de sens pour une multitude de gens. Le Président la cita dans son message à l'Union en 1985. Elle est devenue un sigle, une expression toute faite, au point que je m'attends à la découvrir un jour dans le dictionnaire.

A l'origine, je voulais exprimer par là la déloyauté qui règne sur le marché international ; plus simple, le message aurait pu être : « Nous nous faisons marcher dessus. » Cela s'applique aux différences des cours et aux différences des taxes. Dans ma partie, cela représente deux mille cinq cents dollars sur une voiture et j'en ai fait mon cheval de bataille pour démontrer combien la compétition était devenue déloyale.

Je parlerai de l'Allemagne pour mieux m'expliquer. (Le Japon est un meilleur exemple, mais j'ai déjà assez tapé sur les Japonais, je les épargne cette fois.) En 1985, le mark allemand était à 2.2 pour un dollar. Avec la chute de 1987, il atteignit 1.8, puis 1.6 puis 1.5 ; il avait donc augmenté de trente pour cent (ou le dollar avait baissé d'autant). Le résultat est qu'une BMW qui se vendait trente mille dollars aux Etats-Unis grimpa à trente-neuf mille. Parallèlement, un minicar Chrysler — un produit de catégorie internationale — perdait environ trente pour cent lors de son exportation en Allemagne.

Jusqu'ici, rien à redire. Mais il se trouve que les taxes sur une BMW importée aux Etats-Unis ne s'élèvent qu'à deux et demi pour cent. Les taxes pour le minicar sont de dix pour cent pour le Marché Commun et quatorze pour l'Allemagne, ce qui fait grimper le prix du véhicule de vingt-cinq pour cent — soit dix fois la taxe sur la BMW. Evidemment, le client allemand ne se portant pas volontaire pour payer cette taxe énorme, je dois la soustraire de mon bénéfice. Ma marge bénéficiaire baisse donc de deux mille dollars, puisque je me trouve contraint d'entrer en compétition avec des systèmes de taxes sans commune mesure.

Il est évident que la reconstruction de notre industrie de base et de l'emploi repose sur la fiscalité et la politique des cours, qui nous donnent des chances d'être compétitifs. Si l'on jouit de la paix (donc, d'une défense forte), de la prospérité (du travail pour tous) que nous reste-t-il à conquérir ? Eh bien, il existe ce que l'on appelle la qualité de la vie, qui n'est pas seulement le plaisir mais la paix de l'esprit. Et ce n'est pas un luxe ; la qualité de la vie peut aussi comprendre les problèmes de vie et de mort.

Venons-en au problème du SIDA. C'est un peu une jauge de l'humanité. Autrefois, un lépreux était isolé, cantonné dans une colonie avec d'autres lépreux. Impossible d'agir de la sorte avec le SIDA, les malades sont trop nombreux. Face à ce mal contagieux et mortel, nous avons d'abord porté la prévention dans les domaines les plus évidents, en fermant les célèbres bains de San Francisco et de New York, en surveillant les banques de sang, en donnant même des seringues propres aux drogués. Les ventes de préservatifs montent en flèche, et c'est bien. Un tabou de moins dans le placard. Quand j'étais gosse, on entrait dans un drugstore pour dire, bien fort : « Un paquet de Camel, s'il vous plaît. » Puis on baissait la voix pour murmurer, quand personne ne regardait : « Et une boîte de capotes. » Maintenant on demande bien haut les préservatifs et on chuchote pour les cigarettes.

L'abstinence est sans doute une solution, mais c'est un peu comme cesser de respirer. La monogamie joue certes en notre faveur. Cependant nul ne souhaite prendre en considération l'épreuve qu'est la maladie pour ceux qui l'ont déjà contractée. J'ai entendu beaucoup de gens dire : « Si j'avais le SIDA, je ne voudrais pas le savoir. Je m'en porterais mieux mentalement et je ne m'occuperais pas de savoir si je l'ai communiqué ou non à quelqu'un. On ne me montrerait pas du doigt — et on ne pourrait pas m'accuser de le propager. »

Comme dit Enrico Fermi quand il déclencha avec succès l'ère de la fission nucléaire : « L'équation est exponentielle. Jusqu'à l'infini. » Il en va de même avec le SIDA, c'est aussi mortel.

Par conséquent nous devons y trouver remède. Les hémophiles, les homosexuels et les drogués — ceux qui forment ce qu'on a appelé les « groupes à risque » — ont probablement été soulagés de voir se créer une commission présidentielle chargée d'étudier le problème.

J'avoue que c'est par une perte personnelle que j'ai été sensibilisé à la question. Mon ami Stewart McKinney est mort du SIDA. C'était un être chaleureux, merveilleux ; il avait été membre du Congrès. Député du Connecticut, républicain jusqu'au bout des ongles, il s'était battu comme un diable pour aider Chrysler à décrocher les garanties de prêt — ce fut à cette occasion que je fis sa connaissance. Tout son courage et sa capacité à lutter ne lui furent d'aucun secours contre la maladie. S'il avait vécu, je crois qu'il aurait su par quel bout il fallait prendre le problème.

Moi, je ne sais pas. Mais je ferais plancher les meilleurs cerveaux du pays sur la question, avec la même vigueur que celle dont nous avons fait preuve pour envoyer un homme sur la lune.

Abordons à présent le problème le plus controversé de tous les temps : l'avortement. Personnellement, je suis contre, mais je ne crois pas que j'imposerais mes vues, morales ou autres. Car qu'existe-t-il de plus personnel que l'avortement, particulièrement pour une femme ? (Je n'ai jamais entendu parler d'un mâle, même un législateur mâle, qui ait subi une interruption de grossesse.) Mais nous débouchons une fois encore sur un problème économique. Pourquoi le contribuable paierait-il mille cinq cents dollars pour la décision personnelle de quelqu'un d'autre ? Un soir, au cours d'un dîner avec les directrices des plus grands magazines féminins du pays, j'avançai que le problème, moral au départ, était devenu un problème essentiellement économique, et j'ajoutai que, si j'étais Président, je limiterais cet acte médical à un par femme. Je déclenchai un tollé de protestations. J'appris que maintes lectrices de journaux féminins avaient déjà subi six ou sept avortements. J'eus beau jeu alors de suggérer aux directrices de ces journaux d'organiser pour leurs lectrices des cours de contrôle des naissances — et vite. Et je ne parle pas de cours d'initiation : un topo complet !

Est-ce vraiment trop exiger que d'interdire la vente des armes à feu non répertoriées ? Faut-il vraiment préserver le droit de chacun d'acheter une arme mortelle quelle qu'elle soit ? Foutaise que la propagande de la Société Nationale de Chasse qui dit : « Les fusils ne tuent pas les gens ; ce sont les gens qui tuent les gens. » Cette association se permet même de faire de la publicité pour les balles à revêtement de Teflon capables de traverser proprement un gilet pare-balles. Pourquoi un groupe puissant aux intérêts si particuliers a-t-il pignon sur rue ? (A propos, les gars, inutile de continuer à m'écrire. Nous sommes en Amérique, et j'ai, comme vous, le droit d'avoir mon opinion.)

Il a fallu le courage d'une femme comme Sarah Brady, dont le mari, Jim Brady, fut tué par la balle qu'un assassin destinait au Président Reagan, pour mettre le problème à l'ordre du jour ; Sarah Brady fait un travail formidable en tant que porte-parole de Handgun Control Inc.

Il existe un autre facteur de mort — presque aussi rapide qu'une arme à feu — qui s'appelle la drogue. Est-ce trop radical que de faire payer de leur vie les incitateurs récidivistes ? Les adolescents qui utilisent leurs produits et en meurent paient bien, *eux*, de leur vie. Ne devrions-nous pas faire fonctionner un peu plus souvent la peine capitale pour un délit capital ?

Les opposants à la peine de mort s'insurgent contre cette solution. Mais comment peut-on empêcher ces criminels endurcis de nuire ? Si la vente de la drogue n'était pas un crime si odieux, de surcroît de plus en plus répandu, peut-être pourrions-nous le ranger dans les délits mineurs. Ce n'est pas le cas. Notre émotion est à son comble et les gens exigeront la peine de mort pour un tueur d'enfant ou un tueur de flic. Sur cette base, les *dealers* devraient encourir la même peine, puisqu'ils sont coupables des deux crimes.

Est-ce trop que de donner d'abord un avertissement à un conducteur en état d'ivresse, puis de lui retirer son permis, puis de le mettre à l'ombre ? Je sais que nous manquons de place dans les prisons, mais essayez un peu d'utiliser cet argument devant un parent dont l'enfant vient de passer sous les roues d'un conducteur ivre. Tandis que nos politiciens débattaient de la question, Candy Lightner créait l'association MADD, *Mothers Against Drunk Driving* [Mères contre la conduite en état d'ivresse], et modifiait radicalement notre attitude tolérante face à cette question.

Tous ces sujets sont ce que j'appelle des problèmes de vie ou de mort, qu'on les envisage globalement, ou là, sous nos yeux, dans notre voisinage. Notez qu'il s'agit de prendre des mesures de défense, à commencer par la défense nationale.

Cependant, il ne faut pas s'inquiéter que du crime, du meurtre ou même de la guerre atomique. Il faudrait aussi conquérir une certaine qualité de la vie, peut-être un peu de dignité. Par exemple, pourquoi ne pas offrir une chance de s'instruire à tous ceux qui le souhaitent ? Pourquoi ne pas apporter un minimum de soulagement aux gens atteints de maladies terribles en leur garantissant une assurance santé ?

Pour finir, laissez-moi avancer une proposition hautement controversée : que tous les hommes et femmes (Aïe !) en bonne santé entre dix-huit et vingt-cinq ans effectuent une année de service militaire ou public. J'entends déjà les hurlements. Mais, je vous en prie, avant de filer vers la frontière, écoutez-moi une minute.

Je sais que cette seule proposition me perdrait la majorité de mes voix potentielles. Je n'en tiens pas moins que c'est là l'intérêt de tous. Le service militaire offrirait sa panoplie habituelle : armée de terre, air ou mer, ou « marines », tandis que le service public proposerait les « volontaires de la paix »(*), les centres de santé, les hospices, les travaux d'utilité publique, les projets pour l'environnement, etc. Quelle merveilleuse discipline pour nos jeunes, et quelle école formidable pour se sentir ensuite impliqué dans la notion de qualité de la vie !

Je n'aurais à offrir que de bas salaires et de dures conditions de travail. Ce serait un travail physique, mental, ou qui ferait simplement appel aux qualités de l'âme. Certes, puisque ce service appellerait tous les jeunes de dix-huit à vingt-cinq ans, il interromprait leurs études pendant un an ou retarderait leur entrée dans la vie active. Mais, faites-moi confiance, je ne connais pas de plus sûr moyen de rendre leur grandeur aux Etats-Unis que de demander à nos jeunes de servir leur pays.

En tant qu'Américains, nous ne sommes guère pour la conscription, l'enrôlement, à moins d'une urgence nationale. Nous apprécions le volontariat pour les bonnes causes, parce

(*) Les *Peace Corps*, créés en 1961 par le président Kennedy pour présenter aux pays sous-développés un « nouveau visage américain ».

qu'alors les volontaires sont motivés. C'est justement « l'état d'esprit » qui me soucie. Je crois que nous sommes en train de perdre notre volonté nationale — et notre esprit national. C'est le plus grave syndrome de la crise. Hé, les gosses, vous ne pouvez tout avoir (et le confort matériel, et la qualité de la vie) sans vous investir un minimum ! Vous en profiterez pour apprendre à piloter un avion de guerre, à travailler dans une station-radar, à planter des arbres, à aider des mourants du SIDA, ou à étudier en labo les ravages de la toxicomanie — ce que vous voudrez. Après tout, que sont douze mois dans une vie ?

J'admets qu'il est facile de se prononcer sur toutes ces questions. Mais je vais essayer de mieux faire. Je suis l'un des douze membres — six viennent de l'arène politique et six du secteur privé — qui ont été nommés à la nouvelle Commission Nationale Economique. Créée par le Congrès, cette commission a pour mission d'aider le prochain Président à faire bouger le pays. Nous sommes chargés d'établir un plan économique qui résorbe l'énorme déficit budgétaire, de façon à développer la croissance économique et à répartir également les chances. Quelle tâche !

Nous commençons en mars et nous nous apprêtons à remettre notre rapport au lendemain de l'élection de novembre 1988. Ce délai nous promet de longs jours laborieux, mais rien n'est plus important. J'espère contribuer à quelque chose d'utile. Car si nous travaillons correctement, nous pouvons avoir un réel impact.

Il importe peu que vous soyez d'accord ou non avec les vues que je vous ai exposées. L'important est qu'il s'agit de problèmes fondamentaux qu'il faudra résoudre un jour, pour le meilleur ou pour le pire. Au risque, sinon, de nous trouver paralysés de peur devant l'ampleur croissante de la tâche. Si nous ne réagissons pas face à l'urgence, notre avenir sera fort limité. Les politiciens feraient bien de ne pas débattre indéfiniment de ces problèmes, encore moins d'en faire des plates-formes de principe. Les minorités qui protestent pourraient finir par les jeter aux oubliettes. Mais la paralysie ambiante affecte jusqu'à notre morale.

Déjà, un découragement alarmant a gagné beaucoup de nos jeunes gens. Et je ne parle pas de la petite déprime qui disparaît au bout d'un jour ou deux. Non. Un nombre croissant de nos adolescents supportent tout juste leur vie, parce qu'ils pensent les problèmes du monde insolubles.

Ce phénomène nous touche au point sensible. Après tout, notre plus grande richesse repose dans nos enfants. Nous nous faisons un sang d'encre pour eux. Je me demandais toujours comment je réagirais si l'une de mes filles se trouvait enceinte avant le mariage. Je me suis dit un jour, sagement : *Quoi ? Ce ne serait pas la fin du monde !* Après cela, j'ai imaginé une de mes filles venant m'annoncer qu'elle se droguait. Là, j'entrevoyais le début de la fin de ce monde. Cependant aussi douloureuses que soient ces questions, rien ne doit être pire qu'un enfant qui rentre à la maison pour vous annoncer qu'il envisage de se suicider.

Comme beaucoup de parents, je n'ai porté que des considérations théoriques à ces sérieux problèmes. Mes filles ont toujours paru heureuses — et même les savons que je leurs passais ne les affectaient guère. J'ai veillé de près sur elles, et j'ai eu de la chance.

Certaines familles ne sont pas aussi favorisées. J'ai compris cela grâce à une gamine qui vivait à côté de chez nous. Elle s'appelle Kelly Good. Quand ma fille Kathi était adolescente, elle avait l'habitude d'aller skier avec la sœur aînée de Kelly, Kim, et nous partions tous ensemble pour un pique-nique ou une journée de ski.

Kelly avait environ douze ans. Sans l'avoir observée de très près, je la trouvais un peu bizarre. En la voyant skier, je m'aperçus qu'elle prenait des risques aberrants. Elle fonçait sur les obstacles quand les autres avaient à cœur de les contourner et d'éviter les chutes.

Comme je la découvris plus tard, Kelly avait beaucoup de problèmes et commençait à boire. A quinze ans, elle buvait déjà beaucoup. A côté de l'alcool, elle avait un intérêt dans la vie : la télé. Ce qui malheureusement ne lui faisait pas grand bien.

Je ne la vis ni n'entendis parler d'elle pendant plusieurs années. Jusqu'en mai 1983, où Kathi reçut un coup de fil de Kim : Kelly avait attenté à ses jours.

Dieu merci, elle survécut. Aujourd'hui, à vingt-six ans c'est une charmante jeune femme, mûre, qui a décidé de consacrer sa vie aux enfants sujets à des troubles similaires à ceux qu'elle a connus. « C'est long de se rétablir, m'a-t-elle confié. Les cicatrices sur ma gorge ravivent toujours ma mémoire. Mais maintenant j'ai décidé de donner de l'espoir aux autres, l'espoir de surmonter ce cancer mental et d'avoir des projets. »

Pourquoi le suicide des adolescents est-il en courbe ascendante ? Beaucoup de jeunes m'ont dit avoir grandi seuls. Une baby-sitter ne peut pas vous border et vous dire qu'elle vous aime de la même façon qu'un parent.

Je rejoins l'avis de Kelly, qui juge important le facteur de l'incertitude quant à l'ère atomique. Les jeunes sont idéalistes dans leur vision du monde et ne comprennent pas qu'un pays puisse en bombarder un autre. Ce fut différent pour ma génération ; l'évolution technologique se faisait graduellement, ce qui nous permettait de mieux la comprendre — ou de croire la comprendre. Peut-être, après tout, sommes-nous de vieux idiots fatigués.

Kelly m'a également parlé de la course technologique qui, si l'on essaie de la suivre, procure un sentiment d'inadéquation. Trop de choses y sont liées, et la barre monte de plus en plus haut. Alors les pressions s'accumulent autour des adolescents. Auront-ils un métier ? Arriveront-ils quelque part ? Ils ont l'impression qu'ils ne pourront jamais faire face.

Quand Kelly me rendit visite, elle me montra quelques statistiques qui m'effarèrent. Chaque jour, mille enfants tentent de se suicider. Chaque année six à dix mille d'entre eux y parviennent. Depuis 1950, le taux des suicides d'adolescents a triplé.

Seule la Suède, m'a dit Kelly, connaît une situation plus

grave. Encore ont-ils une excuse : l'hiver n'est qu'obscurité et froid ; aussi l'eau-de-vie coule-t-elle à flots.

Je ne crois pas que le suicide des adolescents tienne dans quelque affreux gène héréditaire. N'empêche qu'il porte une ombre honteuse sur notre civilisation. Que nous reste-t-il si la force vive de notre pays — cette jeunesse qui en héritera — juge le monde trop laid pour y participer ? Ils n'abandonnent pas seulement leurs études, ils abandonnent la vie — le pire des abandons.

Si ce constat ne nous force pas à résoudre nos problèmes, rien ne nous y contraindra. Car à ce rythme, nous perdrons bientôt plus d'enfants par le suicide que par les guerres.

Pour conclure ce chapitre, je dirai que quelqu'un doit saisir les problèmes à bras-le-corps ; et c'est le rôle de nos dirigeants.

Un Président n'est rien d'autre que celui qui assure le passage du flambeau d'une génération à l'autre. Il doit pendant quatre ou huit ans veiller sur le pays. Quand son mandat s'achève, il doit regarder en arrière et juger ce qu'il lègue. Il doit se demander s'il a contribué à donner un meilleur enseignement aux gens, ou à les rendre un peu plus riches, ou à leur procurer un sentiment de sécurité — ou s'il les a aidés à se construire des vies plus heureuses.

Quand il quitte son bureau, c'est généralement de ce qu'il laisse à la postérité que l'homme d'Etat s'inquiète. Mais nous, quel est notre héritage ? Si nous sommes plus pauvres, si nos enfants connaissent l'échec scolaire, se réfugient dans la drogue, se rongent d'inquiétude, alors ce Président n'a rien fait au regard de la marche de l'Histoire. Je dis bien : rien. Qu'il vive avec cet échec, passe encore ; mais, nous aussi devrons vivre avec.

17

LE XXIe SIECLE

Il n'est jamais aisé de dresser un testament. J'ai eu un père qui se croyait immortel et qui mourut sans laisser une ligne quant à ses dernières volontés. Résultat, mon propre testament est si détaillé qu'il frôle à peu près la longueur d'un roman. En dépit de ce que croient beaucoup de gens, je sais que je ne suis pas immortel.

Sachant que je ne serai pas logé à la Maison Blanche au cours de cette vie-ci, et sachant que mes jours dans l'industrie automobile sont comptés (je l'ai compris quand j'ai commencé à entendre qualifier la Mustang d'antiquité), je me suis livré à quelques réflexions sur l'étape ultime de ma vie.

J'ai accompli pas mal de choses mais, heureusement, il reste toujours quelque travail non achevé pour vous préserver de l'ennui. Au cours de mes dernières années chez Chrysler, je tiens à m'assurer que mes successeurs seront prêts à prendre les rênes. Le passage du flambeau relève de ma seule responsabilité. A côté, j'ai des préoccupations plus futiles — comme atteindre quinze pour cent du marché automobile et vingt-cinq pour cent du marché poids lourds. Enfin, je tiens à ce que l'entreprise conserve sa bonne santé et que tous ceux qui lui sont associés prospèrent. J'ai encore beaucoup de travail pour développer notre branche aérospatiale et nos services financiers.

Si tous, chez Chrysler, nous remplissons le cahier des charges, GM et Ford n'auront qu'à bien se tenir. Et si le yen reste là où il est, tout le monde n'aura qu'à bien se tenir. Attention, je n'aspire pas à un empire gigantesque. Le brûlant désir de mettre sur pied une compagnie plus grosse que General Motors m'a quitté depuis quelques années déjà.

Je suis certain d'une chose : Chrysler ne souffrira pas de mon absence. L'après-Iacocca sera peut-être meilleur que la vie avec Iacocca. Je pourrais me bercer d'illusions si j'avais besoin de flatter mon ego, mais ce n'est pas nécessaire. Je sais que la fidélité de nos clients peut cesser dès qu'ils franchissent le seuil d'un vendeur de Chevy.

Je me suis peut-être parfois aveuglé mais je ne me fais pas d'illusions sur les avantages que procure le pouvoir. S'enivrer de gloire peut avoir des conséquences terribles si l'on relâche sa vigilance. Avoir occupé longtemps un trône royal peut vous laisser, en partant, désaxé et perdu. Je n'oublierai jamais ce qui arriva à mon vieux mentor Charlie Beacham. Peu après avoir pris sa retraite, il fit un voyage d'agrément. Arrivé à l'hôtel où il avait prévu de descendre, il attendit une bonne demi-heure dans le hall que quelqu'un daignât se montrer pour le recevoir et s'occuper de toutes les formalités. Personne ne s'empressait. Il finit par se renseigner à la réception quant à la procédure à suivre. (Il partit quelques jours plus tard, ignorant qu'il aurait dû régler la note.) Pendant quarante ans, j'ai toujours eu quelqu'un auprès de moi pour veiller à ce genre de détails.

Au plus haut barreau de l'échelle, on s'accoutume aux soins et attentions que vous prodiguent les autres, jusque dans les choses les plus triviales. Dans l'industrie automobile, par exemple, vous trouverez chaque jour votre réservoir rempli et votre voiture lavée. Une fois en retraite, je suppose que je parviendrai sans trop de mal à faire marcher moi-même la pompe. Quoique...

Avec le temps, j'ai vu des hommes vieillir et devenir des

légumes — et parmi ceux qui avaient dirigé nos plus grandes compagnies. Je les avais entendus dire, quand ils étaient en pleine forme : « Oh, cela ne risque pas de m'arriver ! » Et pourtant si, car ils ont oublié de prévoir.

Je déclare aujourd'hui que cela ne m'arrivera jamais. (Et j'espère avoir raison.)

Je sais que je suis las de porter des smokings et de remplir mes multiples fonctions. Elles ont consisté à quatre-vingt-dix pour cent à me faire jouer les orateurs. A ce jour, j'ai prononcé seul cent quatre discours dans la grande salle du *Waldorf-Astoria*. C'est beaucoup pour un seul homme et pour une seule vie. Quarante ans durant, j'ai fait vibrer mes cordes vocales dans le célèbre hôtel new-yorkais et je crois qu'il est temps que j'accorde un peu de repos aux serveurs. Ils doivent avoir la nausée de mes plaisanteries.

Je préfère aussi renoncer à l'avion. Les compagnies aériennes estiment statistiquement le risque d'accident à un tous les deux millions de miles. J'ai beaucoup plus de miles et d'heures de vol que cela ; il est temps que je fasse attention.

Il est un autre nœud que j'aimerais desserrer un peu. Quand je le vois, Herb Siegel, qui dirige ChrisCraft, ne manque jamais de s'exclamer : « Tu en as une sale tête, fils ! Tu travailles trop. Je te l'ai dit il y a vingt ans : le compteur tourne, tourne. Tu ferais mieux de t'amuser un peu quand il en est encore temps. »

Je ne suis pas particulièrement adepte des loisirs. Mais l'imminence de la fin doit nous pousser à goûter un peu mieux la vie. Souvent, quand au réveil j'aperçois ma tête dans le miroir, je pense : *De quoi est-ce que je m'inquiète ? Il n'y a pas de raison. Et pourtant, si. Je m'inquiète.*

En vieillissant, je suis devenu un peu plus tolérant face aux situations et aux êtres. Je m'efforce de ne pas me laisser envahir par ce que je ne puis changer. La vie connaît un processus de maturation — et me voilà bel et bien dans mes années mûres. Peut-être se fatigue-t-on en vieillissant. Peut-être atteint-on à la sérénité, la paix avec soi-même. Je me sens assez proche de ce dernier état. Non que je connaisse le repos absolu ; il y a encore tant de choses que je n'ai pas accomplies ! Mais je n'ai plus envie de conquérir le monde. Je n'ai plus envie d'escalader de nouvelles montagnes. Diable, je me satisfais à fouler le sol des douces collines.

Le week-end, mon but est d'essayer de me détendre. Je limite alors mes activités. Je fais religieusement mes mots croisés (le matin ceux du *Detroit Free Press*, le soir ceux du *New York Times*), je regarde le sport à la télé et je sors me promener ; je ne travaille pas chez moi, ces jours-là, je me contente de lire des piles de courrier. Quand mes enfants grandissaient, je leur réservais de mon temps. Aujourd'hui, je prends ce temps pour moi.

Une fois parti de Chrysler, je pourrais filer en Floride, m'installer au bord d'une piscine et jouer au golf tous les jours. Mais cela ne me conviendrait pas. J'ai besoin de travailler. Qu'est-ce que la vie si on ne travaille pas ? Non que je me sois échiné toute mon existence comme un esclave. Mes mains ne portent pas de marques, de cals. Mais j'ai des cicatrices dans la tête — invisibles.

J'aimerais, dans mes vieux jours, être de quelque secours pour les jeunes. Mon intention est d'enseigner. J'ai parlé suffisamment de la nécessité d'une meilleure éducation, il est temps que je passe à la pratique.

Les enfants sont notre avenir. C'est pour cette raison que j'ai consacré une partie de ma vie d'adulte à les élever et que je consacrerai mes derniers jours à enseigner. J'ai plus de plaisir à m'adresser aux enfants qui tiendront demain le monde dans leurs mains plutôt qu'à des vieux croûtons de mon âge qui ont déjà eu leur chance et marchent vers la sortie.

L'enseignement me plaira parce que j'aime les jeunes. Ils nous conservent notre jeunesse et j'aimerais rester mentalement jeune un peu plus longtemps.

C'est sans doute à Lehigh University que j'irai m'entraîner à l'usage du tableau noir. Lehigh possède une atmosphère parfaite pour moi, j'y suis près de mes racines. J'ai encore de la famille à cinq miles du campus. En y enseignant, je rembourserai modestement mes années de faculté et tout le bien qu'elles m'ont fait. Et, plus important encore, j'aurai tous les enseignements et toute l'expérience d'une vie à transmettre.

J'espère donc finir mes jours au sommet de la montagne de Bethlehem dans l'Institut Iacocca. La montagne ne viendra pas à moi comme elle alla à Mahomet, aussi irai-je à elle.

La vie du campus sera pour moi un autre monde. Contrairement aux grosses têtes des affaires, les professeurs peuvent avoir une vie des plus agréables, sauf dans les facultés où les chamailleries rendent la vie impossible. Il n'en demeure pas moins vrai que l'existence à l'université semble plus sereine qu'ailleurs. Je crois que je me remettrai à fumer la pipe.

J'essaierai d'être à la fois un homme de compréhension, un homme réfléchi et un aîné pas tout à fait étranger aux affaires d'Etat. Les jeunes étudiants d'aujourd'hui, me direz-vous, savent beaucoup de choses. Ils sont mieux formés. Ils ont plus de dynamisme, plus d'énergie. Alors, qu'aurai-je à leur offrir ? Mon expérience, et l'espoir de partager avec eux ma connaissance du monde réel.

Avant que je me retrouve sur l'estrade magistrale, permettez-moi de tenter de répondre à la question que m'ont posée beaucoup de lycéens et d'étudiants dans le monde : qui a été votre héros, celui que vous avez le plus admiré et rêvé d'imiter ?

On m'a souvent posé cette question en 1986, car un sondage américain avait désigné Ronald Reagan comme l'homme le plus admiré au monde — et j'occupais la deuxième place, devant le Pape. En 1987, le même sondage me fit dévaler à la huitième place, ex-aequo avec Gorbatchev. Gary Hart et Ollie North m'avaient coiffé au poteau. Ce qui paraît fou aujourd'hui.

Mes héros ont un peu plus de consistance que ces éphémères idoles des temps modernes (j'en fais partie). Enfant, j'avais deux héros : Leonard de Vinci et Joe DiMaggio. Leur premier atout à tous deux était d'être italiens. Léonard était un génie, l'homme de la Renaissance. Il était artiste (Mona Lisa) ; il était inventeur (les machines volantes, la propulsion de vapeur, le parachute) ; et il était expert en anatomie. J'avais lu sa biographie et son humour aussi me fascinait. Il disait qu'il n'aimait pas vraiment faire l'amour mais qu'il s'y pliait pour étudier les expressions faciales qu'il utilisait en peinture ou en sculpture. *Tu blagues, Lenny*, pensais-je. *Bientôt, tu me diras que tu bois dans un but médical.*

Mais sérieusement, ce fut d'abord la polyvalence de cet homme qui me fit croire qu'un être pouvait devenir aussi grand qu'il l'avait souhaité. Par son esprit, par ses mains, il était grimpé au firmament.

Joe DiMaggio était pour moi un héros différent. Sans parvenir au firmament, il me donna de l'espoir. Il m'aida à chasser le sentiment que j'avais, en tant que fils d'immigrant italien, qu'il était dur d'arriver quelque part, ou même de gagner le respect. Je me souviens d'avoir accroché au mur de ma chambre un portrait de Joe découpé dans un journal, et qui portait la légende : LE MIRIFIQUE RITAL. J'éprouvais peine et fierté à la fois mais je me promis d'être comme Joe quand je serais grand. Je ne l'ai pas connu dans ses jours glorieux mais il reste aujourd'hui le gentleman calme et élégant qui excella dans sa vie professionnelle et sa vie privée. Et que dire de mieux d'une idole que « Il ne m'a pas laissé tomber » ?

Un autre de mes héros fut Benjamin Franklin. Il n'était pas italien, mais au moins vécut-il en Pennsylvanie la majeure partie de sa vie. Comme Léonard, il fut penseur, inventeur, dynamique en tout. Quand on pense à lui, on l'imagine lançant un cerf-volant sous un orage pour prouver sa théorie de l'électricité, ou fondant son imprimerie. Dans l'*Encyclopaedia Britannica* il ne figure pas dans moins de quatre-vingt-une rubriques. Il apparaît aux chapitres « Philosophie », « Littérature », « Histoire des sciences ». On voit son nom dans « Aérostation » et « Echecs » (Il contribua à rendre les échecs populaires dans les Colonies.) Si vous regardez à « Gulf Stream », vous apprendrez que Franklin fut l'un des premiers à l'étudier. Au chapitre « Education », vous découvrirez que notre grand homme fonda une université : à « Bibliothèque », qu'il ouvrit la première bibliothèque aux Colonies ; à « Assurances » qu'il créa la première compagnie d'assurances contre l'incendie en Amérique ; à « Feu », qu'il fut le premier à organiser un corps de pompiers. Etc, etc.

A propos, il contribua aussi à donner quelques lettres de noblesse à la forme littéraire appelée « autobiographie ». Je lui en sais gré !

De tous les grands personnages historiques, c'est avec Ben Franklin que j'aurais aimé trinquer. Il aurait pris un porto, moi un Dewar's. Et de tous ceux qui ont fait l'histoire, de tous ceux qui ont façonné notre Constitution, sans doute serait-il le moins surpris de tout ce qui est arrivé après lui. Je ne l'imagine pas tombant malade raide quand je lui aurais appris que nous sommes allés sur la lune. Il fut à la fois philosophe et chercheur scientifique, les yeux braqués sur l'avenir. Par-dessus tout, il savait de quoi les hommes, ensemble, sont capables.

Le Club du Pauvre Richard (*) à Philadelphie m'a un jour décerné son prix annuel Benjamin Franklin, honneur auquel je fus particulièrement sensible. Et, par un de ces tours dont le destin a le secret, l'Etat de Pennsylvanie, par l'intermédiaire de son Fonds de soutien pour les Entreprises Benjamin Franklin, a donné trois millions de dollars à Lehigh et à l'Institut Iacocca pour contribuer à la compétitivité de l'Amérique.

Alors si dans cent ans, vous voyez deux gars en train de faire voler un cerf-volant sur la montagne au sud de Bethlehem, ne vous étonnez pas. Ben et moi serons encore en train d'essayer de comprendre les mystères de la vie et de la matière.

Je vous ai déjà dit mon admiration pour Harry Truman. Il fut le plus grand de nos Présidents et je m'entête à me faire son émule. Il sut parler ouvertement aux masses, et dans un langage accessible à tous. Il était franc, carré, débordant d'énergie, décidé. Au-delà de cela, c'était un homme du peuple, garant des valeurs américaines.

(*) Nom de plume adopté par Benjamin Franklin.

Malgré l'admiration que je lui vouais, je dois avouer qu'en 1948, j'avais parié avec Mary que Tom Dewey le vaincrait aux élections. Elle me le donna à quinze contre un, et nous misâmes dix dollars. Mary soutenait qu'il serait élu et elle eut raison.

Néanmoins, mon héros favori de tous les temps est Winston Churchill. Vous le savez, je suis un mordu de la communication, et pour moi Ronald Reagan n'est pas le Grand Communicateur. Ce titre appartient à Sir Winston. Son éloquence, son talent à manier la langue anglaise l'aidèrent à être un grand chef. Au cours de la Seconde Guerre mondiale, qui, mieux que lui, aurait pu rallier les troupes pour la victoire avec ces exhortations ? « Nous nous battrons sur les plages, nous nous battrons sur les lieux de débarquement, nous nous battrons dans les champs et dans les rues, nous nous battrons dans les collines ; nous ne baisserons jamais les armes. » Après guerre, qui aurait pu mieux exprimer la menace russe et inventer le terme *Rideau de fer* ? Son intelligence aiguë le mit cent coudées au-dessus des autres dirigeants de l'époque. Lui n'a jamais eu besoin de pense-bête.

Churchill fut aussi l'un des hommes les plus drôles et les plus paillards que la terre ait portés. Voici mon anecdote préférée — il y en a des centaines. Se rendant aux toilettes Messieurs de la Chambre des Communes, Churchill y retrouva Clement Attlee, le Premier Ministre britannique de l'après-guerre, debout devant le dernier urinoir. Churchill se plaça devant le premier urinoir de la rangée.

Constatant la distance qui les séparait, Attlee dit : « Nous voilà bien loin l'un de l'autre aujourd'hui, Winston. »

Sans sourciller, Churchill répliqua : « C'est par prudence. Chaque fois que vous voyez quelque chose de grand, Clement, l'envie vous prend de le nationaliser. »

Mais il n'était pas seulement doué de l'esprit de repartie. Il savait donner vie et sens aux phrases les plus ampoulées. Et il mit même les Havanes à la mode — Dieu ait son âme.

Tous ces hommes avaient certaines qualités en commun. Ils étaient tous détendus, élégants malgré les pressions qui les entouraient, et ne se prenaient pas trop au sérieux. Je suggérerai à mes étudiants de se faire les émules de ces grands hommes. Pour ma part, j'ai essayé. Mais je conseillerai aussi aux élèves de ne pas redouter la colère, la saine colère qui permet de faire bouger les choses, qui ne vous laisse pas de répit avant que vous ayez frappé la table du poing en vous exclamant : « Cela ne peut plus durer ! »

Tandis que nos écoliers avaient le nez plongé dans leurs manuels, nous avons fait un bien piètre travail pour gérer ou modérer les violents changements économiques qui sont intervenus ces dernières années. Je conseille aux écoliers d'hier, étudiants d'aujourd'hui, de ne pas accepter cette situation. Non qu'il leur faille descendre dans la rue, mais qu'ils puisent dans leur colère la force d'exiger le changement politique qui nous rendra à nouveau compétitifs.

Colère contre ceux de Washington qui nous noient sous l'endettement. Il faut crier « Assez ».

Colère contre les idéologues qui essaient de faire de nous les martyrs de principes commerciaux du XVIIIe siècle que tout le monde ignore. Il faut leur dire : « Nous voulons des armes efficaces. »

Colère contre les charlatans qui proposent des solutions toutes faites. Il faut répondre : « Passez votre chemin et laissez-moi réfléchir par moi-même. »

C'est ainsi que s'est toujours fait le progrès dans notre pays. La colère monte jusqu'à ce qu'on entende crier « Assez ».

Les Américains sont un peuple pragmatique. Jusqu'à une date récente, nous avons privilégié le bon sens contre l'idéologie.

A bien y regarder, nous n'avons pas d'idéologie fondamentale dans ce pays. Le génie de notre Constitution réside dans sa tolérance face aux idées nombreuses, et son refus d'en épouser une seule. Je ne crois pas que ce soit un hasard. Les Fondateurs de notre Constitution étaient trop intelligents pour prétendre résoudre nos problèmes ; ils se contentèrent de nous fournir le canevas.

Notre Constitution n'est pas un projet comme *Le Manifeste* de Karl Marx ou *Le Petit Livre Rouge* de Mao. Elle ne définit ni les buts ni la façon d'y parvenir. Elle expose simplement les pouvoirs du gouvernement, et dresse la liste des quelques valeurs fondamentales sans lesquelles il ne nous est pas permis de compter — liberté d'expression, liberté de religion, liberté de réunion. Au-delà, à nous de jouer.

Ces valeurs solides comme le roc — fondatrices de nos libertés — sont tout ce dont nous avons besoin. Vous pouvez éplucher la Constitution, vous ne trouverez pas la moindre réponse aux graves problèmes d'aujourd'hui. Il n'y est pas fait mention de la façon de protéger l'environnement, ou de répondre au terrorisme, ou d'endiguer le nucléaire, ou de bâtir une économie solide.

C'est aussi bien, car nous, Américains, sommes assez médiocres en matière de prévisions, mais brillants sur le terrain. Non, nous ne sommes pas des visionnaires — nous avons l'esprit pratique. Et nous sommes fidèles à nos valeurs.

Nous ne léguerons pas à nos enfants le mode d'emploi qui les aidera à résoudre leurs problèmes, pas plus que nos pères ne nous en ont légué. De toute façon, s'ils l'avaient fait, cela n'aurait pas marché. Les plans ne fonctionnent généralement que pour ceux qui les ont conçus. Nous sommes fondamentalement livrés à nous-mêmes. Comme le seront nos enfants.

Je me suis entretenu avec nombre de présidents d'université et de professeurs. Je leur demande toujours ce qui importe le plus à leurs élèves aujourd'hui. Ils me répondent souvent : « La sécurité » — un avenir agréable, sûr, prospère. Je n'y vois pas d'inconvénient. C'était aussi mon aspiration il y a cinquante ans.

Mais quand je demande : « Quelle est leur plus grande crainte ? », j'apprends qu'ils redoutent l'erreur, l'échec.

Apparemment, beaucoup de jeunes ne sont pas prêts à prendre des risques.

Dommage, car obtient-on ce que l'on veut de la vie si l'on ne court aucun risque ? Chaque pas que l'on fait comporte un risque d'échec. Je dois prendre des risques chaque jour. Parfois, je préférerais m'en passer, mais la vie ne m'a pas soumis d'alternative.

Tout a commencé pour nous avec Christophe Colomb — il a pris le risque de voguer jusqu'au bout de la terre. Peut-être est-ce l'héritage italien, mais voilà dix ans, quand je pris les rênes de Chrysler, j'eus l'impression que je m'embarquais moi aussi pour le bout du monde. Et je crois pouvoir affirmer que j'ai vu les enfers de plus près que ne les a vus Colomb ! Du moins fut-ce là mon impression au cours des deux années noires où nous perdions six millions de dollars par jour.

Nous avons fini par voir le bout du tunnel, car nous avons pris de gros risques. Nous ne les avons pas fuis ; nous leur avons fait face. Pour finir par vaincre.

Voilà pourquoi j'espère que nos dirigeants de demain ne piétineront pas davantage devant les obstacles. D'autres hommes, avant, ont couru de vrais risques pour eux. Christophe Colomb nous a appris que la terre était ronde — au moins nous avons une petite idée de là où nous vivons.

Adultes de demain, demandez-vous régulièrement quelle est l'Amérique que vous souhaitez.

A l'instant, vous n'avez guère de choix. Il vous faut prendre l'Amérique qui vous est tendue. Mais c'est à votre tour de la façonner.

Chaque génération s'est efforcée de laisser un petit « mieux » à la génération suivante. C'est une partie de notre héritage. Mais chaque génération laisse aussi à celle qui lui succède de nouveaux défis à relever. Pour le coup nous vous avons gâtés !

Au fond je ne suis pas inquiet. Chaque fois que je contemple un groupe d'enfants, leur énergie et leur enthousiasme me rassurent. Je sais que notre pays sera remis en de bonnes et fiables mains. Dans quarante ans, quand ils seront vieux, comme moi aujourd'hui, je ne doute pas que le flambeau qu'ils passeront à leurs fils sera plus brillant que jamais. Allez, je parie même ma vie !

TABLE DES MATIÈRES

Relations presse :
Hugo Paulin
Thierry Moreau

Composition Compo-Méca - 64990 Mouguerre
Achevé d'imprimer le 21 avril 1989
pour le compte des Editions ERGO PRESS
dans les ateliers de la S.E.P.C.
à Saint-Amand-Montrond (Cher)

N° d'édition : 062/89. N° d'impression : 860.
Dépôt légal : avril 1989.
Imprimé en France